成本会计岗位实务

主　编　叶叔昌
副主编　陈建国　张　靖

Cost Accounting Position Practice

WUHAN UNIVERSITY PRESS
武汉大学出版社

图书在版编目(CIP)数据

成本会计岗位实务/叶叔昌主编.—武汉:武汉大学出版社,2022.9
ISBN 978-7-307-23148-1

Ⅰ.成…　Ⅱ.叶…　Ⅲ.成本会计—教材　Ⅳ.F234.2

中国版本图书馆 CIP 数据核字(2022)第 120288 号

责任编辑:林　莉　　　责任校对:李孟潇　　　版式设计:马　佳

出版发行:**武汉大学出版社**　(430072　武昌　珞珈山)
(电子邮箱:cbs22@ whu.edu.cn 网址:www.wdp.com.cn)
印刷:武汉中科兴业印务有限公司
开本:787×1092　1/16　印张:15.5　字数:358 千字　插页:1
版次:2022 年 9 月第 1 版　　2022 年 9 月第 1 次印刷
ISBN 978-7-307-23148-1　　定价:58.00 元

前　言

成本会计是高职院校会计专业的一门核心专业课程，主要讲授成本会计的基本原理和方法，旨在帮助学生明确成本会计工作的基本内容和程序，掌握成本核算和成本分析的基本知识和技能，为从事会计工作奠定基础。

根据我们的调查了解，在高职院校会计专业的专业课程中，成本会计是学生普遍畏惧的课程，教学效果一直不太理想，学生毕业后能直接从事成本会计工作的更是凤毛麟角。究其原因，主要是教材和教法不适应高职院校会计专业学生，与成本会计工作相去甚远。

本教材以习近平总书记对全国职业教育所作的重要指示为指引，贯彻中共中央、国务院有关职业教育文件和全国职业教育大会精神，立德树人，全面融入思政元素，秉承现代职业教育理念，尊重教学规律，结合企业实际，根据高职学生的特点，瞄准高职会计专业人才培养目标，按照成本会计工作过程组织设计教学内容，全力推进“三教”改革，尽可能缩短学校教学与企业工作的距离。

本教材由校企双元开发，以学校资深教师为主体，企业深度参与。四川省欧菲艾蒂家具有限公司提供了公司管理制度和成本核算资料作为参考素材，设计了产品生产流程和成本计算表格式样，拟订产品生产所需材料物资及其价格标准，并提出了一些有价值的建议。武汉索瑞威科技有限公司制作了产品动画，录制了微课。武汉大学出版社制作了数字资源的二维码。

与同类教材相比，本教材具有以下特色：

(1)突出成本会计岗位实务，展现成本会计工作全过程。本教材以一具体企业为背景，从工作准备开始，直到编制成本报表进行成本分析，对成本会计工作全过程进行了详细说明，特别是对于成本核算，详细说明了各种业务事项的账务处理过程，与实际工作相一致。本教材是一本工作手册式教材，对学生今后从事成本会计工作有指导意义。

(2)突破理论约束，按实际工作过程安排教材内容，知识传授和素质教育穿插其中。本教材以成本会计实务为主线，在需要的时候引出成本会计理论知识和其他相关知识片段，结合教师所教、学生所做内容，对学生适时进行思想政治教育。

(3)选取典型企业和典型产品，更具代表性和实用性，方便学生自行研究。本教材选择一个中小企业为背景，与学生就业方向基本一致。选择学生熟悉的真实产品，设计逼真的工作场景，对相关情况图文并茂进行介绍，让学生有身临其境的感觉，便于学生进行形象思维和深入探究，提高学生学习兴趣。

(4)配套活页式教材《成本会计实训》，落实习近平总书记“干中学、学中干，学以致用、用以促学、学用相长”的指示。怎么做就怎么教，怎么教就怎么学，让学生通过动手操作理解和掌握成本会计的理论和方法，用成本会计理论和方法指导实际操作，理论和实践相互促进，在训练中提升思想觉悟，培养职业素养。

(5)将各种业务事项糅合在一起，内容连贯，前后衔接。本教材将企业在成本方面各种常见业务事项进行整合，协同处理，全部内容是一个有机整体，环环相扣，前后衔接，让学生明确成本会计工作思路和程序，知道成本数据来源，适应较为复杂的局面。

(6)注重细节，方便学生自学。本教材对实际工作中常见的一些细节问题进行了说明，对成本核算进行了详细演示，力求做到让学生看得懂、会操作、能运用。

为了方便途述和操作，本教材使用“20×1 年”作年份。“20×1 年”可以代指任何一个年份，也可以看作一个特殊的年份，请使用者不要纠结这个问题。

本教材教学时长以 60 学时为宜，我们建议按下表安排教学内容：

教学内容安排表

课次	教学内容
1	引例 项目一 工作准备 任务一 了解企业相关情况
2	项目一 工作准备 任务二 熟悉企业产品生产过程及相关情况
3	项目一 工作准备 任务三 明确岗位职责与成本核算方法 任务四 掌握成本核算与分析相关情况
4	项目二 设置账户
5	项目三 取得和审核原始凭证
6	项目四 处理日常经济业务事项 任务一 根据他人编制的记账凭证登记账簿
7	项目四 处理日常经济业务事项 任务二 处理生产领用材料业务 一、为生产单一产品领用材料
8	项目四 处理日常经济业务事项 任务二 处理生产领用材料业务 二、为生产多种产品领用材料
9	项目四 处理日常经济业务事项 任务三 处理工资及相关费用分配或计提事项 一、分配职工工资和福利费
10	项目四 处理日常经济业务事项 任务三 处理工资及相关费用分配或计提事项 二、计提与工资相关的各项费用

续表

课次	教学内容
11	项目四 处理日常经济业务事项 任务四 处理车间其他费用发生业务
12	项目五 处理废品和副产品相关业务事项 任务一 处理废品相关业务事项 一、确认废品损失
13	项目五 处理废品和副产品相关业务事项 任务一 处理废品相关业务事项 二、处理扣发工资业务
14	项目五 处理废品和副产品相关业务事项 任务一 处理废品相关业务事项 三、处理废品材料回收业务
15	项目五 处理废品和副产品相关业务事项 任务二 处理副产品相关业务事项
16	项目六 分配辅助生产成本和制造费用 任务一 分配辅助生产成本
17	项目六 分配辅助生产成本和制造费用 任务二 分配制造费用
18	项目七 结转产品步骤成本 任务一 逐步结转步骤成本 一、结转第一步骤成本
19	项目七 结转产品步骤成本 任务一 逐步结转步骤成本 二、结转中间步骤成本
20	项目七 结转产品步骤成本 任务二 平行结转步骤成本
21	项目八 处理产品入库业务 任务一 处理分步法下的产品入库业务 一、处理逐步结转法下的产品入库业务
22	项目八 处理产品入库业务 任务一 处理分步法下的产品入库业务 二、处理平行结转法下的产品入库业务
23	项目八 处理产品入库业务 任务二 处理分批法下的产品入库业务
24	项目九 结账、对账与整理账簿
25	项目十 编制成本报表进行成本分析 任务一 编制成本报表

续表

课次	教学内容
26	项目十 编制成本报表进行成本分析 任务二 进行成本分析 一、成本费用构成分析 二、计划完成情况分析 (一)完工产品单位成本对比分析
27	项目十 编制成本报表进行成本分析 任务二 进行成本分析 二、计划完成情况分析 (二)因素影响分析
28	项目十 编制成本报表进行成本分析 任务二 进行成本分析 三、动态分析
29	习题课(实训情况讲评)
30	复习课

从第 4 次课到第 27 次课，教学内容中都包含了学生练习。教师可以根据教学时间和具体情况对教学内容进行取舍、拉伸或压缩。

本教材由武汉船舶职业技术学院叶叔昌主编，武汉船舶职业技术学院陈建国、四川省欧菲艾蒂家具有限公司张靖为副主编。限于编者的水平，本教材一定存在不少的错误和缺陷，恳请使用者不吝赐教。

在本教材开发和出版过程中，得到四川省欧菲艾蒂家具有限公司、武汉索瑞威科技有限公司和武汉大学出版社的大力支持，在此深表谢意！

编者

2022 年 3 月

目　　录

引　　例

【学习目标】

1. 初步了解本书的研究对象——武汉楚风家具有限公司，以便后面开展工作；
2. 掌握成本的概念，熟悉成本的常见分类和主要作用，认识成本会计；
3. 明确学习目的，端正学习态度。

武汉楚风家具有限公司成立于2018年，当时位于武汉市楚风路1号，是一家民营工业企业，主要生产经营“楚风”牌桌子和椅子两类产品。

该公司2020年初注册资本扩充为5000万元，并迁至武汉市湖光路1号，经过多年的发展已初具规模，生产经营的产品不断增多，经营条件得到很大改善。现在公司部门设置齐全，产品生产分工细致、组织有序，管理更加规范。

图0-1为该公司20×1年初的厂区布局。走进公司大门，左边两层房屋为供应部、储运部、后勤部和营销部共用办公楼，右边三层房屋为其他管理部门共用办公楼，3排蓝色屋顶的房屋由近及远分别为材料仓库、成品仓库、修理车间和配电车间共用厂房，4排橙色屋顶的房屋由近及远分别为下料车间、桌子车间、椅子车间和油漆车间。

图0-1　武汉楚风家具有限公司20×1年初的厂区布局

武汉楚风家具有限公司目前主要产品分为常规产品、试验产品和订单产品 3 类。

常规产品是该公司根据市场需求，自行开发、设计，常年生产，然后销售给各地家具商场的家用桌椅。该公司现有 ZF01 型桌子和 YM01 型椅子两种常规产品，如图 0-2 所示。

图 0-2　ZF01 型桌子和 YM01 型椅子

试验产品是该公司自行开发、设计的新产品，少量生产，投放市场检验需求情况，如果市场需求量较大，再扩大生产，转为常规产品。该公司现有试验产品是一种用于多种场合的折叠桌椅，包括 ZF02 型桌子和 YM02 型椅子，如图 0-3 所示。

图 0-3　ZF02 型桌子和 YM02 型椅子

订单产品是该公司根据客户要求专门设计、生产，并销售给特定客户的办公桌椅。现接受一家客户订单，生产 ZD01 型桌子和 YD01 型椅子，如图 0-4 所示。

随着经济业务日益繁多，该公司对会计岗位进行了细分。财务部设存货会计、往来会计、成本会计、薪酬会计、长期资产会计、资金会计、纳税会计、总账会计和出纳等岗位。

让我们充当武汉楚风家具有限公司的成本会计（本书中所有成本会计的签名都以“李明”代替），完成该公司 20×1 年 1 月份和 2 月份的成本核算与分析工作。

图 0-4　ZD01 型桌子和 YD01 型椅子

为方便起见，在以后的叙述中“武汉楚风家具有限公司”简称“楚风公司”，“ZF01 型桌子”、“YM01 型椅子”、“ZF02 型桌子”、“YM02 型椅子”、“ZD01 型桌子”和“YD01 型椅子”分别简称“ZF01”、“YM01”、“ZF02”、“YM02”、“ZD01”和“YD01”，除非必要，所有产品和零件数量都以“件”作计量单位。

【相关知识与说明】

一、成本

(一)成本的概念

成本属于商品经济的价值范畴，是商品价值的组成部分。人们要进行生产经营活动或达到一定的目的，就必须耗费一定的资源，耗费资源的货币表现及其对象化称为成本。随着商品经济的不断发展，成本概念的内涵和外延都处于不断地变化发展之中。

延伸阅读：关于成本

会计中的成本是指生产一定种类与数量产品或提供一定量的劳务(服务)所耗费资源用货币计量的经济价值，是消耗的生产资料(原材料、工具、设备、房屋等)的价值与劳动者获取的报酬(工资及各种福利)之和。消耗的生产资料价值又称物化劳动价值，劳动者获取的报酬又称活劳动价值，经济学上分别用 C 和 V 表示，商品成本就是 C+V。

(二)成本的分类

成本有很多分类，这里只介绍几种后面需要用到的分类。

1. 直接成本(费用)和间接成本(费用)

成本(费用)按其发生与对象(产品、劳务或服务，下同)的关系分为直接成本(费用)和间接成本(费用)。直接成本是指因该对象发生，金额可以确定且能及时计入该对象的生产费用。间接成本是指与该对象相关，金额不确定或不能及时计入该对象的生产费用。直接成本发生时直接计入该对象的生产费用，间接成本需先按发生地点或用途加以归集，待月终选择一定的方法进行分配后才计入该对象的生产费用。生产产品所耗费的材料、人工一般属于直接成本，制造费用一般属于间接成本。

2. 专属成本(费用)与共同成本(费用)

成本(费用)按其承担对象数量分为专属成本(费用)与共同成本(费用)。专属成本是指发生在某个对象上，只能由该对象承担的生产费用。共同成本是指发生在多个对象上，应由多个对象共同承担的生产费用。专属成本可直接计入对应对象的成本中，共同成本必须采取一定的方法分摊(分配)到相应对象的成本中。为生产某种产品领用的原材料就是这种产品的专属成本。某车间在某个月份生产了几种产品，该车间这个月份生产工人的工资就是这几种产品的共同成本。

3. 固定成本(费用)、变动成本(费用)和混合成本(费用)

成本(费用)按其习性分为固定成本(费用)、变动成本(费用)和混合成本(费用)。成本习性也称为成本性态，是指在一定条件下成本总额的变动与特定业务量之间的依存关系。

固定成本是指总额在一定时期和一定业务量范围内，不受业务量增减变动影响而能保持不变的成本。变动成本是指发生额在相关范围内随着业务量的变动而呈正比例变动的成本。混合成本是指其中一部分保持不变，另一部分部分随着业务量正比例变动的成本，可分解为固定成本和变动成本。就楚风公司而言，制造费用基本上是固定成本、直接材料是变动成本，直接人工是混合成本。

4. 可控成本(费用)与不可控成本(费用)

成本(费用)按其发生可否加以控制分为可控成本(费用)与不可控成本(费用)。可控成本是指能被某个责任单位或个人的行为所制约的成本。不可控成本是指不能为某个责任单位或个人的行为所制约的成本。可控成本与不可控成本是相对某个责任单位或个人而言，同一成本，对这个单位来说是不可控成本，对另一个单位来说可能是可控成本，这取决于各单位所从事的业务及其权限。比如，材料采购成本(主要是材料的买价)对供应部门来说是可控成本，对生产车间来说则是不可控成本，材料消耗成本(主要是材料的消耗量)对生产车间来说是可控成本，对其他部门来说则是不可控成本。

(三)成本的作用

成本的作用主要体现在以下几个方面。

1. 成本是补偿生产耗费的尺度

企业要持续经营，进行再生产，以前的生产耗费必须得到补偿。企业销售产品实现营业收入后，首先要补偿生产耗费，只有在生产耗费得到补偿后才有利润可言。

2. 成本是制订产品价格的基础

企业在制定产品价格时，除了考虑产品的市场需求与竞争情况等因素外，还要考虑产品成本。一般说来，价格高于成本，产品成本高，价格也高。

3. 成本是进行经营决策的依据

企业进行生产经营决策时，需要以产品成本为依据。只有能抵补生产经营过程中发生的耗费的方案才是可接受的，在此基础上进行选择。

4. 成本是反映工作业绩的指标

产品成本的高低，是企业及各生产部门工作业绩的综合反映，也反映出企业经营管理水平。企业生产组织是否合理、设备的先进程度、原材料的利用程度、固定资产的使用效率、生产管理的精细程度等都会直接或间接地影响产品成本。

二、成本会计

（一）成本会计的概念

“成本会计”可以指一项工作或一个会计岗位，也可以指一门学科。

1. 作为一项工作

作为一项工作，成本会计是为求得产品的总成本和单位成本而核算全部生产成本和费用的会计活动。具体地说，成本会计是运用会计的基本原理，采用一定的技术方法，对企业生产过程中的资金运动进行连续、系统、全面反映和监督，并向有关方面提供所需要信息一种经济管理活动。

成本会计是企业的一个重要会计岗位，其主要任务是核算产品的总成本和单位成本，并进行相关分析，为企业成本管理提供数据和建议。

2. 作为一门学科

作为一门学科，成本会计是研究如何运用会计学的理论和方法，反映和监督企业生产产品或提供劳务（服务）过程中的资金运动的一门科学。成本会计是会计学的一个重要分支。

各类企业都有成本，但成本会计主要研究工业企业产品的制造成本。

（二）成本会计的职能

成本会计是会计的一部分，也具有会计的职能，其基本职能仍然是反映和监督。成本会计的反映职能是指成本会计专门核算企业生产产品或提供劳务的成本，并通过成本报表向企业有关管理部门报告。成本会计的监督职能是指成本会计在成本核算过程中对企业成本的发生情况进行监督，保证成本合法、合理、有效。

成本会计又有其特殊性，其职能延伸到管理方面，成本会计可以利用所掌握的资料对企业成本管理现状进行分析，对产品成本变化进行预测，参与企业成本决策、制订成本计划、进行成本控制和考核。因此成本会计还具有分析、预测、决策、计划、控制和考核职能。

成本会计教材一般只讲成本核算与分析，成本预测、决策、计划、控制和考核在管理会计中讲解。

【思政课堂】

在学习本课程之前，我们应当明确学习目的，端正学习态度，做好努力学习的思想准备，立志——

为中华之崛起而读书

书是明灯，为我们照亮前行道路；书是泥土，为我们提供精神食粮。书是储藏知识的宝库；书是开启智慧的钥匙；书籍是提升人生价值的阶梯。

中华民族历来重视读书。孔子曰：“学而时习之，不亦说乎?”毛泽东主席号召：“好好学习，天天向上。”习近平总书记指出：“学习是立身做人的永恒主题，也是报国为民的重要基础。”

我们为什么要读书？山河破碎之时，读书是为了求索救国良方；百废待兴之日，读书是为了改天换地、矢志报国；改革开放之年，读书是为了和国家一起奋起直追。今天，读书是为了勇担重任、不负时代，实现中华民族的伟大复兴！

生活在和平年代里，能静心读书，何其幸运啊！有人说，“身不饥寒，天未曾负我，学无长进，我何以对天”。我们应该珍惜大好时光，为中华之崛起而读书。

项目一　工 作 准 备

【学习目标】

1. 熟悉成本核算与成本分析工作需要掌握的相关情况，为开展工作做准备；

2. 掌握产品生产的相关知识，理解成本核算原则和费用界限，牢记岗位职责和操作流程，初步认识成本核算方法；

3. 学会调查研究，培养爱岗敬业的品质，具备会计职业道德。

【任务清单】

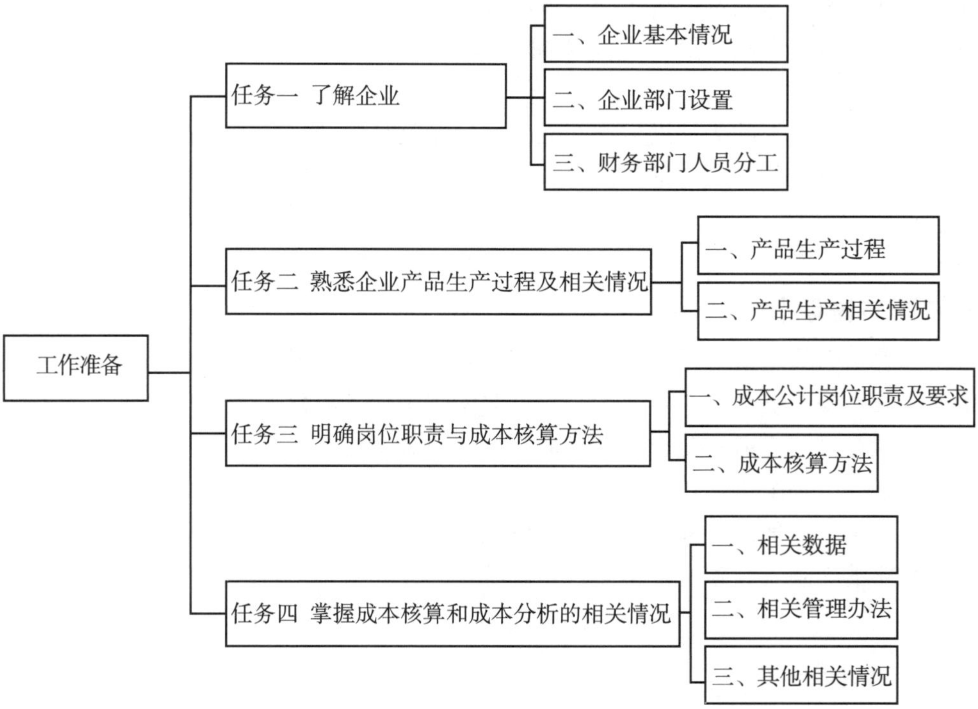

在进行成本会计工作之前应做好相关准备工作。准备工作主要有了解企业，熟悉产品生产过程，明确成本会计岗位职责、成本核算方法与要求，掌握成本核算与成本分析的相关情况等。

任务一 了解企业

为方便工作，我们应当通过查阅有关文件、询问相关人员、实地察看等方式对所在企业进行了解。下面是楚风公司的相关情况。

一、企业基本情况

楚风公司是一家中型工业企业，位于武汉市湖光路1号，主要生产经营“楚风”牌桌子和椅子两类产品，注册资本5000万元，现有职工132人。该公司董事长(法人代表)是王优，总经理是刘远行。该公司为增值税一般纳税人，在中国工商银行武汉湖光路支行开设基本存款账户。

二、企业部门设置

由于发展需要，楚风公司现设有行政办公室、产品研发部、技术品质部、生产部、人力资源部、财务部、供应部、营销部、储运部、后勤部、下料车间、桌子车间、椅子车间、油漆车间、修理车间和配电车间，储运部下设材料仓库和成品仓库。

下料车间、桌子车间、椅子车间和油漆车间为基本生产车间，负责公司各种产品的生产。

修理车间和配电车间为辅助生产车间。修理车间负责公司所有设备、设施和电器的维修。配电车间负责向公司所有部门供电，公司外购电力经配电车间处理后送往公司各部门使用。

【相关知识与说明】

基本生产是指直接进行产品制造的生产活动，从事基本生产的部门为基本生产车间。辅助生产是指主要为基本生产车间、企业行政管理部门等单位服务而进行的产品生产或劳务提供。辅助生产的产品不是企业生产的目的，是基本生产车间生产产品和企业行政管理部门办公的条件，如电力、工具、模具。辅助生产的劳务主要是设备维修。从事辅助生产的部门为辅助生产车间。辅助生产车间有时也对外销售产品或提供服务。

有的企业没有设置辅助生产车间，而在基本生产车间配备一些辅助生产人员。

三、财务部门人员分工

在楚风公司财务部，钱必清任部长，魏虹兼任存货会计和往来会计，郑珊兼任薪酬会计和长期资产会计，刘云兼任资金会计和纳税会计，李明任成本会计，张玲任总账会计，王丽任出纳。

【相关知识与说明】

成本会计在工作中需要与存货会计、薪酬会计、长期资产会计、总账会计等会计岗位配合。成本会计应将成本账户设置情况告知其他会计岗位，编制的有关计算表格、填制的记账凭证涉及其他会计岗位的，应交由相关人员审核、记账。同样地，其他会计岗位编制的有关计算表格、填制的记账凭证涉及成本会计的，也应交由成本会计审核、记账。成本会计编制的成本报表应交由财务部长审阅。

任务二　熟悉产品生产过程及相关情况

为了真实、准确地核算产品成本，我们应当到生产车间进行实地考察，听取相关人员的介绍，查阅相关资料，从而熟悉企业全部产品的生产过程及相关情况。

一、产品生产过程

成本核算方法的选择与产品及其生产过程有关，作为成本会计，我们必须熟悉产品的构成和生产流程。

楚风公司的主要产品分为常规产品、试验产品和订单产品 3 类。在主要产品的生产过程中，会产生刨花和木屑两种副产品。

(一)常规产品

楚风公司现有 ZF01 和 YM01 两种常规产品(见图 0-2)。

1. ZF01

这种桌子由 1 张桌面、4 只桌脚、4 块撑板和 2 根钢条构成。桌面用几块木板拼制而成，桌脚与撑板之间采用榫卯方法连接，桌面板与左右撑板通过钢条连接。钢条位于桌面板下面，用螺钉固定。

微课：ZF01简介

ZF01 生产先后在下料车间、桌子车间和油漆车间进行，分为下料、制作和油漆包装 3 个阶段，如图 1-1 所示。

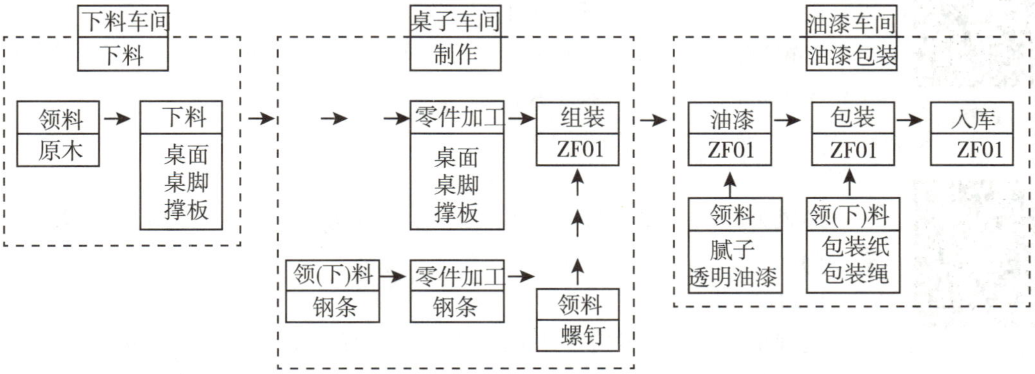

图 1-1　ZF01 生产流程

微课：YM01简介

2. YM01

这种椅子由 2 只前脚、2 只后脚、1 块座板、1 根横梁和 10 根撑档构成。座板由几块木板拼制而成，用螺钉固定在撑档上，其余部分采用榫卯方法连接。

YM01 生产先后在下料车间、椅子车间和油漆车间进行，分为下料、制作和油漆包装 3 个阶段，如图 1-2 所示。

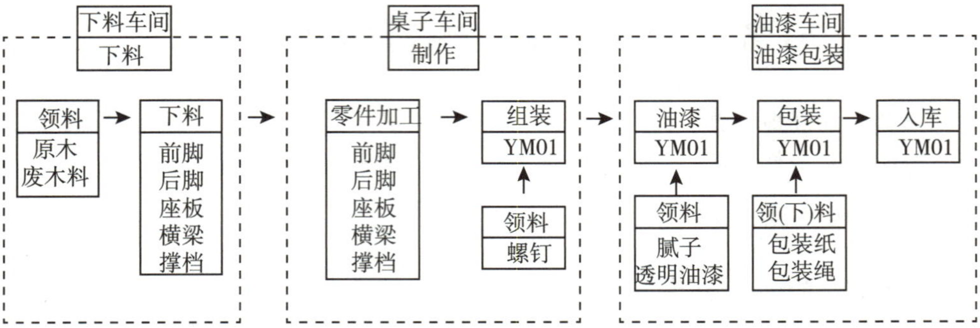

图 1-2　YM01 生产流程

（二）试验产品

微课：ZF02简介

楚风公司现有 ZF02 和 YM02 两种试验产品（见图 0-3）。

1. ZF02

这种桌子由 1 块桌面和 1 副支架构成。面板用免漆板制作，用不锈钢条包边，支架全部用钢材制作。支架各部分焊接在一起或用螺栓连接，面板用螺钉固定在支架上。

ZF02 生产在下料车间、桌子车间和油漆车间进行，分为面板下料、制作（零件加工）、支架油漆、桌子组装包装 4 个阶段，如图 1-3 所示。

2. YM02

微课：YM02简介

这种椅子由 1 块座板、1 副支架和 1 块靠背构成。座板用免漆板制作，用不锈钢条包边，支架由前、后支撑组成，用镀锌钢管制作，前、后支撑和座板用螺栓连接，靠背向别的厂家定制。

YM02 生产在下料车间和椅子车间进行，分为座板下料、椅子制作和包装 3 个阶段，如图 1-4 所示。

（三）订单产品

微课：ZD01简介

楚风公司现接受一家客户订单，生产 100 件 ZD01 和 200 件 YD01（见图 0-4）。

1. ZD01

这种桌子由 1 块面板、1 块底板、1 块前挡板、2 块侧挡板和 1 块中撑板构成，它的各个部分全部由木料制作，采用榫卯方法连接。

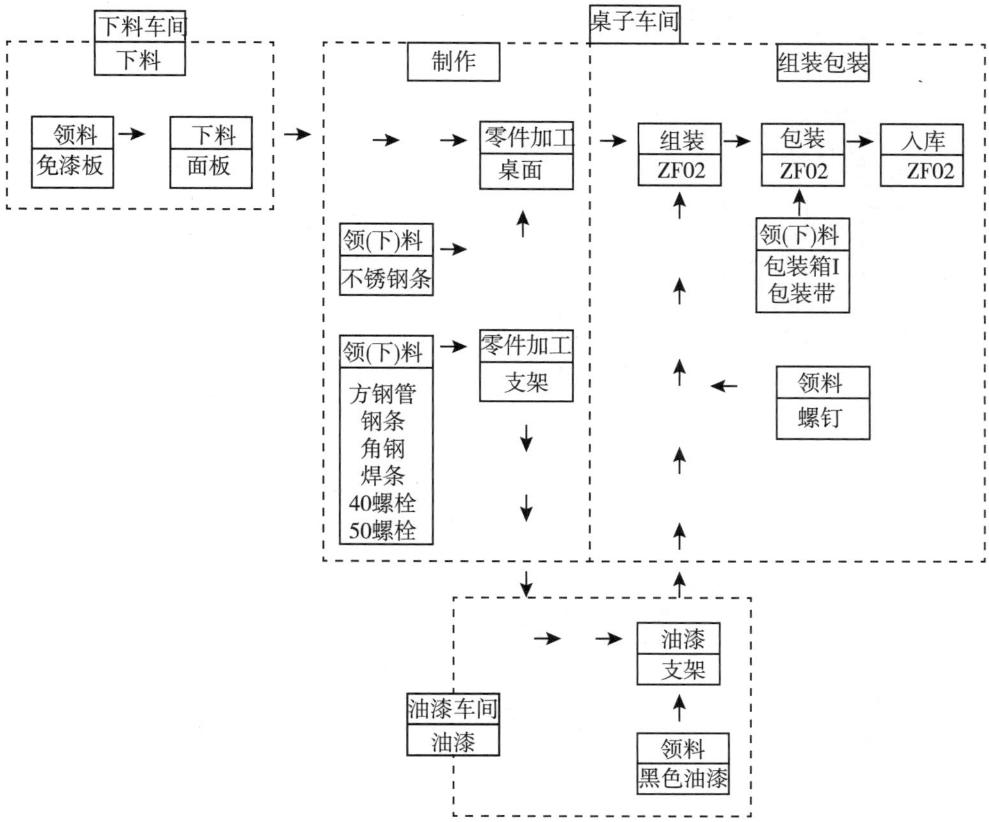

图 1-3　ZF02 生产流程

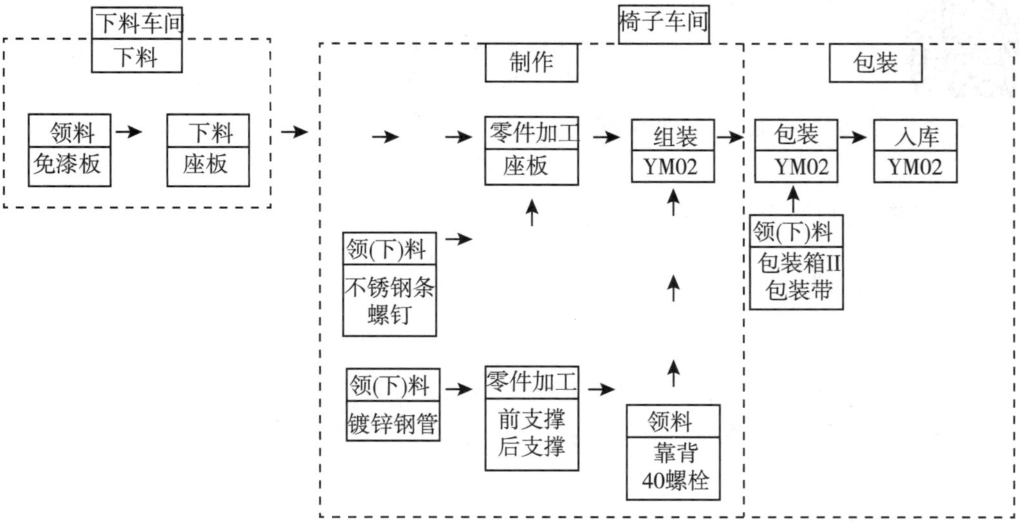

图 1-4　YM02 生产流程

ZD01 生产在下料车间、桌子车间和油漆车间进行，分为下料、制作(零件加工)、油漆和桌子组装包装 4 个阶段，如图 1-5 所示。

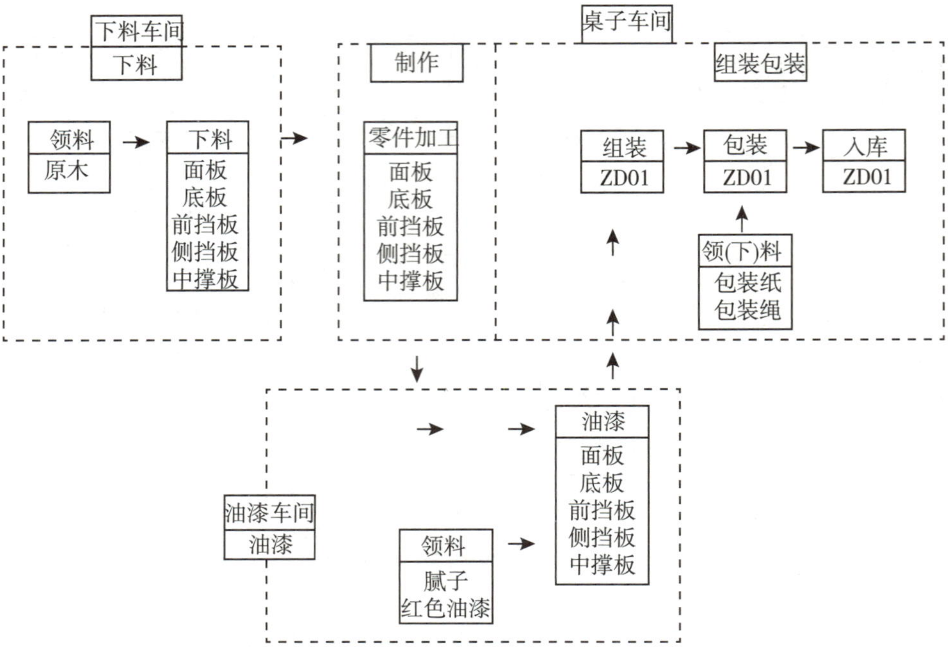

图 1-5　ZD01 生产流程

2. YD01

这种椅子由 2 只前脚、2 只后脚、1 块座板、1 根横梁、4 根座撑、3 根撑档和 1 块靠背构成。座板和靠背都是用皮革包裹一块海绵在一块木板上。座板用螺钉固定在撑档上，靠背采用榫卯方法连接上下横背撑。

YD01 生产在下料车间、椅子车间和油漆车间进行，分为下料、制作(零件加工)、椅架油漆和椅子组装包装 4 个阶段，如图 1-6 所示。

微课：YD01简介

【相关知识与说明】

一、生产类型

企业生产可分为大量生产、成批生产和单件生产三种类型。大量生产是指产品产量较大，企业生产部门常年生产少数几种产品的情形；成批生产是指产品一批批生产，生产完一批换一批，每一批次都不一样的情形；单件生产是指一次生产一件或几件产品，每次生产的产品都不同的情形。

前面介绍的产品中，ZF01 和 YM01 属于大量生产，ZD01 和 YD01 属于成批生产。ZF02 和 YM02 后期可能转为常规产品，为取得成本数据，视为大量生产。

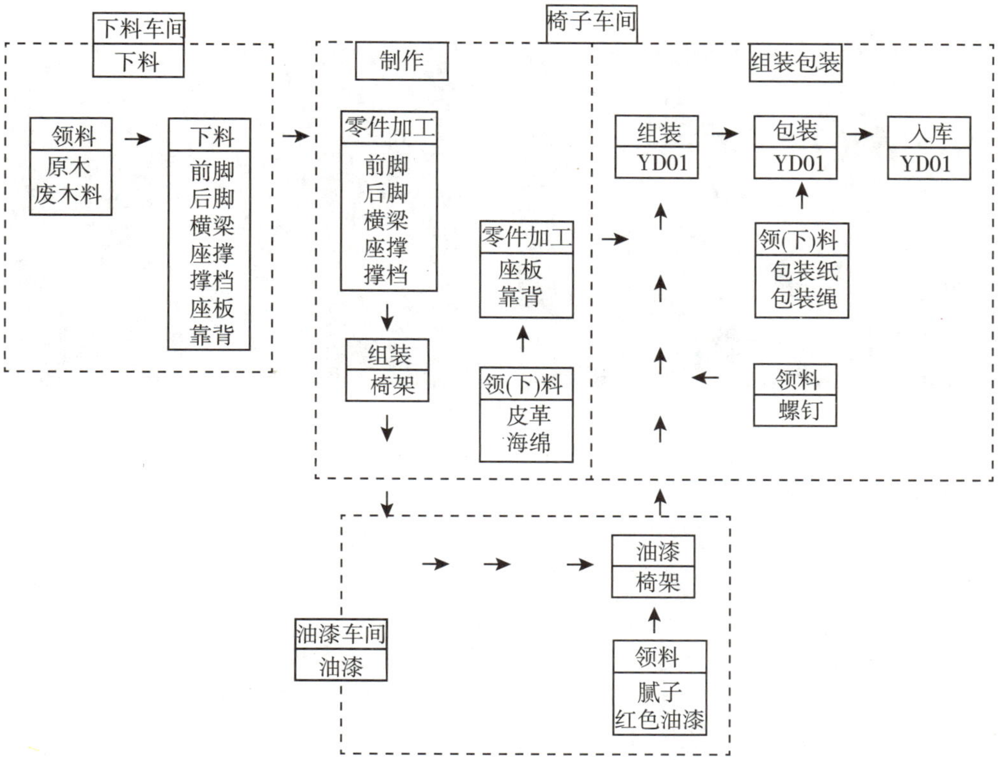

图 1-6　YD01 生产流程

二、生产过程

狭义的生产过程指产品生产过程，是指从原材料投入开始，经过一系列的加工，直至成品生产出来的全部过程。生产过程耗用的时间称为生产周期。产品生产过程是由一系列工序构成的。工序是指一个或一组工人在同一工作地对一件产品进行连续加工的工艺过程，它是生产过程最基本的组成单位。工艺是把原材料或半成品加工成产品的技术方法。

延伸阅读：
生产过程

生产阶段，在成本会计中称生产步骤，是把生产过程按生产地点或生产工艺的不同划分为几个段落。如 ZF01 分为下料、制作和油漆包装 3 个步骤，油漆包装还可以分成油漆和包装 2 个步骤。

(四)副产品

楚风公司在主要产品的生产过程中生产出刨花和木屑两种副产品，如图 1-7 所示。刨花产生于 ZF01、YM01、ZD01 和 YD01 的制作步骤，可用作机电产品运输减震材料；木屑产生于 ZF01、YM01、ZD01 和 YD01 的下料和制作步骤，是制作刨花板的主要材料。

图 1-7 刨花和木屑

【相关知识与说明】

副产品是与主要产品(简称主产品)相对的一个概念，是指使用主产品的材料，在主产品生产过程中附带产生的，单位价值较低的产品。副产品不是生产的主要目的。副产品与主产品是相对的，随着需求变化，两者可以相互转化。

与副产品相近的一个概念是联产品。联产品是使用相同的材料，在同一生产过程中产出的几种产品。联产品的生产过程是不可分割的，几种产品同时在生产，可同时产出，也可先后产出。如电解水生产氧气和氢气，氧气和氢气的生产过程是不可分割的整体，它们同时产出，是联产品。又如通过液化空气生产出的氧气和氮气也是联产品，它们都是在空气液化过程中产出，只是产出时间有先后。

副产品和主产品也是在同一生产过程中产出，但价值相差很大。各种联产品单位价值相差不大，都是主产品，是生产的主要目的。

二、产品生产相关情况

在考察产品生产过程时，我们需要了解一些相关情况，主要有材料投入方式和废品及其损失计算方法。

(一)材料投入方式

材料投入方式是指材料如何进入生产领域。材料投入方式不同，成本核算时要作不同处理。

在楚风公司，木材由下料车间分批次在生产开始时一次性投入，油漆、腻子由油漆车间随生产进度均衡投入，其他主要材料由各车间在生产开始时一次性投入，包装材料只对完工产品投入。

【相关知识与说明】

材料投入方式影响产品成本计算，计算在产品材料成本时，应区分材料投入方式。

材料在生产开始时一次性投入是指在某一生产阶段开始时，为生产一定数量产品，将所需要的某种材料全部、一次性投入生产。这种情况下，每件相同产品投入了一样多的材料。

材料随生产进度均衡投入是指材料边生产边消耗，生产停止，材料消耗就停止。这种情况下，同样的产品，加工时间长消耗的材料就多。

完工产品是指已完成某道工序、某个生产阶段或全部生产过程加工的产品；在产品是指处于某道工序或某个生产阶段，正在加工或等待加工的产品。完工产品和在产品可以相对某道工序、可以相对某个生产阶段，也可以相对整个生产过程而言。

（二）废品及其损失计算方法

生产过程中难免会产生废品，废品什么时候检验出来，废品造成的损失如何计算，是成本核算需要明确的问题。

在楚风公司，废品由车间和技术品质部在产品或零件完工时检出。试验产品没有废品产生。可修复废品由生产部安排人员进行修复，并提交废品修复报告单，修复用料数量和修复工时由生产部核定。修复废品所用零件按定额计算材料费用和人工费用，所用原材料直接冲减该产品材料成本（不考虑材料成本差异）。废品人工损失按产品人工费用率计算。

【相关知识与说明】

废品在成本会计中是指不符合技术、质量要求，不能按原定用途使用的产品或零件，也称不合格品。废品所带来的材料和人工等方面的浪费即为废品损失。

影响产品质量的因素有材质、人员、设备、加工方法和环境等方面。正常情况下，这些因素会发生偶然波动（称作偶然原因），导致废品产生，这种废品难以避免、随机产生、数量较少，其损失为正常损失，计入产品成本。非正常情况下，影响产品质量的因素发生显著改变（称作系统原因，通常是责任人主观故意或重大过失造成，如产品设计错误、用料错误、加工方法错误）而产生废品，这种废品数量较大，系统产生，应当而且可以避免，其损失为非正常损失，应作为营业外支出。

废品分为可修复废品和不可修复废品。可修复废品是指通过进一步加工可变成合格品的废品，加工费用应少于废品损失。不可修复废品是指技术上无法补救，或虽可补救但费用高于损失的废品。

【思政课堂】

做任何事情之前，必须对这件事情有所了解，察看事情所处的环境，熟悉处理事情的基本过程和主要方法，明确要达到的目的和要求，知晓具备的条件，做到这些，我们应当——

学会调查研究

调查是指通过各种途径，运用各种方式方法，有计划、有目的地了解事物真实情况，研究则是指对调查取得的材料进行加工，以认清客观事物的本质和规律。调查是研究的前提和基础，研究是调查的发展和深化。调查研究是为解决问题寻找思路和对策，是一切工作的起点。

只有进行调查研究，才能做到一切从实际出发、理论联系实际。没有进行调查研究，不了解实际情况，就是盲人骑瞎马，不可能达到目的，必然要犯错误。

习近平总书记指出："重视调查研究，是我们党在革命、建设、改革各个历史时期做好领导工作的重要传家宝。"调查研究是干好工作、取得成绩的保证。

任务三　明确岗位职责与成本核算方法

作为成本会计，我们必须牢记自己的岗位职责，明确企业要求，根据企业具体情况和管理要求，选择适当的成本核算方法。

一、成本会计岗位职责及要求

微课：成本会计岗位职责和操作流程

牢记岗位职责，才能完成本职工作；明确企业要求，才能把工作做好。我们应当通过查阅企业有关文件，听取领导指示，熟悉自己的岗位职责和要求。

（一）成本会计岗位主要职责

楚风公司在其管理制度中对成本会计岗位规定了如下主要职责。

1. 设置成本账户

成本会计应当根据公司具体情况和管理要求设置成本账户，主要是生产成本和制造费用明细账户，并将成本账户的设置情况告知其他相关会计人员。

2. 归集生产费用

成本会计要取得生产费用发生的相关原始凭证，审核后据以编制记账凭证，并登记生产成本和制造费用明细账。日常经济业务事项的处理过程就是生产费用的归集过程。

3. 分配生产费用

成本会计要根据公司实际情况，选择适当的方法分配生产费用，编制各种生产费用的分配表格，通过记账凭证和账簿反映生产费用的分配过程和结果。

4. 编制成本报表

成本会计要根据账簿记录和管理要求定期编制成本报表，向公司有关部门和领导反映企业产品成本核算结果，为公司管理提供可靠资料。

5. 进行成本分析

成本会计要运用专业知识进行成本分析，向公司有关部门提供分析数据，促使其改进工作。

【相关知识与说明】

成本会计岗位基本职责包括：设置成本账户，归集生产费用，分配生产费用，编制成本报表和进行成本分析。设置成本账户是进行成本核算的前提，成本账户体现成本核算方法，对成本核算有制约作用。归集生产费用是成本核算的一项主要工作，“归集”就是归类、集中，是把企业发生的各项生产费用通过记账凭证进行分类，然后通过账簿汇集起来。分配生产费用是成本核算的关键环节，对产品成本的真实性有重大影响。分配生产费用是根据企业实际情况，选择适当的方法将归集的各种生产费用一步步地分配到相关产品的生产成本中，进而确定产品的制造成本。成本报表是成本核算最终的综合性成果，应当定期编制。成本分析是根据成本核算结果和其他相关资料对企业产品成本进行各种分析，以把握企业成本管理现状，找出存在问题，明确努力方向。

延伸阅读：成本会计岗位说明

成本会计岗位的具体职责在不同企业中可能有所不同，取决于会计岗位设置和人员分工。成本会计岗位的各项职责将在后面的操作中进行具体说明。

（二）成本会计工作流程

成本会计工作在不同的时间有不同的内容，有些工作之间存在先后关系，需要按照一定的程序进行。

1. 年度开始和结束时

每个会计年度开始时，成本会计要设置成本账户，主要是生产成本和制造费用明细账户，对需要继续使用的账户更换其账簿，并结转上年余额。

在会计年度年度结束时，成本会计要对成本账簿进行整理，准备归档保存，还要编制年度成本报表，进行年度成本分析。

2. 每个月份中间

在每个月份中间，成本会计不断取得并审核各种经济业务和事项的原始凭证，编制成本计算表，填制记账凭证，登记成本账簿。经济业务事项包括日常经济业务事项、废品相关业务事项和副产品相关业务事项。

3. 每个月份结束时

在每个月份结束时，成本会计必须按顺序完成以下工作：分配辅助生产成本，分配制造费用，结转产品步骤成本，处理产品入库业务，成本账簿结账和对账，编制成本报表，进行成本分析。

（三）成本会计岗位要求

楚风公司对成本会计从工作能力和职业素质两方面提出了要求。

1. 工作能力

要求成本会计熟练掌握成本会计工作流程，正确运用成本核算方法，掌握企业管理基本知识，善于与人沟通，具有一定的组织能力和管理水平。

2. 职业素质

要求成本会计遵守会计职业道德，坚持成本核算原则，忠于企业，做事认真，作风踏实，具有团队意识和协作精神。

【相关知识与说明】

一、成本核算原则

成本核算作为会计核算的一个组成部分，必须遵循会计核算的基本原则。鉴于成本核算的特殊性，在进行成本核算时应当特别遵循以下原则。

(一) 真实性原则

真实性原则也称客观性原则或可靠性原则，是指成本核算应以真实的凭证资料为依据，不弄虚作假，核算过程符合企业实际情况，核算结果真实反映企业产品成本。真实性是成本核算最基本的要求。如果核算出来的产品成本不真实，会给企业相关决策造成误导，给企业带来损失。

(二) 合理性原则

要真实核算产品成本是很困难的，甚至是不可能的。在成本核算过程中，要使用一定的方法确定消耗材料的单位成本，依据一定的标准进行各种共同费用的分摊。合理性原则是指选取的成本核算方法与企业情况相适应，在理论上是合理的，被广泛认同。成本核算结果的真实性依赖于成本核算方法的合理性，只有成本核算方法是合理的，成本核算结果才会被认为是真实的。比如，为生产一种产品领用某种材料，这种材料在仓库中有两批，数量都是200千克，第一批单位成本为10元/千克，第二批单位成本为12元/千克，领用这种材料100千克，问产品生产成本中应计多少材料费用？用先进先出法，材料费用为1000元，用移动加权平均法，材料费用为1100元，结果不一样，哪个真实？我们认为都真实，因为这两种方法都合理。如果用后进先出法得出材料费用为1200元，我们认为不真实，因为这种方法不被广泛认同。还有，固定资产折旧有不同方法，使用不同方法会有不同计算结果，我们认为每个结果都是真实的。

(三) 重要性原则

重要性原则是指成本核算要为成本管理服务，对于重要事项应单独核算、重点反映。反之，对于不重要的方面进行综合反映即可。例如对于副产品，如果管理上没有特别要求可不单独核算其生产成本，而对于重要零件，如果管理上有特别要求，应单独核算其生产成本。

(四)一致性原则

一致性原则是指成本核算方法和成本计算口径前后各期应当保持一致，以便于进行成本分析和考核。成本核算有不同的方法，应当根据企业实际情况和管理要求事先选定，选定后一般不得随意变更。成本计算口径是指哪些费用应计入产品成本，哪些费用不应计入产品成本，必须遵守国家关于成本开支的有关规定，正确划分各种费用界限。

(五)简明性原则

企业生产过程通常比较复杂，给成本核算造成了很大困难。为适当减轻成本核算的工作量，降低核算工作成本，在不显著损害真实性的前提下，可以采取一些简化做法。成本核算除了依据有关部门提供的原始凭证外，还要根据相关记录按照生产情况编制产品成本计算表格，作为编制记账凭证的依据。产品成本计算表格应完整、清楚体现产品成本计算过程，让人们认可其合理、真实。简明性原则是指成本核算方法应当尽可能简单，资料应当清楚明了，便于理解。

二、费用界限

进行成本核算时必须正确划分以下几个费用界限，以保证产品成本真实。

微课：如何划分费用界限

(一)生产费用与期间费用的界限

生产费用是产品生产过程中发生的各项费用，应当直接或间接计入产品生产成本，期间费用不是产品生产过程中发生的费用，只能计入当期损益。

(二)收益性支出与资本性支出的界限

收益性支出是企业为了获得当期收益发生的支出，应当全部列为当期的成本、费用，资本性支出是企业购建长期资产而发生的支出，涉及多个会计年度，应当采用适当的方法在受益的会计年度之间分摊，将一部分计入本期的成本、费用。

(三)不同月份费用的界限

成本核算应当按照权责发生制原则进行，各项费用都有其所属期间。本月发生的费用或应由本月承担的费用只能计入本月，不是本月发生的费用或不应由本月承担的费用不能计入本月。

(四)不同产品费用的界限

各项生产费用都应明确其承担者。某种产品单独发生的生产费用直接归集到这种产品的成本中，几种产品共同发生的生产费用，应当使用适当的方法由这几种产品分摊。

（五）完工产品与在产品费用的界限

成本核算的主要目的就是要核算出完工产品的成本。归集生产费用时，完工产品和在产品的成本是合在一起的，应当使用适当的方法进行分配。

【思政课堂】

每个职业都有一定的规范和要求，这些规范和要求为每个从业者指明了努力方向。作为一名会计人员，我们应当遵守——

会计职业道德

会计职业道德是指在会计职业活动中应当遵循的、体现会计职业特征的、调整会计职业关系的各种经济关系的职业行为准则和规范。

会计职业道德是一般社会公德在会计工作中的具体体现，引导制约会计行为，调整会计人员与社会、会计人员与不同利益集团、以及会计人员之间关系的社会规范，他贯穿于会计工作的所有领域和整个过程，体现了社会要求与个性发展的统一，着眼于人际关系的调整。

会计职业道德以是否合乎情理、善与恶为评价标准，并以社会评价（荣誉）和个人评价（良心）为主要制约手段，是一种通过将外在的要求转化为内在的、即精神上的动力要起作用的非强制性规范。

会计职业道德的构成要素包括会计职业理想、会计工作态度、会计职业责任、会计职业技能、会计工作纪律和会计工作作风。会计职业道德具有指导、评价和教化功能。

二、成本核算方法

成本核算要为企业管理服务，成本核算方法的选择要适应企业具体情况，满足企业管理要求。

（一）企业管理要求

楚风公司对成本核算和成本分析的要求主要包括：

1. 主要产品都要分项目核算成本，副产品不分项目核算成本。

2. 常规产品要核算出各生产步骤及半成品成本，试验产品核算各生产步骤发生成本，不核算半成品成本，订单产品不要求分步骤核算成本。

3. 订单产品分批次核算成本。

4. 常规产品要单独反映废品损失。

（二）成本核算方法的选择

根据楚风公司的实际情况和管理要求，我们应当选择以下成本核算具体方法：

1. 常规产品分品种、分步骤(生产阶段)核算生产成本，单独核算废品损失，采用分项逐步结转法结转产品步骤成本；试验产品分品种、分步骤(生产阶段)核算生产成本，采用平行结转法结转产品步骤成本；订单产品采用分批法核算生产成本，不单独核算废品损失。

2. 几种产品共用材料按材料消耗定额分配，共用人工按工时消耗定额分配。

3. 废品损失按定额确认，只计材料成本和人工成本，不计制造费用。订单产品不单独核算废品损失，所回收材料直接冲减材料成本。废料回收根据具体情况处理。

4. 副产品成本直接从相应产品(不含废品)材料成本中扣除。

5. 辅助生产成本分配采用交互分配法，制造费用按产品工时定额分配。

6. 在完工产品和在产品之间分配生产成本时，能用约当产量的用约当产量，否则用定额。直接材料根据投料情况按产品材料定额分配，人工成本和制造费用按产品定额工时分配。本步骤发生的废品损失计入完工产品，前步骤转入的废品损失由完工产品和在产品按产品定额工时分配。

【相关知识与说明】

成本核算必须明确成本核算对象和成本核算期。成本核算对象是指核算产品成本过程中，确定归集与分配生产费用的承担客体。成本核算对象要求明确要核算哪种产品及规格、哪个批次、哪个步骤的成本。成本核算的关键是成本计算，就是如何归集与分配生产费用，因此，成本核算的对象通常称为成本计算对象。成本核算期也称成本计算期，是指归集与分配生产费用的期间。成本核算期要求明确成本核算从什么时间开始到什么时间结束。

如果一个企业每个月都只生产一种产品，而且当月全部完工，这种情况下产品成本核算很简单，发生在产品上的材料费用、人工费用、制造费用等就是该产品的生产成本。如果一个企业在一个月内生产多种产品，产品生产在两个以上车间进行，月末产品没有全部完工，这时产品生产成本的核算就比较复杂，需要根据实际情况选择不同的成本核算方法。

品种法是以产品品种为成本核算对象归集生产费用，核算产品成本的一种成本核算方法。品种法主要用于大量生产类型。在品种法下，成本核算对象是产品品种，成本核算期为月份。品种法的成本核算期是按会计期间(月份)确定的，与会计报告期一致，与产品生产周期不一致。

分步法是在品种法的基础上，按产品生产步骤归集生产费用，核算产品及其步骤成本的一种成本核算方法。分步法的成本核算对象是产品生产步骤，成本核算期与品种法相同。

分批法是以产品批次为成本核算对象归集生产费用，核算产品成本的一种成本核算方法。分批法主要用于成批生产和单件生产类型。在分批法下，成本核算对象是产品批次或订单，成本核算期为该批产品的生产周期。分批法的成本核算期与会计报告期不一致。

分类法是以产品的类别归集生产费用，先核算出类别产品成本，然后按照一定的标准分配计算各个品种产品成本的一种成本计算方法。分类法是一种辅助方法，不能单独使用，必须与品种法、分步法和分批法中的某一种结合起来。分类法是一般适用于品种规格繁多，处于同一生产过程的产品生产。

成本核算方法的具体运用和其他相关知识在后面操作中再进行说明。

任务四 掌握成本核算和成本分析相关情况

在进行成本核算和成本分析时，需要用到一些相关数据，了解企业对相关事务所采用的管理办法，知悉其他相关情况。

一、相关数据

与成本核算和成本分析相关的数据主要有产品生产定额和原材料价格。

（一）产品生产定额

为控制生产成本，楚风限公司制订了主要产品材料消耗定额、工时消耗定额和相关费用耗费标准。

1. 材料消耗定额与工时消耗定额

产品生产必定要消耗材料和人工，楚风公司对所有产品都制订了材料消耗定额与工时消耗定额。表 1-1、表 1-2、表 1-3、表 1-4、表 1-5 和表 1-6 分别是 ZF01、YM01、ZF02、YM02、ZD01 和 YD01 产品的定额表。

表 1-1 **ZF01 定额表**

武汉楚风家具有限公司

ZF01 型桌子定额表

零件或工序名称	单位	材料消耗定额		工时消耗定额（分钟）	
		用料	定额	下料	加工
桌面	张	原木	19200cm^3	12	36
桌脚	只	原木	3240cm^3	2	12
撑板	块	原木	1008cm^3	2	8
钢条加工	根	钢条	1m	—	5
组装	张	螺钉	20 颗	—	20

续表

零件或工序名称	单位	材料消耗定额		工时消耗定额(分钟)	
		用料	定额	下料	加工
油漆	张	腻子	200ml	—	25
		透明油漆	200ml		
包装	张	包装纸	3m	—	5
		包装绳	6m		

表 1-2

YM01 定额表

武汉楚风家具有限公司

YM01 型椅子定额表

零件或工序名称	单位	材料消耗定额		工时消耗定额(分钟)	
		用料	定额	下料	加工
前脚	只	原木	864cm^3	2	4
后脚	只	原木	1920cm^3	2	6
座板	块	原木	4860cm^3	6	4
横梁	根	原木	648cm^3	2	4
撑档	根	原木或废木料	216cm^3	2	2
组装	把	螺钉	10 颗	—	8
油漆	把	腻子	80ml	—	20
		透明油漆	80ml		
包装	把	包装纸	2m	—	5
		包装绳	5m		

注：所有撑档的尺寸基本相同，加工时间一致。

表 1-3

ZF02 定额表

武汉楚风家具有限公司

ZF02 型桌子定额表

零件或工序名称	单位	材料消耗定额		工时消耗定额(分钟)	
		用料	定额	下料	加工
桌面	张	免漆板	7500cm^2	2	10
		不锈钢条	4m	—	
		螺钉	20 颗	—	

续表

零件或工序名称	单位	材料消耗定额		工时消耗定额(分钟)	
		用料	定额	下料	加工
支架	副	方钢管	3. 5m	8	24
		钢条	3m	2	
		角钢	4m	6	
		焊条	1 根	—	
支架油漆	副	黑色油漆	100ml	—	18
组装	张	40 螺栓	4 套	—	20
		50 螺栓	4 套		
		螺钉	20 颗		
包装	张	包装箱 I	1 个	—	4
		包装带	2. 5m		

表 1-4　**YM02 定额表**

武汉楚风家具有限公司

YM02 型椅子定额表

零件或工序名称	单位	材料消耗定额		工时消耗定额(分钟)	
		用料	定额	下料	加工
座板	块	免漆板	2500cm^2	2	—
		不锈钢条	2m	1	9
		螺钉	10 颗	—	
支架	根	镀锌钢管	3. 5m	2	6
组装	把	靠背	1 个	—	6
		40 螺栓	6 套		
包装	把	包装箱 Ⅱ	1 个	—	4
		包装带	2m		

表 1-5　**ZD01 定额表**

武汉楚风家具有限公司

ZD01 型桌子定额表

零件或工序名称	单位	材料消耗定额		工时消耗定额(分钟)	
		用料	定额	下料	加工
面板	块	原木	12960cm^3	6	24

续表

零件或工序名称	单位	材料消耗定额		工时消耗定额(分钟)	
		用料	定额	下料	加工
底板	块	原木	9720cm^3	6	24
前挡板	块	原木	16200cm^3	10	32
侧挡板	块	原木	8100cm^3	6	24
中撑板	块	原木	1620cm^3	2	4
面板油漆	块	腻子	100ml	—	12
		红色油漆	100ml		
底板油漆	块	腻子	100ml	—	12
		红色油漆	100ml		
前挡板油漆	块	腻子	150ml	—	12
		红色油漆	150ml		
侧挡板油漆	块	腻子	60ml	—	12
		红色油漆	60ml		
中撑板油漆	块	腻子	20ml	—	4
		红色油漆	20ml		
组装	张	—	—	—	20
包装	张	包装纸	5m	—	5
		包装绳	10m		

表 1-6　**YD01 定额表**

武汉楚风家具有限公司

YD01 型椅子定额表

零件或工序名称	单位	材料消耗定额		工时消耗定额(分钟)	
		用料	定额	下料	加工
前脚	只	原木	1296cm^3	2	6
后脚	只	原木	2880cm^3	2	8
座板	块	原木	4860cm^3	4	—
	块	皮革	2500cm^2	2	—
	块	海绵	2000cm^2	2	—
横梁	根	原木	648cm^3	2	4

续表

零件或工序名称	单位	材料消耗定额		工时消耗定额(分钟)	
		用料	定额	下料	加工
靠背	块	原木	$3240cm^3$	4	—
	块	皮革	$2500cm^2$	2	—
	块	海绵	$2000cm^2$	2	—
座撑	根	原木	$1296cm^3$	2	6
撑档	根	原木或废木料	$216cm^3$	2	2
椅架	副	—	—	—	10
椅架油漆	副	腻子	80ml	—	20
		红色油漆	80ml		
组装	把	螺钉	20 颗	—	10
包装	把	包装纸	2m	—	5
		包装绳	5m		

2. 其他费用耗费标准

为加强成本控制，进行成本分析，楚风公司对产品人工费用、制造费用和废品损失制订了耗费标准，如表 1-7 所示。

表 1-7　**其他费用耗费标准表**

武汉楚风家具有限公司

其他费用耗费标准表

费用名称	计算依据	耗费标准
产品人工费用率	产品生产总工时	30.00 元/工时
制造费用	产品生产总工时	15.00 元/工时
废品损失	产品直接材料与直接人工之和	5‰

【相关知识与说明】

延伸阅读：生产定额

一、生产定额

生产定额简称定额，是指在一定的生产技术和管理水平下，预先规定完成单位合格产品所消耗资源数量的标准，它反映一定时期企业生产力水平的高低。

定额分为材料消耗定额、工时消耗定额和费用定额。

(一)材料消耗定额

材料消耗定额简称材料定额，是指在一定的生产技术和生产组织条件下，为制造单位产品或完成某项生产任务，合理地消耗某种材料的标准数量。材料消耗定额是发放材料的重要依据。

(二)工时消耗定额

工时消耗定额简称工时定额，也称劳动定额，是指在一定的技术状态和生产组织模式下，按照产品工艺加工完成一件合格产品或零件所需要的时间。工时定额可分工序或生产阶段制订，是一件产品完成一个工序或生产阶段加工所需要的时间，它是劳动生产率指标。工时消耗包括工作时间、准备时间、休息时间与生理时间。工时分为人工工时和机器工时。

企业规定生产工人在一定时间内应完成的生产任务，用工时定额计算的时间称为定额工时。一个工人在一定时间内实际完成的生产任务，用工时定额计算的时间称为完成定额工时。

(三)费用定额

费用定额是指在一定的生产组织条件下完成某项任务所需费用标准。费用定额通常用于直接材料和直接人工以外的生产费用，一般相对数表示。

可以根据材料消耗定额或工时消耗定额确定材料费用定额或工时费用定额，即

材料费用定额=材料消耗定额×材料计划价格

工时费用定额=工时消耗定额×人工费用率

二、成本核算基础工作

成本核算基础工作是指为成本核算提供条件和支持，对成本核算结果有重大影响的工作。为使成本核算顺利进行，企业应做好以下几项基础工作。

(一)原始记录

原始记录是通过一定的表格形式，对企业各项生产活动和业务活动所做的最初的数字或文字的记载。它是企业各项经济活动的客观反映，是未经过加工整理的第一手资料。有的原始记录直接作为会计原始凭证，有的原始记录经过整理汇总后作为会计原始凭证。原始记录必须真实、完整、及时。

(二)生产定额

生产定额是成本核算的重要依据。在分摊几种产品的共同成本或将产品成本在完工产品和未完工产品之间进行分配时，通常需要用到定额。

(三)物资管理

物资管理包括各种材料物资的收进、发出、领用、退回及其计量，还有物资保管和盘存。物资管理应严格规范，有原始记录并准确无误。

(四)规章制度

为使得企业各项工作有序进行，各个部门、各类人员协调配合，企业应当建立健全各项规章制度。规章制度是工作质量的保证。

许多成本会计教材提到内部结算价格制度，这是企业实施内部经济责任制所采取的一种管理方法，进行成本核算并不需要内部结算价格，因此，不应将它作为成本核算的基础工作。

(二)原材料价格

楚风公司对原材料采用计划成本核算，领用材料时，根据材料计划价格确定领用材料成本，月末根据材料成本差异率将材料计划成本调整为实际成本。

1. 原材料计划价格

表 1-8 是楚风公司现行原材料计划价格。

表 1-8　**原材料计划价格表**

武汉楚风家具有限公司

原材料计划价格表

材料类别	材料名称	规格型号	计量单位	计划价格(元)
主要材料	原木	杉木	m^3	800.00
	废木料		m^3	400.00
	免漆板	2000×1000×30	块	50.00
	方钢管	40×40×3500	根	50.00
	镀锌钢管	Φ30×3500	根	18.00
	钢条	2000×30×3	根	6.00
	不锈钢条	2000×30×0.5	根	2.00
	角钢	30×30×4000	根	60.00
	腻子		桶(10L)	100.00
	油漆	透明	桶(10L)	200.00
	油漆	黑色	桶(10L)	200.00
	油漆	红色	桶(10L)	200.00

续表

材料类别	材料名称	规格型号	计量单位	计划价格(元)
主要材料	靠背		个	10.00
	皮革	1000	匹(25m)	400.00
	海绵	2000×1000×30	块	20.00
辅助材料	螺钉	25	盒(100颗)	10.00
	螺栓	40	盒(50套)	18.00
	螺栓	50	盒(50套)	20.00
	焊条		包(100根)	50.00
包装材料	包装箱	Ⅰ型	个	10.00
	包装箱	Ⅱ型	个	6.00
	包装带		卷(20m)	8.00
	包装纸		卷(20m)	10.00
	包装绳		卷(50m)	5.00
修理用备件	电线	铜2.5	卷(100m)	150.00
	普通开关		个	2.00
	空气开关		个	20.00
	机油		壶(5L)	30.00
	钻头		个	3.00
	锯片		张	50.00
	铣刀		把	10.00
	夹头		个	15.00

2. 材料成本差异率

材料成本差异率由存货会计提供，楚风公司20×1年1月份材料成本差异率为4%，20×1年2月份材料成本差异率为5%。

二、相关管理办法

与成本核算和成本分析相关的管理办法主要包括副产品和废料成本确定办法、职工工资计发办法和其他会计处理方法。

(一)副产品和废料成本确定办法

1. 副产品成本确定办法

楚风公司生产部按副产品销售收入的80%核定副产品销售成本，并按一定比例将副产品成本分摊给主产品。

2. 废料成本确定办法

楚风公司规定，回收的废木料按原木计划价格的50%计价。YM01的座板和撑档，YD01的座板、撑档和靠背无回收价值，不回收。钢条和螺钉由桌子车间、椅子车间回收再利用。废料回收不计工时。

(二)职工工资计发办法

楚风公司职工工资根据职工岗位不同采取不同的计发办法。

1. 基本生产车间工人工资计发办法

基本生产车间生产工人工资采取底薪加奖惩方法计发。底薪为基本工资加岗位工资，金额固定，根据考勤和考绩情况进行奖惩。

生产工人月工资=基本工资+岗位工资+奖金-考勤处罚-考绩处罚

生产工人每月必须完成规定的定额工时(额定工时)，超额或不足的，按产品人工费用耗费标准(人工费用率)奖励或惩罚。

月额定工时=当月额定工作天数×每天有效工作时间

当月额定工作天数为当月日历天数扣除法定节假日天数，每天有效工作时间为7小时。

工人当月完成定额工时=(本月生产的全部产品或零件数量-本月人为原因报废且不可修复产品或零件数量)×产品或零件工时定额

人为原因造成的废品，不可修复的不计发工资，可修复的照常计发工资。人为废品造成的工时损失(可修复的只计修复工时)，每工时扣发20元，材料损失，赔偿原材料计划价格的50%。

2. 其他职工工资计发办法

其他职工采取计时工资，即基本工资加岗位工资，根据考勤和考绩情况进行处罚。没有重大过失不进行考绩处罚。

其他职工月工资=基本工资+岗位工资-考勤处罚-考绩处罚

(三)其他会计处理方法

1. 其他相关会计岗位使用的会计核算方法

楚风公司对周转材料采用先进先出法核算，一次转销，对固定资产分类计提折旧。总账会计采用科目汇总表核算形式。

2. 与工资相关各项经费的处理办法

楚风公司职工福利费按实际发生额摊销，工会经费按职工固定工资(基本工资与岗位工资，下同)的2%计提并上缴，职工教育经费按职工固定工资的1.5%计提并使用，由公司缴纳的职工养老保险、医疗保险、失业保险、工伤保险、生育保险和住房公积金分别按职工固定工资的20%、8%、2%、1%、0.8%和10%提取。

三、其他相关情况

为进行成本分析，我们需要了解生产工人考勤情况，明确成本分析的有关问题。

(一)生产工人考勤情况

1. 20×1年1月份考勤情况

20×1年1月份额定工作天数为22天。生产工人考勤结果为：下料车间20名生产工人全勤，桌子车间18名生产工人中有1人出勤9天，其余全勤，椅子车间26名生产工人中有1人出勤14天，其余全勤，油漆车间生产14名工人有1人出勤13天，其余全勤。

2. 20×1年2月份考勤情况

20×1年2月份额定工作天数为15天。生产工人考勤结果为：下料车间20名生产工人全勤，桌子车间18名生产工人中有1人出勤5天，其余全勤，椅子车间26名生产工人中有1人出勤5天，其余全勤，油漆车间生产14名工人全勤。

(二)成本分析的有关问题

进行成本分析时不考虑废品损失、回收材料成本和废品修复费用，忽略副产品成本。

【思政课堂】

要在一个工作岗位上做出成绩，必须有职业责任，要有工作热情，要有严谨态度，把工作当做事业。从事任何工作，都应当——

爱岗敬业

爱岗就是热爱自己的工作岗位，热爱本职工作，敬业就是要用一种尊重严肃的态度对待自己的工作。爱岗敬业，指的是忠于职守的事业精神，这是职业道德的基础。

一份职业和一个工作岗位，是每个人赖以生存和发展的基础保障。同时，一个个工作岗位又是人类社会存在和发展的需要。所以，爱岗敬业不仅是个人生存和发展的需要，也是社会存在和发展的需要。

爱岗敬业要求我们树立职业理想，强化职业责任，提高职业技能。只有爱岗敬业的人，才会在自己的工作岗位上认真勤恳，不辞辛苦，努力钻研，精益求精，才有可能为社会为国家作出伟大贡献。

爱岗敬业是平凡的奉献精神，因为他是每个人都可以做到的，而且应该具备的。爱岗敬业又是伟大的奉献精神。因为伟大出自平凡，没有平凡的爱岗敬业，就没有伟大的奉献。全面建设小康社会的伟大事业，正在呼唤着这种具备平凡而伟大的奉献精神的人。

项目二　设置成本账户

【学习目标】

1. 善于设置生产成本和制造费用明细账户；
2. 掌握生产成本和制造费用明细账户在不同情况下的设置方法；
3. 培养热爱学习的品质，掌握基本学习方法。

【任务清单】

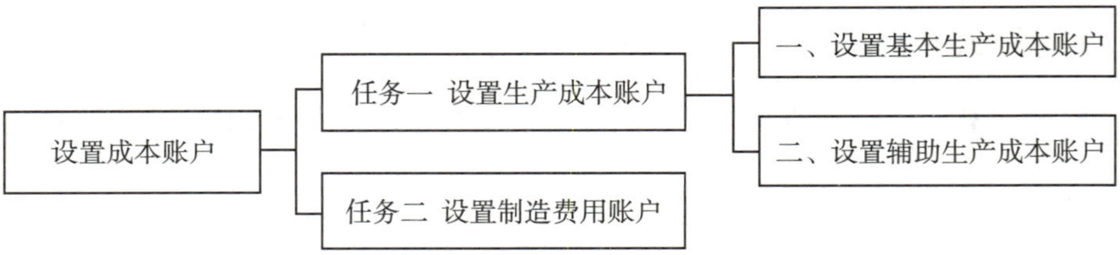

成本核算是成本会计的主要职责，设置成本账户又是进行成本核算的前提。因此，成本会计首先应根据企业情况和对成本核算的要求设置成本账户，主要是设置生产成本和制造费用两类明细账户。

任务一　设置生产成本账户

微课：生产成本账户的设置

根据我们所了解的情况，楚风公司设有基本生产车间和辅助生产车间，生产过程相应分为基本生产和辅助生产，因此，应当分别设置基本生产成本和辅助生产成本两类生产成本账户。

一、设置基本生产成本账户

楚风公司生产的产品分为主要产品和副产品，主要产品又分为常规产品、试验产品和订单产品 3 类，不同类别的产品采用不同的成本核算方法，因此在生产成本账户设置上也有所不同。

(一) 设置常规产品生产成本账户

楚风公司的常规产品有 ZF01 和 YM01，这两种产品的生产都分为下料、制作和油漆包装 3 个生产步骤。楚风公司要求核算每种产品各个步骤的生产成本，因此，我们应按生产步骤设置常规产品生产成本账户，将生产成本账户分为 4 级，一级为生产成本，二级为基本生产成本(成本类别)，三级为产品名称，四级为生产步骤。

对于 ZF01，应分别设置“生产成本——基本生产成本——ZF01——下料”、“生产成本——基本生产成本——ZF01——制作”和“生产成本——基本生产成本——ZF01——油漆包装”等 3 个生产成本明细账户。

【相关知识与说明】

一、生产成本账户的重要性

生产成本账户(体系)反映企业成本核算如何分产品、分步骤进行，生产费用如何归集。设置了基本生产成本账户就确定了成本核算对象和成本核算方法。因此，生产成本账户(体系)设置非常重要，是对成本核算进行的设计和谋划，对成本核算的过程和结果有制约作用，是成本核算的首要环节。

二、设置生产成本账户需要明确的问题

(一)企业生产部门设置

企业生产部门是否分为基本生产车间和辅助生产车间，这个情况决定了生产成本是否需要分为基本生产成本和辅助生产成本两个类别。

(二)企业产品情况

成本核算的主要目的就是确定产品成本，生产成本账户必须根据产品设置，产品情况决定了基本生产成本如何细分。

(三)产品生产过程

企业每种产品生产在哪几个车间进行，分为哪几个生产阶段(步骤)，产品生产过程涉及产品生产成本分步骤核算。

(四)企业管理要求

企业对成本核算要求主要体现在 4 个方面：一是产品是否需要分批次核算成本；二是产品是否需要分步骤核算成本；三是是否要核算半成品成本；四是产品的废品损失是否需要在账面上单独反映。成本核算要求反映了成本核算目的，决定成本核算方法和成本账户设置。

三、基本生产成本明细账户的设置方法

基本生产成本明细账户一般设置为“生产成本——基本生产成本——××产品或零件——××规格——××生产步骤”。如果企业没有辅助生产车间，“基本生产成本”可省略；

如果企业只生产一种产品，“××产品”可省略(但要求核算零件成本时不可省略)；如果某一种产品只有一种规格，“××规格”可省略；如果产品不要求分步骤核算成本，“××生产步骤”可省略。

通常情况下，产品生产分为零件加工和产品组装两个阶段。如有必要，可核算每个零件或重要零件的生产成本，把零件当作产品设置专门的生产成本账户。比如对 ZF01 桌面，可设置“生产成本——基本生产成本——ZF01 桌面——下料”和“生产成本——基本生产成本——ZF01 桌面——加工”账户，专门核算 ZF01 桌面的生产成本。

每个明细账户中还应当设置成本项目。根据公司实际情况和要求，常规产品每个生产步骤都要有直接材料、直接人工、废品损失和制造费用 4 个成本项目。

【相关知识与说明】

一、成本项目

成本项目是将生产过程中发生的各项费用进行归类，最常见的成本项目有直接材料、直接人工和制造费用。直接材料是指产品直接耗用的各种材料费用；直接人工是指企业支付或应当支付给产品生产工人的各项费用，包括工资、奖金、福利费、以及根据工资计算由企业承担的工会经费、职工教育经费、社会保险金和住房公积金等；制造费用是指分摊到产品上的制造费用。

如果有其他费用，可在成本项目中添加“其他直接费用”项目，有的直接费用如果能独立计量又需要专门反映，可在成本项目中单独添加，如“燃料或动力”。如果管理上有要求，也可将直接材料、直接人工进行细分。

成本项目是生产成本中的末级科目，应在账户中一起列示。

二、废品损失

产品生产过程中难免会产生不合格品，为反映产品生产过程中因产品不合格而造成的材料费用、人工费用和其他费用的浪费，以及发生的修复费用，可在成本项目中添加“废品损失”项目。

对于废品损失，许多成本会计教材主张专门设置“废品损失”总分类账户，在其下分产品设置明细账户。本作者认为这种做法存在的问题，一是《企业会计准则》未列明“废品损失”科目，虽然《企业会计准则》允许企业根据实际情况添加会计科目，但《企业会计准则》已对给出的会计科目确定了编号，“废品损失”没有编号，使用会计核算软件的企业不方便处理；二是“废品损失”属于哪类会计科目(是资产类还是成本类)不确定；三是废品损失应从属于产品，是产品的废品损失，在废品损失账户下设置产品明细账户，逻辑关系颠倒了；四是废品损失是产品生产过程中发生的，是产品生产成本的一项内容，应当在产品生产成本中反映，把废品损失和生产成本并列不恰当。

三、等级品

合格产品可以根据其质量的不同分等级，如分为优等品与合格品，或分为一等品、二等品、三等品。不同等级的产品在售价上会有区别。产品等级通常是生产完工后经质量鉴定产生，不同等级产品耗用的材料、人工等费用并没有明显差别，因此，在同一生产过程中生产出来的不同等级产品应有相同的成本，不应该也不可能分开核算，更不应该人为地调节不同等级产品的成本。但对于使用优等材料，进行特别加工而生产出的优等品，应当单独作为一种产品进行核算。

有的废品仍然有一定的使用价值，可对外降价出售，称为等外品。这种废品应看作合格品，不计废品损失。企业可要求责任人赔偿等外品降价损失，作为营业外收入。

基本生产成本一般发生在借方，期末会有余额，余额也应分成本项目列示。因此，基本生产成本明细账户应按成本项目将借方和余额都设为多栏。

综上所述，对于“生产成本——基本生产成本——ZF01——下料”账户，我们应按图 2-1 和图 2-2(其他栏空白，略去)设置。

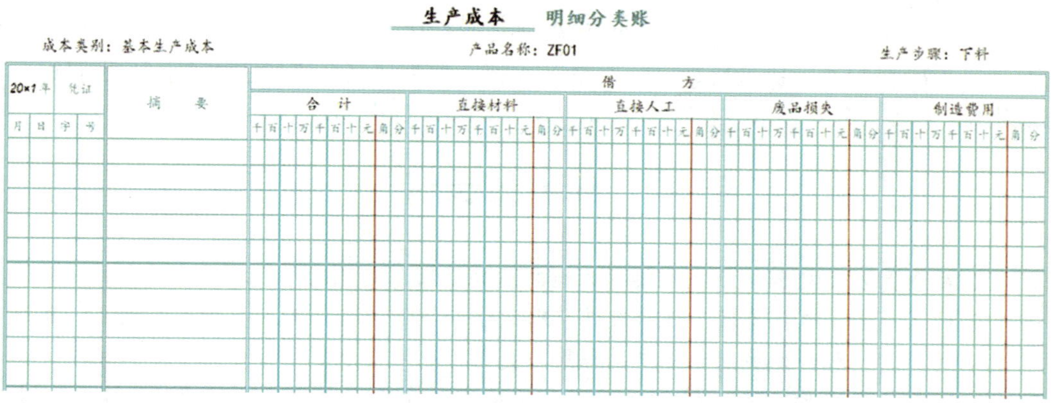

图 2-1　“生产成本——基本生产成本——ZF01——下料”账户(左半部分)

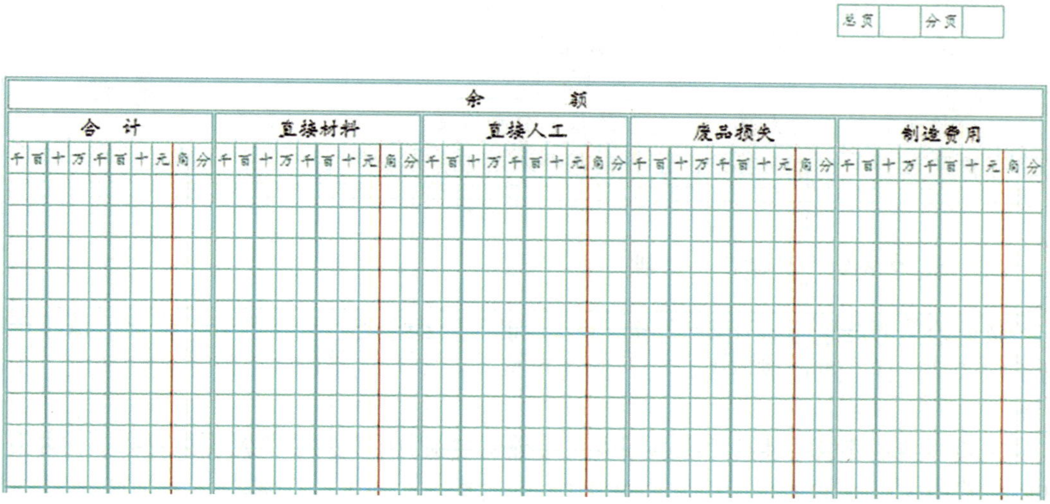

图 2-2　“生产成本——基本生产成本——ZF01——下料”账户(右半部分)

【相关知识与说明】

基本生产成本账户应采用专用多栏式账簿，其借方和余额必须按成本项目设为多栏，贷方也可以按成本项目设为多栏。市面上少有基本生产成本账簿出售，可将普通多栏式账簿改造为这种形式。

生产成本账户借方反映生产过程中发生的各项费用，贷方反映转出或冲销的生产费用，余额反映在产品的生产成本。

不同的成本项目在分配转出时要采用不同的方法处理，会涉及期初余额，结账时也涉及期初余额，因此，余额栏须分成本项目列示。

【学生练习】

设置 ZF01 的其他生产成本明细账户和 YM01 的生产成本明细账户。

【思政课堂】

从现在开始，我们有双重身份，一是楚风公司的成本会计，二是一名学生，我们要把这两种身份融合起来，边做边学。为了学到本领，成为一名合格的成本会计，我们每个人都应当——

热爱学习

知识是人类从各种途径中获得的经过提升总结与凝练的，对物质世界和精神世界探索的结果总和，包括事实、规律及其获取方法和技能。知识是人类智慧的结晶，是社会文明的标志。社会发展需要知识的积累与更新，个人进步需要知识的学习和运用。

学习不论是对个人，还是对国家和民族都是非常重要的。古往今来，关于读书学习的论述多于牛毛。三国时期杰出的政治家诸葛亮在《诫子书》说："夫学须静也，才须学也，非学无以广才，非志无以成学。"唐代杰出书法家颜真卿《劝学》诗说："三更灯火五更鸡，正是男儿读书时。黑发不知勤学早，白首方悔读书迟。"习近平总书记指出："学习是文明传承之途，人生成长之梯，政党巩固之基，国家兴盛之要。"

作为新时代的大学生，我们的基本任务就是学习。我们要通过学习把自己培养成合格的社会主义事业接班人。我们每个人都应当热爱学习。

（二）设置试验产品生产成本账户

楚风公司的试验产品有 ZF02 和 YM02，也要分步骤进行成本核算，因此，试验产品与常规产品一样，生产成本账户也分为生产成本、基本生产成本、产品名称和生产步骤 4 级。

试验产品不要求单独反映废品损失，每个明细账户中只需要设置直接材料、直接人工和制造费用 3 个成本项目。因此，对于"生产成本——基本生产成本——ZF02——下料"账户，我们应按图 2-3 和图 2-4 设置。

生产成本　明细分类账

成本类别：基本生产成本　　　　产品名称：ZF02　　　　生产步骤：下料

20×1年		凭证		摘要	借方																																																	
					合计										直接材料										直接人工										制造费用																			
月	日	字	号		千	百	十	万	千	百	十	元	角	分	千	百	十	万	千	百	十	元	角	分	千	百	十	万	千	百	十	元	角	分	千	百	十	万	千	百	十	元	角	分	千	百	十	万	千	百	十	元	角	分

图 2-3　“生产成本——基本生产成本——ZF02——下料”账户(左半部分)

总页		分页	

余额																																																	
合计										直接材料										直接人工										制造费用																			
千	百	十	万	千	百	十	元	角	分	千	百	十	万	千	百	十	元	角	分	千	百	十	万	千	百	十	元	角	分	千	百	十	万	千	百	十	元	角	分	千	百	十	万	千	百	十	元	角	分

图 2-4　“生产成本——基本生产成本——ZF02——下料”账户(右半部分)

【学生练习】

设置 ZF02 的其他生产成本明细账户和 YM02 的生产成本明细账户。

试验产品不核算半成品成本，可采用分项平行结转法结转产品步骤成本，为反映完工产品的生产成本构成情况，我们还应当增设完工产品明细账户。完工产品成本要全部转出，月末没有余额，可以不设余额栏。图 2-5 为“生产成本——基本生产成本——ZF02——完工产品”明细账户。

生产成本　明细分类账

成本类别：基本生产成本　　　　产品名称：ZF02　　　　完工产品

20×1年		凭证		摘要	借方																																																	
					合计										直接材料										直接人工										制造费用																			
月	日	字	号		千	百	十	万	千	百	十	元	角	分	千	百	十	万	千	百	十	元	角	分	千	百	十	万	千	百	十	元	角	分	千	百	十	万	千	百	十	元	角	分	千	百	十	万	千	百	十	元	角	分

图 2-5　“生产成本——基本生产成本——ZF02——完工产品”账户

【学生练习】

设置 YM02 的完工产品明细账户。

【相关知识与说明】

一、分类法下生产成本账户设置

分类法是先按产品类别归集生产费用，核算出该类完工产品的总成本，然后按一定标准将该类完工产品总成本分配给该产品类别中每种产品的一种成本核算方法。分类法是成本核算的一种辅助方法，必须与品种法、分批法或分步法结合使用。某种产品的零件可以看作一个类别采用分类法核算零件成本。

使用分类法，应设置产品类别生产成本账户。如把 ZF01 的桌面、桌脚和撑板作为一类，设置“生产成本——基本生产成本——ZF01 零件”账户，用来归集 ZF01 桌面、桌脚和撑板在生产过程发生或应分摊的生产费用，其下还可分步骤设置明细账户。

二、联产品生产成本账户设置

对于联产品，应当分别设置联产品和单个产品生产成本账户，如“生产成本——基本生产成本——联产品”“生产成本——基本生产成本——甲产品”“生产成本——基本生产成本——乙产品”等账户，各账户中设置相应的成本项目。必要时还应分步骤设置联产品生产成本账户。联产品生产成本账户用来归集联产品生产过程中发生或应分摊的生产费用（称联合成本或共同成本），单个产品生产成本账户用于反映分配给单个产品的联合成本和单个产品继续加工所发生的生产费用。

（三）设置订单产品生产成本账户

楚风公司的订单产品有 ZD01 和 YD01，采用分批法、不分步骤进行成本核算，因此，订单产品的生产成本账户分为生产成本、基本生产成本和产品名称 3 级。

订单产品不要求单独反映的废品损失，每个明细账户中只需要设置直接材料、直接人工和制造费用 3 个成本项目。因此，对于“生产成本——基本生产成本——ZD01”明细账户，我们应设置成如图 2-6 和图 2-7 所示的形式。

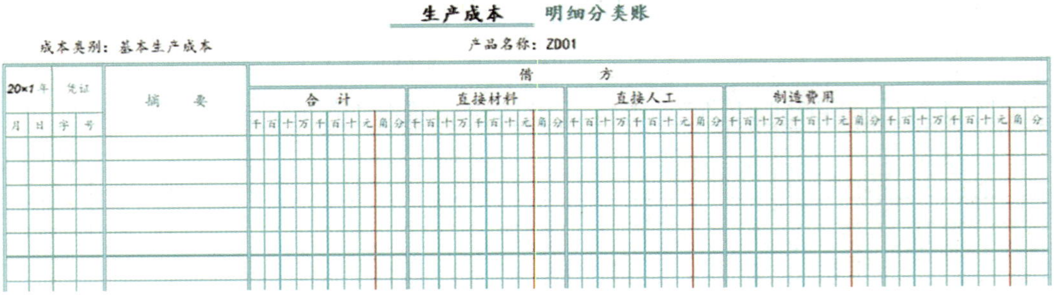
生产成本　明细分类账
成本类别：基本生产成本　　产品名称：ZD01
20×1 年 | 凭证 | 摘　要 | 借　方
月 | 日 | 字 | 号
合　计 | 直接材料 | 直接人工 | 制造费用 |
千 百 十 万 千 百 十 元 角 分

图 2-6　“生产成本——基本生产成本——ZD01”账户（左半部分）

总页		分页	

余额				
合计	直接材料	直接人工	制造费用	
千百十万千百十元角分	千百十万千百十元角分	千百十万千百十元角分	千百十万千百十元角分	千百十万千百十元角分

图 2-7　“生产成本——基本生产成本——ZD01”账户（右半部分）

【学生练习】

设置 YD01 的生产成本明细账户。

（四）设置副产品生产成本账户

楚风公司的副产品有刨花和木屑两种。副产品生产成本不分生产步骤，也不分成本项目，只有总额，而且副产品生产成本根据其销售收入计算，确认后立即进行结转，没有余额。所以，副产品生产成本可与主要产品生产成本放在同一账簿中，直接使用普通多栏式账簿。

因此，我们可将刨花的生产成本明细账户设置成如图 2-8 所示的形式。

生产成本　明细分类账

成本类别：基本生产成本　　　　产品名称：刨花

20×1 年		凭证		摘要	借方				
月	日	字	号		千百十万千百十元角分	千百十万千百十元角分	千百十万千百十元角分	千百十万千百十元角分	千百十万千百十元角分

图 2-8　“生产成本——基本生产成本——刨花”账户

【学生练习】

设置木屑的生产成本明细账户。

【相关知识与说明】

其他成本会计教材都讲到停工损失的核算，并主张设置“停工损失”总分类账户。企业可能由于各种原因停工，停工期间发生一些不产生效益的费用，即为停工损失。一般性的停工损失最终计入产品成本，自然灾害引起的停工损失作为营业外支出。

对于一般性的停工损失，本作者认为可不做账务处理，理由如下：第一，“停工损失”归到哪一类会计科目中，如何编号，没有准确说法。第二，停工期间不会发生材料、动力费用，不支付计件工资，停工损失主要是企业照常支付给职工的薪酬(工资及按工资提取的各项费用)，这种薪酬一般是固定的，企业不能因停工而减少支付，也不是停工期间的额外支出，因而不应视为损失。第三，停工损失最终还是计入产品成本，而且与直接人工采用同样的分配方法，没必要先从应计入产品成本的费用中扣减出来。第四，单独核算的目的就是要明确停工给企业造成多少损失，这可以直接用停工天数乘以每天付给职工的薪酬得到，不应把简单问题复杂化。第五，停工期间企业可以安排相关人员做另外的事情或调休，也就不会有什么损失。第六，停工给企业造成的损失其实是少生产了产品，因而减少了收入，而这又不是“停工损失”核算的内容。

二、设置辅助生产成本账户

辅助生产成本账户的设置应根据其生产产品或提供劳务情况采取不同方法处理。

(一)生产可储存的产品

如果辅助生产车间生产可储存的产品，如工具、模具，这种产品生产完工后验收入库，使用时再从仓库领出，期末一般有在产品，应当比照基本生产的产品处理，在辅助生产成本下分产品设置明细账户，采用专用多栏式账簿，借方和余额都按成本项目设为多栏。

【相关知识与说明】

对于辅助生产车间生产可储存的产品，可采取与基本生产的产品一样的成本核算方法，产品完工后作为周转材料入库。

有的企业生产的工具、模具等可储存产品除了满足自身的需要外，一般会对外销售，这种情况下，产品应作为基本生产的产品处理，生产这种产品的车间也应看作是基本生产车间。

(二)生产不可储存的产品或提供劳务

如果辅助生产车间生产不可储存的产品，如电力、蒸汽，或提供某种劳务，这种产品边生产边使用，期末没有在产品，应按车间设置辅助生产成本账户。

楚风公司设有修理车间和配电车间两个辅助生产车间，我们应当按车间设置辅助生产成本账户。辅助生产成本账户应分为3级，一级为生产成本，二级为辅助生产成本(成本类别)，三级为辅助生产车间。

对于修理车间，我们应当按图2-9设置“生产成本——辅助生产成本——修理车间”账户。

生产成本　明细分类账

成本类别：辅助生产成本　　　　车间：修理车间

20×1年		凭证		摘要	借方																																																	
月	日	字	号		千	百	十	万	千	百	十	元	角	分	千	百	十	万	千	百	十	元	角	分	千	百	十	万	千	百	十	元	角	分	千	百	十	万	千	百	十	元	角	分	千	百	十	万	千	百	十	元	角	分

图2-9　“生产成本——辅助生产成本——修理车间”账户

【学生练习】

设置配电车间的辅助生产成本账户。

【相关知识与说明】

辅助生产成本一般发生在借方，并且期末没有余额，因此只需要设置借方。辅助生产成本会有较多内容，需对其内容进行适当分类作为费用项目，有些内容是一定会有的，如“办公费”、“固定资产折旧”、“人工费(或称工资及附加)”，可以先行设定这些费用项目，也可以先空着，等到记账时再添加。因此，辅助生产成本应使用普通多栏式账簿。

对于工业企业来说，一定有基本生产车间(部门)，不一定有辅助生产车间(部门)。没有辅助生产车间，就不需要设置辅助生产成本账户，所发生的辅助生产费用，计入车间制造费用。不设置辅助生产成本账户时，生产成本也就不需要划分类别。

基本生产成本和辅助生产成本是生产成本的两个类别，只能作为生产成本的下级科目。有的教材将“基本生产成本”和“辅助生产成本”作为总账科目使用，不符合《企业会计准则》。

任务二　设置制造费用账户

楚风公司设有下料车间、桌子车间、椅子车间和油漆车间4个基本生产车间，每个车间都生产多种产品，应当按车间设置制造费用账户。

对于下料车间，我们应当按图2-10设置“制造费用——下料车间”账户。

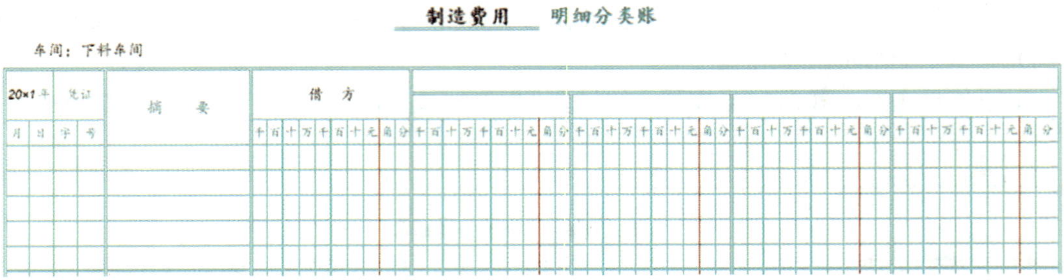

制造费用　明细分类账

车间：下料车间

20×1年		凭证		摘要	借方																																																	
月	日	字	号		千	百	十	万	千	百	十	元	角	分	千	百	十	万	千	百	十	元	角	分	千	百	十	万	千	百	十	元	角	分	千	百	十	万	千	百	十	元	角	分	千	百	十	万	千	百	十	元	角	分

图 2-10　“制造费用——下料车间”账户

【学生练习】

设置其他车间的制造费用账户。

【相关知识与说明】

制造费用明细账应按生产车间设置。如果一个基本生产车间只生产一种产品，这个基本生产车间可不设制造费用账户，发生的制造费用直接记入产品生产成本(制造费用项目)。

制造费用与辅助生产成本相似，一般发生在借方，并且期末没有余额，因此只需要设置借方。制造费用内容较多，需对其内容进行适当分类作为费用项目，有些内容是一定会有的，如“办公费”“水电费”“固定资产折旧”“人工费(或称工资及附加)”，可以先行设定这些费用项目，也可以先空着，等到记账时再添加。

如果一个辅助生产车间生产两种及以上产品，还应为该辅助生产车间设置制造费用明细账户，其设置方法与基本生产车间相同。

生产成本和制造费用还需要进行总分类核算，为此还应当设置生产成本和制造费用总分类账。生产成本和制造费用总分类账设置和总分类核算一般由总账会计负责。

【思政课堂】

学习不应是被动地吸收，要把书本上的知识转化成自己的本领，这就需要我们进行分析、求证、实践、引申。同类教材对同一内容的讲述会有所不同，有的甚至存在错误，学习者应当善于辨析，去伪存真。因此，我们每个人都要——

学会学习

学习是终身的过程。学习很重要，学会学习更重要。学习是一种能力，这种能力是可以学习的。学会学习比学习本身更为重要，我们只有学会了学习，具备可持续自主发展的能力，才能丰富自己的知识，增长自己的才干，完善自己的人格，提升自己的价值，实现自己的理想。

那么，应当怎样学习呢？

《礼记·中庸》说："博学之，审问之，慎思之，明辨之，笃行之。""博学"是通达地学习、广泛的学习，这是吸收知识的过程；"审问"是审慎地探问、深入地追问，这是答疑解惑的过程；"慎思"是谨慎地思考、周密地思索，这是遴选消化的过程；"明辨"是明晰地分辨、明确地判别，这是择定结果的过程；"笃行"是笃定地履行、坚定地执行，这是践行学志的过程。这句简短的话概括了学习的五个基本方法。

宋代爱国主义诗人陆游说："纸上得来终觉浅，绝知此事要躬行。"这是告诫我们学习重在实践。

习近平总书记要求我们"干中学、学中干，学以致用、用以促学、学用相长，千万不能夸夸其谈、陷于'客里空'。"我们应该谨记这一指示，并身体力行。

项目三　取得和审核原始凭证

【学习目标】

1. 熟悉成本核算所需原始凭证的类别和来源，善于审核原始凭证；
2. 掌握原始凭证的内容和审核方法；
3. 培养团结协作和求真务实精神。

【任务清单】

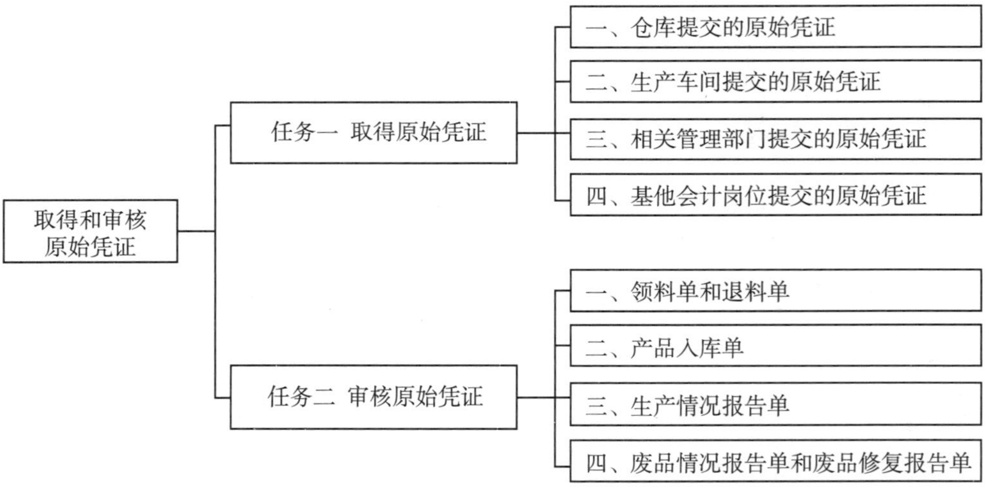

生产费用的发生应通过原始凭证反映出来，原始凭证是会计核算的依据。成本核算必须取得原始凭证，并通过对原始凭证审核保证原始凭证齐全、完整、正确，从而确保成本核算真实。

任务一　取得原始凭证

成本核算所需要的原始凭证主要来自仓库、生产车间、相关管理部门和财务部门内部。各部门应当及时向财务部门提交原始凭证，其他会计岗位应当向成本会计传递有关单据。我们应熟悉各部门和其他会计岗位提交哪些原始凭证，必要时向他们索取。

一、仓库提交的原始凭证

来自仓库的原始凭证主要有材料领用单(简称领料单)、材料退库单(简称退料单)和产品入库单。楚风公司使用的领料单式样参见项目四中图 4-5，退料单式样参见项目四中图 4-8，产品入库单式样参见项目八中图 8-1。

【相关知识与说明】

来自仓库的原始凭证，一般由仓库保管员交到财务部门。领料单和退料单应及时提交，产品入库单可分次交到财务部门，也可在月末集中交到财务部门。

领料单有一次凭证、累计凭证和汇总凭证之分。一次凭证可在发生时进行处理，累计凭证要到月末才能处理，汇总凭证是将一定时期(1 旬或 1 个月)的一次凭证进行汇总得到，应定期处理。它们只是处理时间和程序上有所不同，会计核算方法是一样的。为便于说明成本核算的完整过程，本书采用累计领料单。

微课：关于领用材料的几个问题

为准确核算产品生产成本，生产车间应将未用完的材料退回材料仓库。实际工作中，生产车间可只办理材料退库手续(填写退料单)，不必将材料退回仓库，下次领用材料时从领用数量中扣减退库材料数量(领料单上数量不变，实发数量减少)，这种做法称为假退库。

二、生产车间提交的原始凭证

楚风公司设有基本生产车间和辅助生产车间，两类车间提交的原始凭证不同。

(一)基本生产车间提交的原始凭证

基本生产车间应将产品生产情况按月向财务部门报告，表 3-1、表 3-2、表 3-3 和表 3-4 分别是下料车间、桌子车间、椅子车间和油漆车间提交的 20×1 年 1 月生产情况报告单。

表 3-1　**下料车间 20×1 年 1 月生产情况报告单**

武汉楚风家具有限公司

生产情况报告单

车间：下料车间　　　　20×1 年 1 月

产品(零件)名称	月初在产品		本月投产数量(件)	本月完工数量		月末在产品	
	数量(件)	完工程度		合格(件)	报废(件)	数量(件)	完工程度
ZF01 桌面	0		1220	1160	20	40	50%
ZF01 桌脚	0		4860	4620	50	190	50%
ZF01 撑板	0		4850	4610	30	210	50%

续表

产品(零件)名称	月初在产品		本月投产数量(件)	本月完工数量		月末在产品	
	数量(件)	完工程度		合格(件)	报废(件)	数量(件)	完工程度
YM01 前脚	0		9640	9160	20	460	50%
YM01 后脚	0		9640	9160	30	450	50%
YM01 座板	0		4850	4610	40	200	50%
YM01 横梁	0		4840	4600	40	200	50%
YM01 撑档	0		48150	45740	50	2360	50%
ZF02 桌面	0		200	200	0	0	
YM02 座板	0		400	400	0	0	
ZD01 面板	0		105	104	1	0	
ZD01 底板	0		105	104	1	0	
ZD01 前挡板	0		105	105	0	0	
ZD01 侧挡板	0		210	208	2	0	
ZD01 中撑板	0		105	104	1	0	
YD01 前脚	0		420	418	2	0	
YD01 后脚	0		420	418	2	0	
YD01 座板	0		210	210	0	0	
YD01 横梁	0		210	208	2	0	
YD01 靠背	0		210	209	1	0	
YD01 座撑	0		840	833	7	0	
YD01 撑档	0		630	625	5	0	

审核人：赵启运　　　　填表人：李斌　　　　日期：20×1 年 1 月 31 日

表 3-2　　**桌子车间 20×1 年 1 月生产情况报告单**

武汉楚风家具有限公司

生产情况报告单

车间：桌子车间　　　　20×1 年 1 月

产品(零件)名称	月初在产品		本月投产数量(件)	本月完工数量		月末在产品	
	数量(件)	完工程度		合格(件)	报废(件)	数量(件)	完工程度
ZF01 桌面	0		1160	1096	4	60	50%
ZF01 桌脚	0		4620	4392	8	220	50%

续表

产品(零件)名称	月初在产品		本月投产数量(件)	本月完工数量		月末在产品	
	数量(件)	完工程度		合格(件)	报废(件)	数量(件)	完工程度
ZF01 撑板	0		4610	4380	6	224	50%
ZF01 钢条	0		2400	2280	0	120	50%
ZF01(组装)	0		1095	1045	0	50	50%
ZF02 桌面	0		200	200	0	0	
ZF02 支架	0		200	200	0	0	
ZF02(组装)	0		160	120	0	40	0%
ZF02(包装)	0		120	120	0	0	
ZD01 面板	0		104	99	1	4	50%
ZD01 底板	0		104	100	0	4	50%
ZD01 前挡板	0		105	100	1	4	50%
ZD01 侧挡板	0		208	199	1	8	50%
ZD01 中撑板	0		104	100	0	4	50%
ZD01(组装)	0		95	86	0	9	0%
ZD01(包装)	0		86	86	0	0	

审核人：袁世杰　　　　填表人：赵明　　　　日期：20×1 年 1 月 31 日

表 3-3　　**椅子车间 20×1 年 1 月生产情况报告单**

武汉楚风家具有限公司

生产情况报告单

车间：椅子车间　　　　20×1 年 1 月

产品(零件)名称	月初在产品		本月投产数量(件)	本月完工数量		月末在产品	
	数量(件)	完工程度		合格(件)	报废(件)	数量(件)	完工程度
YM01 前脚	0		9160	8705	35	420	50%
YM01 后脚	0		9160	8702	28	430	50%
YM01 座板	0		4610	4380	20	210	50%
YM01 横梁	0		4600	4370	40	190	50%
YM01 撑档	0		45740	43450	50	2240	50%
YM01(组装)	0		4370	4150	0	220	50%
YM02 座板	0		400	400	0	0	

续表

产品(零件)名称	月初在产品		本月投产数量(件)	本月完工数量		月末在产品	
	数量(件)	完工程度		合格(件)	报废(件)	数量(件)	完工程度
YM02 支架	0		400	400	0	0	
YM02(组装)	0		400	360	0	40	0%
YM02(包装)	0		360	360	0	0	
YD01 前脚	0		418	381	1	36	50%
YD01 后脚	0		418	381	1	36	50%
YD01 座板	0		210	193	1	16	50%
YD01 横梁	0		208	191	1	16	50%
YD01 靠背	0		209	190	3	16	50%
YD01 座撑	0		833	763	4	66	50%
YD01 撑档	0		625	571	2	52	50%
YD01 椅架	0		190	170	0	20	50%
YD01(组装)	0		150	140	0	10	0%
YD01(包装)	0		140	140	0	0	

审核人：韩立威　　　　填表人：王波　　　　日期：20×1 年 1 月 31 日

表 3-4　　**油漆车间 20×1 年 1 月生产情况报告单**

武汉楚风家具有限公司

生产情况报告单

车间：油漆车间　　　　20×1 年 1 月

产品(零件)名称	月初在产品		本月投产数量(件)	本月完工数量		月末在产品	
	数量(件)	完工程度		合格(件)	报废(件)	数量(件)	完工程度
ZF01(油漆)	0		1045	994	1	50	50%
ZF01(包装)	0		995	995	0	0	
YM01(油漆)	0		4150	3948	2	200	50%
YM01(包装)	0		3950	3950	0	0	
ZF02 支架	0		200	160	0	40	50%
ZD01 面板	0		99	95	0	4	50%
ZD01 底板	0		100	95	1	4	50%
ZD01 前挡板	0		100	94	0	6	50%

续表

产品(零件)名称	月初在产品		本月投产数量(件)	本月完工数量		月末在产品	
	数量(件)	完工程度		合格(件)	报废(件)	数量(件)	完工程度
ZD01 侧挡板	0		199	190	1	8	50%
ZD01 中撑板	0		100	96	0	4	50%
YD01 椅架	0		170	150	0	20	50%

审核人：谭秀　　　　填表人：刘阳　　　　日期：20×1 年 1 月 31 日

【相关知识与说明】

基本生产车间提交的生产情况报告单是成本核算的重要依据，其内容应当包括当月生产全部产品或零件的投产数量、完工数量、报废数量、月初和月末在产品数量及完工程度，必要时还要分步骤或工序说明。在连续报告的情况下，月初在产品数量及完工程度可省略。

生产情况报告单上各项目之间的数量关系为：

月初在产品数量+本月投产数量=本月完工数量+月末在产品数量

生产情况报告单在成本核算过程中要反复使用，因此应单独保管，不作为某张记账凭证的附件。

一般地，产品或零件在不同生产部门之间移动，应由相关生产部门办理交接手续，填写产品或零件移交单，记录交接产品或零件的名称、规格、数量。移交单主要用于明确经济责任，不能完整反映产品生产情况，一般由相关生产部门保管备查，不作为成本核算的原始凭证。

(二)辅助生产车间提交的原始凭证

辅助生产车间应将提供产品或劳务的有关情况按月汇总并向财务部门报告。项目六中表 6-1 是修理车间为各部门提供修理劳务的汇总表，表 6-4 是配电车间提供的供电统计表。

辅助生产车间提供产品或劳务所消耗的材料，由本部门自己负责保管的，应当另行提供耗用材料统计表。项目四中表 4-11 是修理车间为各部门提供修理劳务的耗用材料统计表。

【相关知识与说明】

辅助生产车间提交的原始凭证因产品或劳务不同而不同，同样的产品或劳务在不同企业也会有所不同。一般地，这些原始凭证应记录产品或劳务名称、所属时期或时间、提供给各单位的数量、为提供产品或劳务所消耗的材料(不含从仓库领用的材料和临时购买并领用的材料)等。为满足会计核算的需要，辅助生产车间提交的产品或劳务统计表应当按部门汇总，其中行政部门和后勤部门可以合并。

三、相关管理部门提交的原始凭证

楚风公司由技术品质部负责鉴别废品，由生产部安排人员对可修复废品进行修复，技术品质部和生产部应当向财务部门提交废品情况报告单和废品修复报告单，其式样分别参见项目五中表 5-1 和表 5-4。

【相关知识与说明】

对废品的判定在不同企业有不同做法，有的企业由车间判定，并提交废品统计表。对废品修复，也可由车间安排人员进行，相应地由车间提交废品修复报告单。

废品数量在车间提交的生产情况报告单上有记录，可不另行提交废品统计表。但为明确责任和确认损失，应指明报废原因和废品类别，还应单独向企业人事管理部门报告人为废品情况。废品损失可由生产部门或生产管理部门计算确定。

以上提到的原始凭证都是企业自制原始凭证，其格式和内容在不同企业会不尽相同。有的原始凭证企业已印制好，如领料单、产品入库单，有的原始凭证要由相关部门设计、编制。为满足会计核算的需要，会计人员应参与、指导相关部门设计、编制原始凭证。

四、其他会计岗位提交的原始凭证

其他相关会计岗位应向成本会计提交所需资料，如薪酬会计应提交职工工资及相关费用统计表，见项目四中表 4-6 和表 4-15，存货会计可提交材料成本差异分摊表。

【相关知识与说明】

其他会计岗位如果自行处理相关业务，则不需要向成本会计提交原始凭证。其他会计岗位提交的原始凭证可能不是最原始的，而是汇总后的统计表，这时由相关部门提供的原始凭证应作为统计表的附件(本书略去)。

【思政课堂】

成本会计工作需要其他相关人员配合，一个企业里没有哪个人的工作不需要其他人员的配合。每个工作人员都是其所在单位的一分子，虽然有各自的岗位职责，但更需要——

团结协作

社会分工是提高专业化程度，提升技术水平，提高生产效率的必由之路，一个单位设置不同的部门和岗位，也是社会分工的要求。因为分工，团结协作就特别的重要。团结协作需要有团队精神、互助精神、奉献精神。

团队精神要求团队成员互相关心、互相帮助，显示出关心团队的主人翁责任感，自觉地维护团队荣誉，以团队声誉约束自己，从而使团队精神成为工作的动力。

互助精神要求团队成员相互支持、相互帮助，当团队中有成员遇到困难时，积极主动地提供力所能及的帮助。每个成员在帮助别人的同时，可以享受到来自团队的帮助和保护。

奉献精神要求团队成员对共同的事业不求回报的爱和全身心的付出。奉献是一种态度，是一种行动，更是一种力量。奉献，方便了别人，提升了自己；奉献，激励了他人，也鼓舞了自己。

团结、互助、奉献，是中华民族的优良传统美德，是实现中华民族伟大复兴的坚定思想基石。

任务二 审核原始凭证

取得原始凭证后，我们应当及时进行认真审核，如果发现问题应予以查实，纠正错误。我们应在全面审核的基础上，对以下几种原始凭证进行重点审核。

微课：原始凭证的审核

一、领料单和退料单

对领料单和退料单审核时应特别注意以下几个方面，如果存在问题，应找有关人员核实，进行补充或纠正错误。

1. 领料单是否齐全

领料单一般都有编号，可以检查编号是否连续。如果领料单编号不连续，须向仓库保管员查证是否漏交领料单。

我们应对照基本生产车间提交的生产情况报告单和产品定额表，检查产品或零件生产所需要的材料是否全部领用。如果有的材料没有领用记录，可能是领料单不齐全。

2. 退料单和领料单是否对应

我们应注意查看退料单上的材料品种及规格在领料单上是否有记录。有领料不一定有退料，但有退料必有领料。如果退料单和领料单不对应，必有一个存在错误。

3. 领料单和退料单的填写是否完整

领料单和退料单上的全部内容都应当填写完整，最常见的问题是“用途”和“原用途”未填。

4. 材料耗用数量是否合理

对于同一种材料，用领用数量减去退库数量就是耗用数量。我们应根据生产情况报告单和产品定额表计算出各种材料的理论耗用数量(定额)，与实际耗用数量进行比较，两者接近才是合理的。一般地，两者相差不应超过 10%，否则可以怀疑材料耗用数量不真实。

比如，下料车间提交的 20×1 年 1 月生产情况报告单(表 3-1)显示，当月下料车间 ZF01 桌面、桌脚和撑板的投产数量分别为 1220 件、4860 件和 4850 件，YM01 前脚、后脚、座板、横梁和撑档的投产数量分别为 9640 件、9640 件、4850 件、4840 件和 48150 件，ZF01 定额表(见项目一中表 1-1)显示，桌面、桌脚和撑板的木料消耗定额分别为 $19200cm^3$、$3240cm^3$ 和 $1008cm^3$，YM01 定额表(见项目一中表 1-2)显示，前脚、后脚、座板、横梁和撑档的木料消耗定额分别为 $864cm^3$、$1920cm^3$、$4860cm^3$、$648cm^3$ 和 $216cm^3$，因此可以计算出：

ZF01 需要木料 = $(1220\times19200+4860\times3240+4850\times1008)\div1000000=44.06(m^3)$

YM01 需要木料 = $(9640\times864+9640\times1920+4850\times4860+4840\times648+48150\times216)\div1000000=63.95(m^3)$

下料车间 20×1 年 1 月应领用木料 = $44.06+63.95=108.01(m^3)$

根据下料车间 20×1 年 1 月木料领用单和退库单(见项目四中图 4-10 和图 4-11)，可以计算出：

下料车间实际耗用木料 = $40.25+40.15+27.45-5.85=102(m^3)$

比较可知，下料车间耗用木料数量合理(实际耗用略小于理论需要数量，说明下料车间节约了木料)。

【学生练习】

审核 20×1 年 1 月份第 1 笔和第 2 笔经济业务(在配套教材《成本会计实训》第三部分一(三)中，以后所指 20×1 年 1 月份的经济业务或事项都在其中)的领料单和退料单。

【相关知识与说明】

原材料耗用数量与其投料方式有关，一般用材料消耗定额判断材料耗用数量的合理性。对于几种产品或零件共用材料成本进行分摊时需要用到产品或零件的材料定额，可以在核算时审核材料耗用数量的合理性，参考项目四任务二。

生产过程中产生的废品可以作为废料回收，退回仓库，用材料退库单作记录，这种情况下可能与当月领料单不对应。

二、产品入库单

对产品入库单主要审核产品入库数量的正确性。应将产品入库单上不同产品入库数量分别进行汇总，然后与相关车间提交的生产情况报告单对照，看是否一致。如果两者不一致，可能是有的产品入库单漏填或未提交，必须找有关人员查实。

三、生产情况报告单

对生产情况报告单审核时应特别注意以下几个方面。如果存在问题，应找有关人员核实，进行补充或纠正错误。

1. 产品或零件是否有遗漏

检查生产情况报告单中是否有产品或零件遗漏，如果有遗漏，必须要求有关人员补充完整。我们可以采取以下几种方法：

(1)查看企业生产计划。列入企业生产计划的产品或零件，生产情况报告单上都应当有记录。

(2)查看领料单上的材料用途和产品入库单上的产品，对零件的检查，还要查看产品定额表。这些单据上有记录的，生产情况报告单上都应当有相应记录。

(3)对比上月生产情况报告单。上月生产情况报告单未全部完工的产品或零件，本月应当继续生产。有的产品或零件是常年生产，上月生产情况报告单上有，本月生产情况报告单也应当有。

2. 需要分步骤或工序说明的产品或零件是否进行了说明

有的产品或零件，成本核算需要分步骤或工序进行的，生产情况报告单上应分步骤或工序说明这些产品或零件的生产情况。

3. 本月初在产品数量与上月末在产品数量是否一致

在连续报告的情况下，本月初在产品数量与上月末在产品数量必须一致，我们应找出上月生产情况报告单与本月生产情况报告单进行核对。

4. 项目之间的数量关系是否吻合

我们应对生产情况报告单上每一行数据进行验证，如果项目之间的数量关系不吻合，某个项目必然存在错误。

5. 各车间提交的生产情况报告单对应项目是否一致

对于同一产品或零件，前一车间的完工数量应当等于后一车间的投产数量。如果不一致，说明某个车间记录有误。

【学生练习】

审核下料车间生产情况报告单上项目之间的数量关系，检查 ZF01 产品及零件在相关车间生产情况报告单对应项目是否一致。

四、废品情况报告单和废品修复报告单

对废品情况报告单和废品修复报告单审核时应注意以下几个问题。

1. 与生产情况报告单是否一致

对照相应的生产情况报告单，查看废品情况报告单上产品或零件是否有遗漏，数量是否正确。如果两者不一致，应找有关人员查实。比如，油漆车间的生产情况报告单(表 3-

4)上列明 ZF01 报废 1 件、YM01 报废 2 件，与油漆车间的废品情况报告单(参见项目五中表 5-3)记录一致。

2. 可修复废品是否全部修复

如果废品修复报告单上记载可修复废品未全部修复，应予核实。比如，油漆车间的废品情况报告单(参见项目五中表 5-3)上记录 ZF01 有 1 件废品可修复，相应的废品修复报告单(参见项目五中表 5-4)上记录已修复，YM01 另有废品修复报告单。

3. 废品修复报告单记录是否完整

修复废品所用材料名称、来源和数量，修复人员和工时在废品修复报告单上是否都有记录，记录不完整的，应要求有关人员补充说明。

【相关知识与说明】

成本会计对原始凭证应从真实性、完整性、合理性、一致性和正确性等方面进行审核。真实性通过合理性、一致性和正确性体现出来。

成本会计处理的原始凭证基本上属于自制原始凭证，一般不存在合法性问题，在规范性方面，没有特别要求，只要文字书写清晰可辨即可。

【思政课堂】

成本核算最重要的要求是真实，原始凭证最重要的也是真实，原始凭证审核最重要的还是真实。没有真实性，工作不仅是白干，还会起到相反的作用。因此，对于任何工作，我们都要努力地——

求真务实

“求真”就是追求真实、追求真理，不断地认识事物的本质，把握事物的规律。“务实”则是要认真实践，踏实工作。求真务实就是要从实际出发谋划事业和工作，尊重事实，切合实际，脚踏实地，真抓实干，遵循客观规律，讲求科学精神，敢于担当责任，勇于直面矛盾，善于解决问题，努力创造业绩。

坚持求真务实，是坚持马克思主义科学世界观和方法论的本质要求。“求真务实”是对马克思主义哲学，特别是对其认识论的精神实质的精辟概括，它体现了马克思主义所要求的理论和实践、知和行的具体的历史的统一。党的思想路线集中而鲜明地反映了马克思主义的这一基本特点和实质。

习近平总书记指出：“唯有秉持求真务实精神，才能探究更多未知，才能获得更多真理，也才能为社会作出更大贡献。”求真务实，是我们党一以贯之的优良传统和作风，是党的各项事业不断取得新胜利的根本保证。

项目四　处理日常经济业务事项

【学习目标】

1. 能对日常经济业务事项进行分析和计算，善于编制记账凭证并登记账簿；
2. 熟悉日常经济业务事项的分析和计算方法，掌握记账凭证编制和账簿登记方法；
3. 养成认真的习惯，培养工匠精神。

【任务清单】

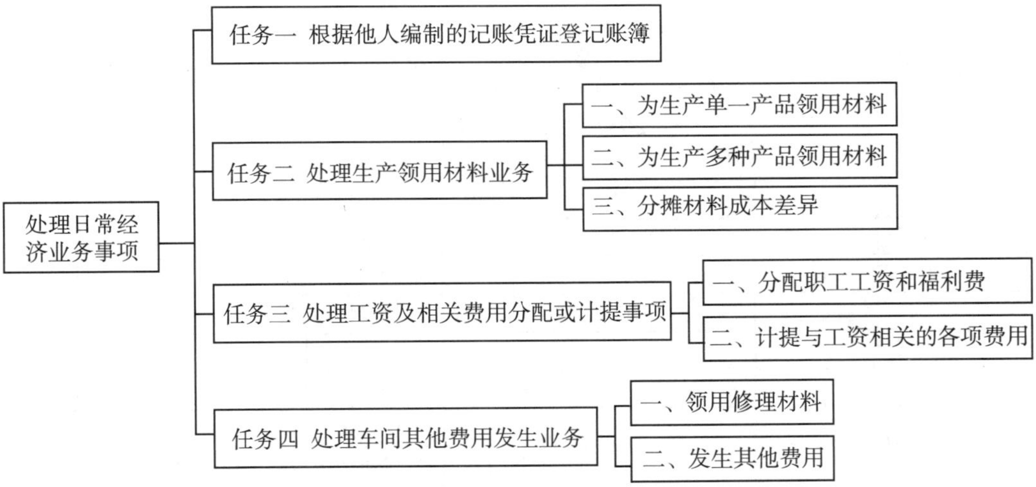

生产费用伴随日常经济业务事项发生，对日常经济业务事项的处理是在取得和审核原始凭证的基础上编制记账凭证并登记账簿。日常经济业务事项的处理通常由相关会计岗位共同完成。

任务一　根据他人编制的记账凭证登记账簿

其他会计岗位在处理自己负责的经济业务事项时可能涉及成本会计岗位所负责的账户，这时其他会计岗位会将编制的记账凭证传递给成本会计。

图 4-1 和图 4-2 是往来会计传递过来的 20×1 年 1 月 5 日购办公用品的记账凭证。

记　账　凭　证　　记字第 8 $\frac{1}{2}$ 号

20×1 年 1 月 5 日

摘　要	总账科目	明细科目	借方金额	贷方金额	✓
购办公用品	制造费用	下料车间-办公费	12000		
	制造费用	桌子车间-办公费	12000		
	制造费用	椅子车间-办公费	12000		
	制造费用	油漆车间-办公费	12000		
	生产成本	修理车间-办公费	10000		
	生产成本	配电车间-办公费	10000		
合　计			¥68000		

附单据 6 张

会计主管：　记账：　出纳：　复核：张玲　制单：魏虹

图 4-1　20×1 年 1 月 5 日往来会计编制的记账凭证(之一)

记　账　凭　证　　记字第 8 $\frac{2}{2}$ 号

20×1 年 1 月 5 日

摘　要	总账科目	明细科目	借方金额	贷方金额	✓
购办公用品	销售费用	办公费	12000		✓
	管理费用	办公费	136000		✓
	研发支出	办公费	12000		✓
	银行存款	建设银行		228000	✓
合　计			¥228000	¥228000	

附单据　张

会计主管：　记账：张玲 刘云　出纳：王丽　复核：张玲　制单：魏虹

图 4-2　20×1 年 1 月 5 日往来会计编制的记账凭证(之二)

我们应根据这张记账凭证分别登记“制造费用——下料车间”“制造费用——桌子车间”“制造费用——椅子车间”和“制造费用——油漆车间”“生产成本——修理车间”和“生产成本——配电车间”账户。在各账户中添加“办公费”费用项目(如果未设置)，将记账凭证的日期、字号和摘要(可适当省略)分别抄到账簿上，在“借方”和“办公费”栏分别写上相应金额。图 4-3 为“制造费用——下料车间”账户登记后的结果。

账簿登记后，我们应及时在记账凭证上进行标记并签名，如图 4-4 所示。

制造费用　明细分类账

车间：下料车间

20×1年 月	日	凭证 字	号	摘要	借方	办公费			
1	5	记	8	购办公用品	12000	12000			

图 4-3　记账后的“制造费用——下料车间”账户

记　账　凭　证

记字第 8 $\frac{1}{2}$ 号

20×1 年 1 月 5 日

摘要	总账科目	明细科目	借方金额	贷方金额	✓
购办公用品	制造费用	下料车间-办公费	12000		✓
	制造费用	桌子车间-办公费	12000		✓
	制造费用	椅子车间-办公费	12000		✓
	制造费用	油漆车间-办公费	12000		✓
	生产成本	修理车间-办公费	10000		✓
	生产成本	配电车间-办公费	10000		✓
合计			¥68000		

附单据 6 张

会计主管：　记账：李明　出纳：　复核：张玲　制单：魏虹

图 4-4　20×1 年 1 月 5 日记账后的记账凭证

【相关知识与说明】

对成本费用日常经济业务事项的处理过程就是生产费用的归集过程，主要是编制记账凭证和登记账簿，关键是编制记账凭证。

微课:生产费用归集原理

成本核算专业性较强，与成本有关的记账凭证复核，最好由成本会计进行。成本会计在对记账凭证复核时，应先审核原始凭证，然后审核记账凭证。原始凭证的审核参见项目三，记账凭证的审核应特别注意以下两点：

1. 明细科目是否适当。生产成本和制造费用的明细科目由成本会计根据企业实际情况和管理要求设定，其他会计岗位在使用时应当保持一致，不应随意变更、增加或合并。明细科目应按级次填到末级。

2. 金额计算是否正确。有的金额计算较为复杂，应当进行验算。

成本会计填制的记账凭证也应交由相关会计岗位复核(本书全部由总账会计复核)。记账凭证填制后应予编号，并及时登记入账。以下记账凭证复核可由其他同学代替完成，账簿登记由学生自己进行。

【学生练习】

根据配套教材《成本会计实训》第三部分一(二)中的记账凭证登记账簿。

任务二　处理生产领用材料业务

生产产品必然要消耗材料，材料消耗情况通过材料领用和退库业务反映出来。对材料领用和退库业务的处理因材料用途和材料投入方式不同而有所不同。

一、为生产单一产品领用材料

为生产产品领用的材料可能全部耗用，也可能只是部分耗用，这两种情况应当区别开来。

(一)材料全部耗用

如果领用材料全部用于生产一种产品，就直接把材料成本计入该产品成本。

图 4-5 是 20×1 年 1 月桌子车间钢条领料单。这张领料单显示桌子车间在 20×1 年 1 月分 2 次领用钢条共计 1200 根，用于生产 ZF01。

武汉楚风家具有限公司

累 计 领 料 单　　№20210001

20×1 年 1 月

部门：桌子车间　　用途：生产 ZF01

材料名称	规格型号	计量单位	第 1 次领料	第 2 次领料	第 3 次领料	总金额(元)
钢条	2000×30×3	根	600	600		
领料人签名			赵明	赵明		备　注
仓库保管员签名			任真	任真		
领料日期			1.4	1.15		

②财务

图 4-5　20×1 年 1 月桌子车间钢条领料单

对于这笔业务，我们应当根据钢条价格计算出钢条的材料成本，标注在领料单上。原材料价格表(见项目一中表 1-8)中列示钢条计划价格为 6.00 元/根，因此，桌子车间 20×

1 年 1 月领用钢条的总成本为 7200.00 元。从 ZF01 生产流程图(见项目一中图 1-1)可知，领用钢条在制作步骤。因此，在我们应当编制如图 4-6 所示的记账凭证，将钢条的材料成本全部计入 ZF01 的生产成本。

记　账　凭　证　　　　记字第 61 号

20×1 年 1 月 31 日

摘要	科目		借方金额（千百十万千百十元角分）	贷方金额（千百十万千百十元角分）	✓
	总账科目	明细科目			
桌子车间领用钢条	生产成本	ZF01-制作-直接材料	720000		
	原材料	钢条		720000	
合计			¥720000	¥720000	

附单据 1 张

会计主管：　　记账：　　出纳：　　复核：　　制单：李明

图 4-6　20×1 年 1 月 31 日桌子车间领用钢条的记账凭证

这张记账凭证的编号应承接以前已编制的记账凭证(包括其他会计岗位编制的记账凭证)，以前的记账凭证已编到第 60 号，因此，我们应从第 61 号开始往后编号。

【相关知识与说明】

领料业务也可交由存货会计处理，这种情况下，存货会计必须熟悉企业成本账户的设置和成本核算的方法、要求。为全面反映成本核算，本书由成本会计处理原材料领用业务。

微课：领用材料相关单据及其处理

记账凭证上明细科目的格子较小，可对明细科目进行适当简写。生产成本分为基本生产成本和辅助生产成本，基本生产成本的下级明细科目是产品，辅助生产成本的下级明细科目一般是辅助生产车间，可根据记账凭证中明细科目判定是基本生产成本还是辅助生产成本，因此，明细科目“基本生产成本”和“辅助生产成本”可省略(后面都这样处理)。

同一产品所用材料可能有多种，不同种类材料可能因使用情况不同需要采用不同方法处理(参见项目七)，因此，对于使用情况不同的材料应当分别编制记账凭证，以便在账簿上能加以区分。

我们应将这张记账凭证交给总账会计复核，然后在“生产成本——基本生产成本——ZF01——制作”账户中进行登记。

这张记账凭证涉及原材料账户，我们应将它传递给存货会计，由存货会计据此在原材料账户进行登记。

【学生练习】

处理 20×1 年 1 月份第 2~6 笔经济业务。

【相关知识与说明】

对各种经济业务事项的处理一般包括编制记账凭证和登记账簿两个环节。记账凭证应及时编号，附上原始凭证，登记账簿时应在记账凭证上进行标记并在记账处签名。如果记账凭证涉及其他会计岗位负责的账户，应将它传递给相关会计人员据此登记账簿。所有记账凭证一般由总账会计负责汇总。本书后面所有经济业务事项的处理都应这样进行（直接给出记账后的记账凭证），不再赘述。

（二）材料部分耗用

如果领用的材料当月没有用完，只能把所耗用材料的成本计入产品成本，多余材料应当退回材料仓库。

图 4-7 是 20×1 年 1 月桌子车间螺钉领料单，图 4-8 是 20×1 年 1 月桌子车间螺钉退料单。这两张单据显示桌子车间在 20×1 年 1 月分 3 次领用螺钉共计 225 盒，用于生产 ZF01，到月末有 6 盒螺钉未用完，退回仓库。

武汉楚风家具有限公司

累　计　领　料　单

№20210002

20×1 年 1 月

部门：桌子车间　　　　用途：生产 ZF01

材料名称	规格型号	计量单位	第 1 次领料	第 2 次领料	第 3 次领料	总金额(元)
螺钉	25	盒	75	75	75	
领料人签名			赵明	赵明	赵明	备　注
仓库保管员签名			任真	任真	任真	
领料日期			1.4	1.15	1.26	

②财务

图 4-7　20×1 年 1 月桌子车间螺钉领料单

这两张单据可作为一笔业务处理。桌子车间实际耗用螺钉 219 盒，螺钉价格为 10.00

武汉楚风家具有限公司

材 料 退 库 单　　　　№20210001

20×1 年 1 月 31 日

部门：桌子车间　　　　原用途：生产 ZF01

材料名称	规格型号	计量单位	退库数量	退库金额(元)
螺钉	25	盒	6	

②财务

退料人：赵明　　　　仓库保管员：任真

图 4-8　20×1 年 1 月桌子车间螺钉退料单

元/盒(见项目一中表 1-8)，螺钉成本为 2190.00 元，领用螺钉在制作步骤(见项目一中图 1-1)，我们应编制如图 4-9 所示的记账凭证。

记　账　凭　证　　　　记字第 67 号

20×1 年 1 月 31 日

摘要	总账科目	明细科目	借方金额	贷方金额	√
桌子车间领用螺钉	生产成本	ZF01-制作-直接材料	219000		√
	原材料	螺钉		219000	√
合计			¥219000	¥219000	

附单据 2 张

会计主管：　记账：李明 魏虹　出纳：　复核：张玲　制单：李明

图 4-9　20×1 年 1 月桌子车间领用螺钉的记账凭证

【学生练习】

处理 20×1 年 1 月份第 8~12 笔经济业务。

【相关知识与说明】

材料退库与材料领用可分开处理。这时先将领用材料成本全部计入产品生产成本，然后用退库材料成本冲减相应的产品生产成本。如果采用计划成本计价，在分摊材料成本差异时要注意从领用材料金额中扣减退库材料金额。对于多种产品共用材料需要分摊后从产品生产成本中扣除。因此，这种做法工作量较大，材料退库数量直接从领用数量中减掉则可减轻工作量。

【思政课堂】

作为一名会计人员，要接触很多的原始凭证，获取和计算大量的数据，每一个环节都必须认真对待，不能有丝毫马虎，否则就会产生错误。不论工作还是学习，我们都应当——

养成认真的习惯

认真不仅是一种态度，而且是一种习惯，更是一种能力。认真做事体现出做人的品质。

毛泽东主席说：“世界上怕就怕‘认真’二字，共产党就最讲认真。”习近平总书记指出：“我们党最讲认真，言必行、行必果，说到做到。”掷地有声的话语揭示了中国共产党为什么“能”的一个重要原因：中国共产党最讲认真。

讲认真不仅是做人做事应有的态度，而且是一种科学的世界观和方法论。在我国革命、建设、改革历程中，我们党能从胜利不断走向新的胜利，一个重要原因就在于一以贯之讲认真，说到做到，处理问题和矛盾从不马虎、敷衍，因而能够把人民群众关心的各种事情办好，赢得人民群众的信任和支持。

在学习中，我们也要养成认真的习惯，培养认真做事的品质。

二、为生产多种产品领用材料

如果领用材料用于生产两种及以上产品，就需要把材料成本分摊计入相关产品的生产成本。这种情况下应区分材料的投入方式。

（一）材料在生产开始时一次性投入

微课：材料一次性投入时领料业务的处理

材料在生产开始时一次性投入是指按生产计划或生产进度安排，将一定时间或一定数量产品（或零件）生产所需某种材料在某一生产阶段（步骤）开始时全部投入，该生产阶段（步骤）进行过程中不再投入这种材料的材料投入方式。在这种方式下，对于同一种产品（或零件），单件在产品与完工产品的材料耗用量相同。

图 4-10 和图 4-11 分别是 20×1 年 1 月下料车间原木的领料单和退料单。这两张单据显示下料车间在 20×1 年 1 月分 3 批次领用原木共计 107.85m^3，用于生产 ZF01 和 YM01，在月末将未用完的 5.85m^3原木退回仓

库，实际耗用原木 102m³。木料在生产开始时一次性投入。

武汉楚风家具有限公司

累 计 领 料 单

№20210003

20×1 年 1 月

部门：下料车间　　　　用途：生产 ZF01、YM01

材料名称	规格型号	计量单位	第 1 次领料	第 2 次领料	第 3 次领料	总金额(元)
原木	杉木	m^3	40.25	40.15	27.45	
领料人签名			李斌	李斌	李斌	备 注
仓库保管员签名			任真	任真	任真	
领料日期			1.4	1.12	1.23	

②财务

图 4-10　20×1 年 1 月下料车间原木领料单

武汉楚风家具有限公司

材 料 退 库 单

№20210002

20×1 年 1 月 31 日

部门：下料车间　　　　原用途：生产 ZF01、YM01

材料名称	规格型号	计量单位	退库数量	退库金额(元)
原木	杉木	m^3	5.85	

退料人：李斌　　　　仓库保管员：任真

②财务

图 4-11　20×1 年 1 月下料车间原木退料单

原材料价格表(见项目一中表 1-8)中列示原木计划价格为 800.00 元/m³，因此，下料车间 20×1 年 1 月实际耗用原木的成本为 81600.00 元。

下料车间领用原木用于生产两种产品，因此，我们须将原木成本分摊给 ZF01 和 YM01。在下料车间，ZF01 有桌面、桌脚和撑板 3 个零件，YM01 有前脚、后脚、座板、横梁和撑档 5 个零件，零件成本都计入所属产品成本，我们应当编制如表 4-1 所示的材料成本分摊表。

表 4-1　　**20×1 年 1 月原木成本分摊表**

武汉楚风家具有限公司

产品共同费用分摊表

20×1 年 1 月

费用名称：木料　　车间：下料车间

产品	零件	材料定额（cm^3/件）	投产量（件）	总定额（m^3）	分摊率（元/m^3）	分摊金额（元）
ZF01	桌面	19200	1220	44.0592	755.5227	33287.72
	桌脚	3240	4860			
	撑板	1008	4850			
YM01	前脚	864	9640	63.9455	755.5227	48312.28
	后脚	1920	9640			
	座板	4860	4850			
	横梁	648	4840			
	撑档	216	48150			
合　计		—	—	108.0047	—	81600.00

制表：李明　　20×1 年 1 月 31 日

该表中，零件的材料定额从产品定额表(见项目一中表 1-1 和表 1-2)中查找，零件投产量来自车间提供的生产情况报告单(见项目三中表 3-1)。材料在生产开始时一次性投入，因此用本月投产数量计算。

该表有关计算公式(以后同类计算都这样进行)为：

$$产品材料总定额 = \sum（产品零件材料定额 \times 零件投产量）$$

$$材料成本分摊率 = 材料总成本 \div 材料总定额合计$$

$$产品分摊金额 = 产品材料总定额 \times 材料成本分摊率$$

产品材料总定额最后改用立方米作单位(为精确起见，保留 4 位小数)，分摊金额计算到分位。计算过程中，一般需要四舍五入，因此每步应单独计算，不要连续计算。

在编制该表时，ZF01 和 YM01 的分摊金额计算结果分别为 33287.73 元和 48312.28 元，两者之和为 81600.01 元，比待分摊的原木成本多出 0.01 元，这时我们可调整任何一个产品的分摊金额，使得两者之和等于待分摊的原木成本。在此将 ZF01 的分摊金额调整为 33287.72 元。

【相关知识与说明】

在成本核算过程中，很多时候要进行共同费用的分摊或分配。分摊一般是对某项确定费用而言，分配一般是对某类归集后的费用而言，两者在做法上完全相同。共同费用的分配（为方便起见，在下面的叙述中除特别情况外都用“分配”）应按以下步骤进行。

微课：如何进行分配

1. 明确分配标的和分配对象

分配标的是指待分配的某个量，在成本会计中就是指共同费用。分配对象是指把标的分配给谁，在成本会计中指某种产品、产品类别、产品生产部门等。

2. 选择合适的分配标准

分配标准是指分配标的以什么为依据进行分配。分配标准的选择应符合实际情况，必须是可以量化的。如材料费用的分配，应选择产品或零件实体的体积、重量等实物数量作为分配标准，没有实物数量时可用产品或零件的材料消耗定额或材料费用定额作为分配标准。分配标准一次只能选择一个，标准不同，分配结果可能不一样。

3. 计算各分配对象的标准数量和标准总量

分配对象的标准数量是指分配对象在分配标准方面的全部数量，如某种产品材料消耗总定额。标准总量是指所有分配对象标准数量总和，如产品材料消耗总定额合计。

4. 计算分配率或各分配对象的分配比例

$$\text{分配率}=\frac{\text{分配标的}}{\text{标准总量}}$$

$$\text{某分配对象的分配比例}=\frac{\text{该分配对象的标准数量}}{\text{标准总量}}\times 100\%$$

所有分配对象的分配比例之和应等于1。

5. 计算各分配对象的分配金额

$$\text{某分配对象的分配金额}=\text{该分配对象的标准数量}\times\text{分配率}$$

或者

$$\text{某分配对象的分配金额}=\text{分配标的}\times\text{该分配对象的分配比例}$$

使用分配率和使用分配比例计算的分配金额在理论上是一致的，但由于计算过程中可能存在四舍五入，两种做法的结果会有差异。为减小这种差异，计算过程中应保留较多的小数位。

分配标的（待分配金额）和分配比例合计数都是定值，各单项数值（分配对象的分配金额或分配对象的分配比例）之和必须与这个定值相等，如果存在差异，应调整某个单项数值。调整可使用倒挤法，但如果某个数值计算错误，倒挤结果就跟着错误，而且不容易发现。因此，在进行分配时，应按照同样的计算方法得出各项目的分配金额，如果各项目的分配金额之和与待分配的金额不等，我们约定每次都调整其中第一个项目（按给定顺序）的分配金额，因为，第一个项目数额一般较大，调整对其影响很小，而且第一个项目对应的一般是主要产品，多次调整其成本有时调高、有时调低，会相互抵消一部分，从而降低调整的影响程度。

产品共同费用分摊表由成本会计自行编制，没有固定格式，根据具体情况设计。产品共同费用分摊表一般应包括费用类别或名称、所属部门、分摊对象、待分摊金额、分摊标准和计算过程等内容。计算过程较为复杂的，可另行编制计算表。

领用原木在下料步骤（见项目一中图 1-1 和图 1-2），我们应根据以上 3 张单据编制如图 4-12 所示的记账凭证。

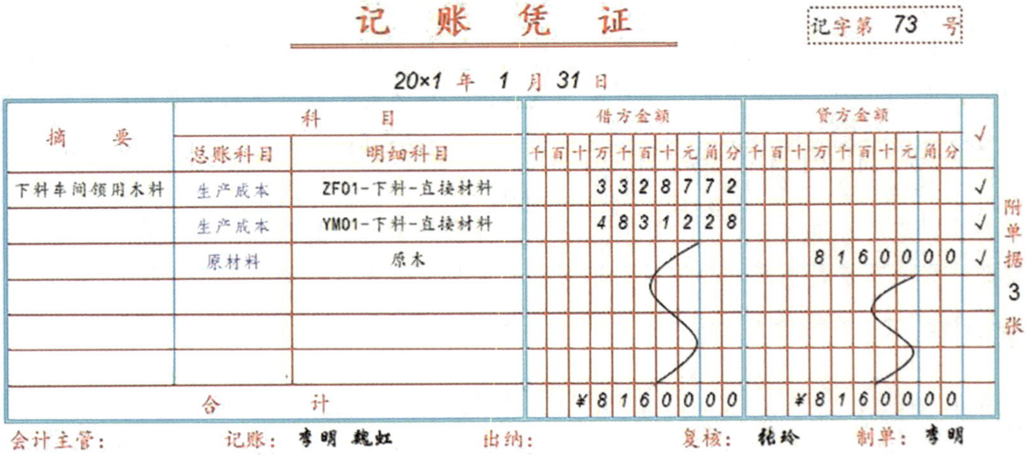
记账凭证　　记字第 73 号

20×1 年 1 月 31 日

摘要	总账科目	明细科目	借方金额（千百十万千百十元角分）	贷方金额（千百十万千百十元角分）	✓
下料车间领用木料	生产成本	ZF01-下料-直接材料	3328772		✓
	生产成本	YM01-下料-直接材料	4831228		✓
	原材料	原木		8160000	✓
合计			¥8160000	¥8160000	

附单据 3 张

会计主管：　记账：李明 魏虹　出纳：　复核：张玲　制单：李明

图 4-12　20×1 年 1 月下料车间领用木料的记账凭证

【学生练习】

处理 20×1 年 1 月份第 14、15 笔经济业务。

（二）材料随生产进行均衡投入

微课：材料与均衡投入时领料业务的处理

材料随生产进行均衡投入是指在某生产阶段（步骤）中边生产边投入（耗用）材料，材料的投入数量与生产进度成正比的材料投入方式。在这种方式下，对于同一种产品（或零件），单件在产品与完工产品的材料耗用量不同。

图 4-13 和图 4-14 分别是 20×1 年 1 月油漆车间腻子的领料单和退料单。这两张单据反映油漆车间在 20×1 年 1 月耗用腻子 52 桶，用于生产 ZF01 和 YM01。腻子随生产进行均衡投入。

武汉楚风家具有限公司

累 计 领 料 单　　　№20210005

20×1 年 1 月

部门：油漆车间　　　用途：生产 ZF01、YM01

材料名称	规格型号	计量单位	第 1 次领料	第 2 次领料	第 3 次领料	总金额(元)
腻子		桶	20	20	14	
领料人签名			刘阳	刘阳	刘阳	备　注
仓库保管员签名			任真	任真	任真	
领料日期			1.4	1.15	1.23	

②财务

图 4-13　20×1 年 1 月油漆车间腻子领料单

武汉楚风家具有限公司

材 料 退 库 单　　　№20210004

20×1 年 1 月 31 日

部门：油漆车间　　　原用途：生产 ZF01、YM01

材料名称	规格型号	计量单位	退库数量	退库金额(元)
腻子		桶	2	

退料人：刘阳　　　仓库保管员：任真

②财务

图 4-14　20×1 年 1 月油漆车间腻子退料单

原材料价格表(见项目一中表 1-8)中列示腻子计划价格为 100.00 元/桶，因此，油漆车间 20×1 年 1 月实际耗用腻子的成本为 5200.00 元。

我们须将腻子成本分摊给 ZF01 和 YM01，可用材料消耗定额作为分摊标准。由于单件在产品与完工产品的耗用量不同，我们应当将在产品折算为完工产品(即在产品约当产量)，用作业量计算。报废产品或零件一般是在该生产步骤完工后检测出来的，因此视同完工产品。根据油漆车间提交的生产情况报告单(见项目三中表 3-4)，可计算出 ZF01 和 YM01 的作业量，编制成表 4-2。

表 4-2　　**20×1 年 1 月油漆车间产品作业量计算表**

武汉楚风家具有限公司

产品作业量计算表

20×1 年 1 月

车间：油漆车间

产 品	月初在产品		本月完工	月末在产品		作业量
	数量(件)	完工程度	数量(件)	数量(件)	完工程度	(件)
ZF01	0		995	50	50%	1020
YM01	0		3950	200	50%	4050

制表：李明　　20×1 年 1 月 31 日

该表计算公式(以后同类计算都这样进行)为：

产品作业量=产品本月完工数量+月末在产品数量×完工程度−月初在产品数量×完工程度

【相关知识与说明】

一、产品约当产量

在产品约当产量是把在产品数量折算为完工产品的数量，完工产品约当产量就是其实际数量。

因为在产品和完工产品消耗的资源不一样，在进行相关计算时，不能把在产品和完工产品的产量直接相加，把在产品折算为完工产品后就可以相加了。

二、作业量

作业量是指一个单位或个人在一定时期所完成的工作量，如生产的产品数量、完成的定额工时、消耗的材料数量、投入的资金数额。“产品作业量”是指一定时期内人们在该产品上所完成的工作量，用该产品的计量单位计量，也就是说某个时期做了多少这个产品。

计算产品作业量时，如果月初有在产品，应当减去月初在产品约当产量，因为月初在产品(即上月末在产品)在上月已耗用了部分材料或人工，是上月的作业成果，不应计入本月作业量中。

三、产品约当产量和作业量的联系与区别

产品约当产量与作业量是相关联又有区别的两个概念。产品约当产量是一种产量计量方法，作业量用来说明工作成果或耗费，作业量可以用产品约当产量表示。产品约当产量一般与某一时刻相对应，作业量一般与某一时期相对应。

ZF01 和 YM01 产品定额表(见项目一中表 1-1 和表 1-2)显示，ZF01 和 YM01 腻子消耗定额分别为 200ml 和 80ml。我们应编制如表 4-3 所示的材料成本分摊表。表中材料总定额最后改用升作单位(保留 3 位小数)。

表 4-3　**20×1 年 1 月腻子成本分摊表**

武汉楚风家具有限公司

产品共同费用分摊表

20×1 年 1 月

费用名称：腻子　　　　车间：油漆车间

产 品	材料定额（ml/件）	作业量（件）	总定额（L）	分摊率（元/L）	分摊金额（元）
ZF01	200	1020	204.000	9.8485	2009.09
YM01	80	4050	324.000	9.8485	3190.91
合 计	—	—	528.000	—	5200.00

制表：李明　　　　20×1 年 1 月 31 日

【相关知识与说明】

在产品是相对于完工产品而言，完工产品又相对于生产步骤(工序)或整个生产过程而言，因此，同样的在产品，在不同情况下有不同的约当产量。计算在产品约当产量时应区分单个生产步骤(工序)和多个生产步骤(工序)。

微课：在产品约当产量的计算

一、单个生产步骤

对于单个生产步骤，在产品约当产量是该步骤在产品折算为该步骤完工产品的数量。有关计算公式如下：

$$\text{在产品完工程度}=\frac{\text{在产品已完成加工时间}}{\text{该步骤单件产品加工时间}}\times 100\%$$

该步骤单件产品加工时间就是该步骤产品工时定额。

$$\text{一批在产品(平均)完工程度}=\frac{\text{每件在产品完工程度之和}}{\text{这批在产品实际数量}}\times 100\%$$

或者

$$\text{一批在产品(平均)完工程度}=\frac{\text{每件在产品已完成加工时间总和}}{\text{这批产品全部完工所需要的加工时间}}\times 100\%$$

$$\text{一批在产品约当产量}=\frac{\text{每件在产品已完成加工时间总和}}{\text{该步骤单件产品加工时间}}$$

或者

一批在产品约当产量=这批在产品实际数量×这批在产品(平均)完工程度

例如，一种产品在某一生产步骤的加工时间为10分钟，现有5件产品在这一生产步骤已完成加工时间分别为2分钟、4分钟、5分钟、6分钟和8分钟，则

第一件产品的完工程度=2÷10×100%=20%

这5件在产品的(平均)完工程度=(2+4+5+6+8)÷(10×5)×100%=50%

或者

这5件在产品的(平均)完工程度=(2÷10+4÷10+5÷10+6÷10+8÷10)÷5×100%=50%

这5件在产品的约当产量=(2+4+5+6+8)÷10=2.5(件)

或者

这5件在产品的约当产量=5×50%=2.5(件)

实际工作中在产品的(平均)完工程度不精确计算，而进行估算。

二、多个生产步骤

对于多个生产步骤，在产品约当产量是各步骤在产品折算为最终完工产品的数量。最终完工产品是指完成了所有步骤加工的产品。有关计算公式如下：

$$\text{单件在产品最终完工程度}=\frac{\text{这件在产品在各步骤已完成加工时间之和}}{\text{单件产品经过每个步骤加工所需要的时间}}\times 100\%$$

单件产品经过每个步骤加工所需要的时间就是产品生产过程工时定额，即全部生产步骤工时定额之和。

$$\text{一批在产品(平均)最终完工程度}=\frac{\text{这批在产品在各步骤已完成加工时间总和}}{\text{这批在产品经过每个步骤加工所需要的时间}}\times 100\%$$

一批在产品经过每个步骤加工所需要的时间=各步骤单件产品加工时间之和×这批在产品实际数量

$$\text{某步骤在产品最终约当产量}=\frac{\text{这些在产品在各步骤已完成加工时间总和}}{\text{这些在产品经过每个步骤加工所需要的时间}}\times 100\%$$

或者

某步骤在产品最终约当产量=这些在产品实际数量×这些在产品(平均)最终完工程度

例如，一种产品生产有3个生产步骤，各生产步骤单件产品的加工时间为10分钟、15分钟和25分钟，各生产步骤在产品数量分别为300件、200件和100件，在产品步骤完工程度分别为40%、50%和60%，则

第一步骤在产品最终约当产量=300×10×40%÷(10+15+25)=24(件)

第二步骤在产品最终约当产量=200×(10+15×50%)÷(10+15+25)=70(件)

第三步骤在产品最终约当产量=100×(10+15+25×60%)÷(10+15+25)=80(件)

全部在产品最终约当产量=24+70+80=174(件)

或者

第一步骤在产品最终完工程度 = 10×40%÷(10+15+25) = 8%

第二步骤在产品最终完工程度 = (10+15×50%)÷(10+15+25) = 35%

第三步骤在产品最终完工程度 = (10+15+25×60%)÷(10+15+25) = 80%

全部在产品最终约当产量 = 300×8%+200×35%+100×80% = 174(件)

或者

全部在产品最终完工程度 = [(300×10×40%+200×(10+15×50%)+100×(10+15+25×60%)]÷[(10+15+25)×(300+200+100)] = 29%

全部在产品最终约当产量 = 29%×(300+200+100) = 174(件)

或者

全部在产品最终约当产量 = [(300×10×40%+200×(10+15×50%)+100×(10+15+25×60%)]÷(10+15+25) = 174(件)

领用腻子在油漆包装步骤(见项目一中图 1-1 和图 1-2)，我们应根据以上 3 张单据编制如图 4-15 所示的记账凭证。

记 账 凭 证　　记字第 76 号

20×1 年 1 月 31 日

摘要	总账科目	明细科目	借方金额	贷方金额	√
油漆车间领用腻子	生产成本	ZF01-油漆包装-直接材料	200909		√
	生产成本	YM01-油漆包装-直接材料	319091		√
	原材料	腻子		520000	√
合计			¥520000	¥520000	

附单据 4 张

会计主管：　记账：李明 魏虹　出纳：　复核：张玲　制单：李明

图 4-15　20×1 年 1 月 31 日油漆车间领用腻子的记账凭证

【学生练习】

处理 20×1 年 1 月份第 17、18 笔经济业务。

(三)材料只对完工产品投入

有些材料(主要是包装材料)是在产品接近完工时投入，这些材料的成本只能由完工产品承担，在产品不分摊。

图 4-16 和图 4-17 分别是 20×1 年 1 月油漆车间包装纸的领料单和退料单。这两张单据反映油漆车间在 20×1 年 1 月耗用包装纸 544 卷，用于包装生产完工的 ZF01 和 YM01。原材料价格表(见项目一中表 1-8)中列示包装纸计划价格为 10.00 元/卷，耗用包装纸的成本为 5440.00 元。

武汉楚风家具有限公司

累　计　领　料　单　　　　№20210007

20×1 年 1 月

部门：油漆车间　　　　用途：生产 ZF01、YM01

材料名称	规格型号	计量单位	第 1 次领料	第 2 次领料	第 3 次领料	总金额(元)
包装纸		卷	200	200	172	
领料人签名			刘阳	刘阳	刘阳	备　注
仓库保管员签名			任真	任真	任真	
领料日期			1.8	1.15	1.26	

②财务

图 4-16　20×1 年 1 月油漆车间包装纸领料单

武汉楚风家具有限公司

材　料　退　库　单　　　　№20210006

20×1 年 1 月 31 日

部门：油漆车间　　　　原用途：生产 ZF01、YM01

材料名称	规格型号	计量单位	退库数量	退库金额(元)
包装纸		卷	28	

退料人：刘阳　　　　仓库保管员：任真

②财务

图 4-17　20×1 年 1 月油漆车间包装纸退料单

我们须将包装纸成本分摊给 ZF01 和 YM01，可用材料消耗定额作为分摊标准，对完工的 ZF01 和 YM01 分配。ZF01 和 YM01 的完工产量分别为 995 件和 3950 件(见项目三中表 3-4)，包装纸定额分别为 3m 和 2m(见项目一中表 1-1 和表 1-2)，因此，我们可以编制如表 4-4 所示的材料成本分摊表(表中 ZF01 分摊金额计算结果为 1491.90 元，调整为 1491.58 元)。

表 4-4　**20×1 年 1 月包装纸成本分摊表**

武汉楚风家具有限公司

产品共同费用分摊表

20×1 年 1 月

费用名称：包装纸　　　　车间：油漆车间

产 品	材料定额（m/件）	完工产量（件）	总定额（m）	分摊率（元/m）	分摊金额（元）
ZF01	3	995	2985	0.4998	1491.58
YM01	2	3950	7900	0.4998	3948.42
合 计	—	—	10885	—	5440.00

制表：李明　　　　20×1 年 1 月 31 日

领用包装纸在油漆包装步骤(见项目一中图 1-1 和图 1-2)，我们应根据以上 3 张单据编制如图 4-18 所示的记账凭证。

记　账　凭　证　　　　记字第 79 号

20×1 年 1 月 31 日

摘　要	科目：总账科目	科目：明细科目	借方金额（千百十万千百十元角分）	贷方金额（千百十万千百十元角分）	√
油漆车间领用包装纸	生产成本	ZF01-油漆包装-直接材料	149158		√
	生产成本	YM01-油漆包装-直接材料	394842		√
	原材料	包装纸		544000	√
合　计			¥544000	¥544000	

附单据 3 张

会计主管：　　记账：李明 魏虹　　出纳：　　复核：张玲　　制单：李明

图 4-18　20×1 年 1 月 31 日油漆车间领用包装纸的记账凭证

【学生练习】

处理 20×1 年 1 月份第 20 笔经济业务。

【相关知识与说明】

分摊材料费用时，材料的投入方式不同，使用的产量数据不一样。材料在生产开始时一次性投入，使用的是当月的投产量，不包括上月投产的产品数量(月初在产品数量)；材料随生产进行均衡投入，使用的是当月的作业量，不包括上月的作业量(月初在产品约当产量)；材料只对完工产品投入，使用的是当月的完工产品产量。

三、分摊材料成本差异

楚风公司对原材料采用计划成本计价，因此还须分摊材料成本差异，将产品耗用材料的计划成本调整为实际成本。

我们应当汇总本月各种产品及生产步骤耗用材料金额，并从存货会计那里取得材料成本差异率数据(见项目一任务四“相关数据”中关于材料成本差异率的说明)，编制如表4-5所示的材料成本差异分摊表。

表4-5　**20×1年1月ZF01材料成本差异分摊表**

武汉楚风家具有限公司

材料成本差异分摊表

20×1年1月

产品名称：ZF01

生产步骤	耗用材料金额(元)	差异率(%)	分摊金额(元)
下料	33287.72	4.00	1331.51
制作	9390.00	4.00	375.60
油漆包装	8115.81	4.00	324.63
合　计	50793.53	—	2031.74

制表：李明　　　　20×1年1月31日

【相关知识与说明】

材料成本差异分摊表也可由存货会计编制，但涉及生产成本的由成本会计编制较为方便。材料成本差异分摊表可以分部门编制，也可以分产品编制，还可以将所有部门汇总在一起编制。表中耗用材料金额为实际耗用材料金额(不含退库材料金额)，可根据生产成本账簿记录汇总，也可根据记账凭证统计。

如果周转材料采用计划成本核算，也应分摊材料成本差异。如果采用实际成本核算，则不存在材料成本差异的分摊。

然后我们应根据这张材料成本差异分摊表编制如图4-19所示的记账凭证。

记　账　凭　证

记字第 81 号

20×1 年 1 月 31 日

摘要	科目		借方金额										贷方金额										✓
	总账科目	明细科目	千	百	十	万	千	百	十	元	角	分	千	百	十	万	千	百	十	元	角	分	
分摊材料成本差异	生产成本	ZF01-下料-直接材料					1	3	3	1	5	1											✓
	生产成本	ZF01-制作-直接材料						3	7	5	6	0											✓
	生产成本	ZF01-油漆包装-直接材料						3	2	4	6	3											✓
	材料成本差异																2	0	3	1	7	4	✓
合计						¥	2	0	3	1	7	4				¥	2	0	3	1	7	4	

附单据 1 张

会计主管：　记账：李明 魏虹　出纳：　复核：张玲　制单：李明

图 4-19　20×1 年 1 月 31 日 ZF01 分摊材料成本差异的记账凭证

【学生练习】

处理 20×1 年 1 月份第 22 笔经济事项。

【思政课堂】

材料领用业务的处理过程比较复杂，我们要区分不同情况，采用不同做法，选取不同数据，才能得到真实结果。这要求我们做到敬业、专注、精益、创新，具备——

工匠精神

工匠精神是一种职业精神，它是职业道德、职业能力、职业品质的体现，是从业者的一种职业价值取向和行为表现。

“工匠精神”的基本内涵是敬业、专注、精益、创新。敬业要求从业者基于对职业的敬畏和热爱而产生的一种全身心投入的认认真真、尽职尽责的职业精神状态；专注要求从业者内心笃定，具有着眼于细节的耐心、执着、坚持的精神；精益要求从业者精益求精，具备对每件产品、每道工序都凝神聚力、追求极致的职业品质；创新要求从业者具备不断追求突破、追求革新的创新观念。

工匠精神是社会文明进步的重要尺度，是中国制造前行的精神源泉，是企业竞争发展的品牌资本，是员工个人成长的道德指引。“工匠精神”就是追求卓越的创造精神、精益求精的品质精神、用户至上的服务精神。

任务三　处理工资及相关费用分配或计提事项

企业支付给职工的工资、奖金、福利费，以及根据工资计提并支付或缴纳的工会经费、职工教育经费、社会保险金和住房公积金，应根据人员类别不同分配到相关的成本费用中，其中支付给生产工人的各项费用应当作为人工费用计入产品生产成本。

一、分配职工工资和福利费

企业应付或已付给职工的工资、奖金和福利费应按照权责发生制原则并根据人员类别不同分配到相关的成本费用中。

表4-6是薪酬会计编制的20×1年1月职工工资统计表。这张统计表将职工工资按部门和人员类别进行了分解，还需要将生产工人的工资分摊到相关产品的生产成本中。

微课：生产工人工资分配事项的处理

表4-6 **20×1年1月职工工资统计表**

武汉楚风家具有限公司

职工工资统计表

20×1年1月

单位：元

部 门	人员类别	基本工资	岗位工资	合 计
下料车间	生产工人	40000.00	20000.00	60000.00
	管理人员	4000.00	5000.00	9000.00
桌子车间	生产工人	35000.00	17409.05	52409.05
	管理人员	4000.00	5000.00	9000.00
椅子车间	生产工人	52000.00	25636.30	77636.30
	管理人员	4000.00	5000.00	9000.00
油漆车间	生产工人	27600.00	20386.34	47986.34
	管理人员	4000.00	6000.00	10000.00
修理车间		4000.00	4500.00	8500.00
配电车间		4000.00	4500.00	8500.00
行政后勤部门		72000.00	90000.00	162000.00
营销部		6000.00	7000.00	13000.00
产品研发部		6000.00	7000.00	13000.00
合 计		262600.00	217431.69	480031.69

制表：郑珊　　　　20×1年1月31日

4个基本生产车间都生产两种以上产品，我们应当将生产工人的工资作为直接成本分摊到相应的产品成本中。单件在产品与完工产品耗用的工时不同，应当用作业量计算。

对于下料车间，我们应当根据车间提供的生产情况报告单（见项目三中表3-1）计算出各产品零件或工序的作业量，如表4-7所示。

表4-7　**20×1年1月下料车间产品作业量计算表**

武汉楚风家具有限公司

产品作业量计算表

20×1年1月

车间：下料车间

产品	零件或工序	月初在产品		本月完工数量(件)	月末在产品		作业量(件)
		数量(件)	完工程度		数量(件)	完工程度	
ZF01	桌面	0		1180	40	50%	1200
	桌脚	0		4670	190	50%	4765
	撑板	0		4640	210	50%	4745
YM01	前脚	0		9180	460	50%	9410
	后脚	0		9190	450	50%	9415
	座板	0		4650	200	50%	4750
	横梁	0		4640	200	50%	4740
	撑档	0		45790	2360	50%	46970
ZF02	桌面	0		200	0		200
YM02	座板	0		400	0		400
ZD01	面板	0		105	0		105
	底板	0		105	0		105
	前挡板	0		105	0		105
	侧挡板	0		210	0		210
	中撑板	0		105	0		105
YD01	前脚	0		420	0		420
	后脚	0		420	0		420
	座板	0		210	0		210
	横梁	0		210	0		210
	靠背	0		210	0		210
	座撑	0		840	0		840
	撑档	0		630	0		630

制表：李明　　　　20×1年1月31日

同样可以计算出其他车间各产品零件或工序的作业量，分别如表 4-8、表 4-9 和表 4-10所示。

表 4-8　　**20×1 年 1 月桌子车间产品作业量计算表**

武汉楚风家具有限公司

产品作业量计算表

20×1 年 1 月

车间：桌子车间

产品	零件或工序	月初在产品		本月完工数量(件)	月末在产品		作业量(件)
		数量(件)	完工程度		数量(件)	完工程度	
ZF01	桌面	0		1100	60	50%	1130
	桌脚	0		4400	220	50%	4510
	撑板	0		4386	224	50%	4498
	钢条	0		2280	120	50%	2340
	组装	0		1045	50	50%	1070
ZF02	桌面	0		200	0		200
	支架	0		200	0		200
	组装	0		120	40	0%	120
	包装	0		120	0		120
ZD01	面板	0		100	4	50%	102
	底板	0		100	4	50%	102
	前挡板	0		101	4	50%	103
	侧挡板	0		200	8	50%	204
	中撑板	0		100	4	50%	102
	组装	0		86	9	0%	86
	包装	0		86	0		86

制表：李明　　　　20×1 年 1 月 31 日

表 4-9　　**20×1 年 1 月椅子车间产品作业量计算表**

武汉楚风家具有限公司

产品作业量计算表

20×1 年 1 月

车间：椅子车间

产品	零件或工序	月初在产品		本月完工数量(件)	月末在产品		作业量(件)
		数量(件)	完工程度		数量(件)	完工程度	
YM01	前脚	0		8740	420	50%	8950

续表

产品	零件或工序	月初在产品		本月完工数量(件)	月末在产品		作业量(件)
		数量(件)	完工程度		数量(件)	完工程度	
YM01	后脚	0		8730	430	50%	8945
	座板	0		4400	210	50%	4505
	横梁	0		4410	190	50%	4505
	撑档	0		43500	2240	50%	44620
	组装	0		4150	220	50%	4260
YM02	座板	0		400	0		400
	支架	0		400	0		400
	组装	0		360	40	0%	360
	包装	0		360	0		360
YD01	前脚	0		382	36	50%	400
	后脚	0		382	36	50%	400
	座板	0		194	16	50%	202
	横梁	0		192	16	50%	200
	靠背	0		193	16	50%	201
	座撑	0		767	66	50%	800
	撑档	0		573	52	50%	599
	椅架	0		170	20	50%	180
	组装	0		140	10	0%	140
	包装	0		140	0		140

制表：李明　　　　20×1 年 1 月 31 日

表 4-10　**20×1 年 1 月油漆车间产品作业量计算表**

武汉楚风家具有限公司

产品作业量计算表

20×1 年 1 月

车间：油漆车间

产品	零件或工序	月初在产品		本月完工数量(件)	月末在产品		作业量(件)
		数量(件)	完工程度		数量(件)	完工程度	
ZF01	油漆	0		995	50	50%	1020
	包装	0		995	0		995

续表

产品	零件或工序	月初在产品		本月完工数量(件)	月末在产品		作业量(件)
		数量(件)	完工程度		数量(件)	完工程度	
YM01	油漆	0		3950	200	50%	4050
	包装	0		3950	0		3950
ZF02	支架	0		160	40	50%	180
ZD01	面板	0		95	4	50%	97
	底板	0		96	4	50%	98
	前挡板	0		94	6	50%	97
	侧挡板	0		191	8	50%	195
	中撑板	0		96	4	50%	98
YD01	椅架	0		150	20	50%	160

制表：李明　　　　　　　　　　　　　　　　　　20×1 年 1 月 31 日

然后，我们从各产品生产定额表(见项目一中表 1-1 至表 1-6)中查出零件的工时定额(木料下料在下料车间，其他材料下料在其他车间)，计算出下料车间各种产品的工人工资分摊金额，如表 4-11 所示(表中 ZF01 分摊金额计算结果为 9339. 94 元，调整为 9340. 12 元)。表中总定额工时最后改用小时作单位(保留 2 位小数)。

表 4-11　　**20×1 年 1 月下料车间生产工人工资分摊表**

武汉楚风家具有限公司

产品共同费用分摊表

20×1 年 1 月

费用名称：生产工人工资　　　　　　　　　　　　　　　　车间：下料车间

产品	零件或工序	工时定额(分钟/件)	作业量(件)	总定额(小时)	分摊率(元/小时)	分摊金额(元)
ZF01	桌面	12	1200	557. 00	16. 7683	9340. 12
	桌脚	2	4765			
	撑板	2	4745			
YM01	前脚	2	9410	2826. 17	16. 7683	47390. 07
	后脚	2	9415			
	座板	6	4750			
	横梁	2	4740			
	撑档	2	46970			

续表

产品	零件或工序	工时定额（分钟/件）	作业量（件）	总定额（小时）	分摊率（元/小时）	分摊金额（元）
ZF02	桌面	2	200	6.67	16.7683	111.84
YM02	座板	2	400	13.33	16.7683	223.52
	面板	6	105			
	底板	6	105			
ZD01	前挡板	10	105	63.00	16.7683	1056.40
	侧挡板	6	210			
	中撑板	2	105			
	前脚	2	420			
	后脚	2	420			
	座板	4	210			
YD01	横梁	2	210	112.00	16.7683	1878.05
	靠背	4	210			
	座撑	2	840			
	撑档	2	630			
合　计		—	—	3578.17	—	60000.00

制表：李明　　　　　　　　　　　　　　　　20×1 年 1 月 31 日

同样地，我们可以计算出其他车间各种产品的工人工资分摊金额，分别如表 4-12、表 4-13 和表 4-14 所示（表 4-12 中 ZF01 分摊金额计算结果为 44639.00 元，调整为 44638.98 元；表 4-13 中 YM01 分摊金额计算结果为 69605.27 元，调整为 69605.26 元；表 4-14 中 ZF01 分摊金额计算结果为 10162.51 元，调整为 10162.43 元）。

表 4-12　　**20×1 年 1 月桌子车间生产工人工资分摊表**

武汉楚风家具有限公司

产品共同费用分摊表

20×1 年 1 月

费用名称：生产工人工资　　　　　　　　　　　　　　车间：桌子车间

产品	零件或工序	工时定额（分钟/件）	作业量（件）	总定额（小时）	分摊率（元/小时）	分摊金额（元）
ZF01	桌面	36	1130			
	桌脚	12	4510			

续表

产品	零件或工序	工时定额（分钟/件）	作业量（件）	总定额（小时）	分摊率（元/小时）	分摊金额（元）
ZF01	撑板	8	4498	2731.40	16.3429	44638.98
	钢条	5	2340			
	组装	20	1070			
ZF02	桌面	10	200	166.67	16.3429	2723.87
	支架	40	200			
	组装	20	120	48.00	16.3429	784.46
	包装	4	120			
ZD01	面板	24	102	260.77	16.3429	4261.74
	底板	24	102			
	前挡板	32	103			
	侧挡板	24	204			
	中撑板	4	102			
	组装	20	86			
	包装	5	86			
合　计		—	—	3206.84	—	52409.05

制表：李明　　　　　　　　　　　　　　　　　　　　20×1 年 1 月 31 日

表 4-13　　**20×1 年 1 月椅子车间生产工人工资分摊表**

武汉楚风家具有限公司

产品共同费用分摊表

20×1 年 1 月

费用名称：生产工人工资　　　　　　　　　　　　　　　　车间：椅子车间

产品	零件或工序	工时定额（分钟/件）	作业量（件）	总定额（小时）	分摊率（元/小时）	分摊金额（元）
YM01	前脚	4	8950	4147.17	16.7838	69605.26
	后脚	6	8945			
	座板	4	4505			
	横梁	4	4505			
	撑档	2	44620			
	组装	8	4260			

续表

产品	零件或工序	工时定额（分钟/件）	作业量（件）	总定额（小时）	分摊率（元/小时）	分摊金额（元）
YM02	座板	10	400	156.00	16.7838	2618.27
	支架	8	400			
	组装	6	360			
	包装	4	360	24.00	16.7838	402.81
YD01	前脚	6	400	298.50	16.7838	5009.96
	后脚	8	400			
	座板	4	202			
	横梁	4	200			
	靠背	4	201			
	座撑	6	800			
	撑档	2	599			
	椅架	10	180			
	组装	10	140			
	包装	5	140			
合　计		—	—	4625.67	—	77636.30

制表：李明　　　　20×1 年 1 月 31 日

表 4-14　　**20×1 年 1 月油漆车间生产工人工资分摊表**

武汉楚风家具有限公司

产品共同费用分摊表

20×1 年 1 月

费用名称：生产工人工资　　　　车间：油漆车间

产品	零件或工序	工时定额（分钟/件）	作业量（件）	总定额（小时）	分摊率（元/小时）	分摊金额（元）
ZF01	油漆	25	1020	507.92	20.0081	10162.43
	包装	5	995			
YM01	油漆	20	4050	1679.17	20.0081	33597.00
	包装	5	3950			
ZF02	支架	18	180	54.00	20.0081	1080.44
ZD01	面板	12	97	103.93	20.0081	2079.44
	底板	12	98			
	前挡板	12	97			
	侧挡板	12	195			
	中撑板	4	98			

续表

产品	零件或工序	工时定额（分钟/件）	作业量（件）	总定额（小时）	分摊率（元/小时）	分摊金额（元）
YD01	椅架	20	160	53.33	20.0081	1067.03
合 计		—	—	2398.35	—	47986.34

制表：李明　　　　20×1 年 1 月 31 日

最后，我们应根据以上 9 张单据编制如图 4-20 至图 4-24 所示的记账凭证（ZD01 和 YD01 的金额应为各表格中相应项目的汇总金额，下同）。

记 账 凭 证　　记字第 83 $\frac{1}{5}$ 号

20×1 年 1 月 31 日

摘要	总账科目	明细科目	借方金额	贷方金额	√
分配职工工资	生产成本	ZF01-下料-直接人工	934012		√
	生产成本	ZF01-制作-直接人工	4463898		√
	生产成本	ZF01-油漆包装-直接人工	1016243		√
	生产成本	YM01-下料-直接人工	4739007		√
	生产成本	YM01-制作-直接人工	6960526		√
	生产成本	YM01-油漆包装-直接人工	3359700		√
合 计			¥21473386		

附单据 9 张

会计主管：　记账：李明　出纳：　复核：张玲　制单：李明

图 4-20　20×1 年 1 月 31 日分配职工工资的记账凭证(之一)

记 账 凭 证　　记字第 83 $\frac{2}{5}$ 号

20×1 年 1 月 31 日

摘要	总账科目	明细科目	借方金额	贷方金额	√
分配职工工资	生产成本	ZF02-下料-直接人工	111184		√
	生产成本	ZF02-制作-直接人工	272387		√
	生产成本	ZF02-油漆-直接人工	108044		√
	生产成本	ZF02-组装包装-直接人工	78446		√
	生产成本	YM02-下料-直接人工	22352		√
	生产成本	YM02-制作-直接人工	261827		√
合 计			¥2227626		

附单据 张

会计主管：　记账：李明　出纳：　复核：张玲　制单：李明

图 4-21　20×1 年 1 月 31 日分配职工工资的记账凭证(之二)

记　账　凭　证

记字第 83 $\frac{3}{5}$ 号

20×1 年 1 月 31 日

摘要	科目		借方金额										贷方金额										√
	总账科目	明细科目	千	百	十	万	千	百	十	元	角	分	千	百	十	万	千	百	十	元	角	分	
分配职工工资	生产成本	YM02-包装-直接人工						4	0	2	8	1											√
	生产成本	ZD01-直接人工					7	3	9	7	5	8											√
	生产成本	YD01-直接人工					7	9	5	5	0	4											√
	生产成本	修理车间-人工费					8	5	0	0	0	0											√
	生产成本	配电车间-人工费					8	5	0	0	0	0											√
	制造费用	下料车间-人工费					9	0	0	0	0	0											√
合　计				¥	2	6	4	0	3	1	6	9											

附单据　张

会计主管：　记账：李明　出纳：　复核：张玲　制单：李明

图 4-22　20×1 年 1 月 31 日分配职工工资的记账凭证(之三)

记　账　凭　证

记字第 83 $\frac{4}{5}$ 号

20×1 年 1 月 31 日

摘要	科目		借方金额										贷方金额										√
	总账科目	明细科目	千	百	十	万	千	百	十	元	角	分	千	百	十	万	千	百	十	元	角	分	
分配职工工资	制造费用	桌子车间-人工费					9	0	0	0	0	0											√
	制造费用	椅子车间-人工费					9	0	0	0	0	0											√
	制造费用	油漆车间-人工费				1	0	0	0	0	0	0											√
	管理费用	人工费			1	6	2	0	0	0	0	0											√
	销售费用	人工费				1	3	0	0	0	0	0											√
	研发支出	人工费				1	3	0	0	0	0	0											√
合　计				¥	4	8	0	0	3	1	6	9											

附单据　张

会计主管：　记账：李明 张玲　出纳：　复核：张玲　制单：李明

图 4-23　20×1 年 1 月 31 日分配职工工资的记账凭证(之四)

记　账　凭　证

记字第 83 $\frac{5}{5}$ 号

20×1 年 1 月 31 日

摘要	科目		借方金额										贷方金额										√
	总账科目	明细科目	千	百	十	万	千	百	十	元	角	分	千	百	十	万	千	百	十	元	角	分	
分配职工工资	应付职工薪酬	职工工资													4	8	0	0	3	1	6	9	√
合　计				¥	4	8	0	0	3	1	6	9		¥	4	8	0	0	3	1	6	9	

附单据　张

会计主管：　记账：郑珊　出纳：　复核：张玲　制单：李明

图 4-24　20×1 年 1 月 31 日分配职工工资的记账凭证(之五)

【相关知识与说明】

工资及相关费用分配或计提事项也可全部交由薪酬会计处理，这种情况下，薪酬会计必须熟悉企业成本账户的设置和成本核算的方法、要求。工资及相关费用分配或计提事项一般要经过较为复杂的处理，为全面反映成本核算，本书由成本会计处理。

各类人员的工资及相关费用分配或计提一般应一起处理。

单一产品的人工费用直接计入该产品的生产成本即可，多种产品共同的人工费用则需要采用一定的方法分摊。人工费用一般按产品实际工时或定额工时分摊。

对于企业给予生产人员的奖励，如果每月考核并据以计发奖金，奖金应计入产品生产成本；如果通过定期评比表彰而颁发奖金，奖金应计入管理费用。

【学生练习】

处理20×1年1月份第24、25笔经济事项(总定额工时数据可直接取自各车间生产工人工资分摊表)。

【思政课堂】

每个企业的产品生产过程都不一样，要真实准确核算出不同企业的产品成本，是对每个成本会计的一种考验，要想经受住这种考验，必须把自己锻炼成工匠。我们应当知道——

工匠是如何炼成的?

工匠是指在某一方面造诣高深的人，通常用来称呼各种手艺人，如木匠、石匠、皮匠、铁匠等，统称工匠，其中特别突出者可称大师。

工匠是如何炼成的呢? 第一要热爱自己的职业。不热爱自己的职业，就不会在这方面下功夫，也就不可能取得成就。要成为工匠就要爱岗敬业，应当专注于某一领域。第二是苦练本领。要想在某一方面比别人突出，必须勤奋好学，刻苦钻研，不断提高技艺，需要比别人付出更多时间和精力。第三是做到一丝不苟、精益求精。重细节、追求完美是工匠精神的关键要素。细节和精度决定成败，对细节与精确度的把握，是长期工艺实践和训练的结果，通过训练养成习惯，成为品格。第四是勇于创新。工匠不仅是技艺精湛，还要能人所不能，工匠精神的核心是创新精神。创新是对现有的生产技艺的大胆革新，给行业技艺带来突破性贡献，促进生产技艺水平提升，推动社会经济发展。

习近平总书记指出：“一切劳动者，只要肯学肯干肯钻研，练就一身真本领，掌握一手好技术，就能立足岗位成长成才，就都能在劳动中发现广阔的天地，在劳动中体现价值、展现风采、感受快乐。”我们要学习工匠精神，做一个品德高尚而追求卓越的人，积极投身于中华民族伟大复兴的宏伟事业中。

二、计提与工资相关的各项费用

需要按月计提的与工资相关的费用包括工会经费、职工养老保险、医疗保险、失业保险、工伤保险、生育保险和住房公积金。

表 4-15 是薪酬会计编制的 20×1 年 1 月工会经费和职工教育经费计提表。这张计提表按各类人员的工资和规定的计提比例计算出工会经费和职工教育经费(职工教育经费现在采取先使用后摊销的办法处理，为方便起见，在此设定楚风公司职工教育经费实际发生额为工资总额的 1.5%，因而与工会经费一同计提)。

表 4-15　**20×1 年 1 月工会经费和职工教育经费计提表**

武汉楚风家具有限公司

工会经费和职工教育经费计提表

20×1 年 1 月　　单位：元

部　门	人员类别		工资总额	工会经费	职工教育经费	经费合计
下料车间	生产工人	ZF01	9340.12	186.78	140.09	326.87
		YM01	47390.07	947.80	710.85	1658.65
		ZF02	111.84	2.24	1.68	3.92
		YM02	223.52	4.47	3.35	7.82
		ZD01	1056.40	21.13	15.85	36.98
		YD01	1878.05	37.56	28.17	65.73
	管理人员		9000.00	180.00	135.00	315.00
桌子车间	生产工人	ZF01	44638.98	892.78	669.58	1562.36
		ZF02(制作)	2723.87	54.48	40.86	95.34
		ZF02(组装包装)	784.46	15.69	11.77	27.46
		ZD01	4261.74	85.23	63.93	149.16
	管理人员		9000.00	180.00	135.00	315.00

续表

部　门	人员类别		工资总额	工会经费	职工教育经费	经费合计
椅子车间	生产工人	YM01	69605.26	1392.11	1044.08	2436.19
		YM02(制作)	2618.27	52.37	39.27	91.64
		YM02(包装)	402.81	8.06	6.04	14.10
		YD01	5009.96	100.20	75.15	175.35
	管理人员		9000.00	180.00	135.00	315.00
油漆车间	生产工人	ZF01	10162.43	203.25	152.44	355.69
		YM01	33597.00	671.94	503.96	1175.90
		ZF02	1080.44	21.61	16.21	37.82
		ZD01	2079.44	41.59	31.19	72.78
		YD01	1067.03	21.34	16.01	37.35
	管理人员		10000.00	200.00	150.00	350.00
修理车间			8500.00	170.00	127.50	297.50
配电车间			8500.00	170.00	127.50	297.50
行政后勤部门			162000.00	3240.00	2430.00	5670.00
营销部			13000.00	260.00	195.00	455.00
产品研发部			13000.00	260.00	195.00	455.00
合　计			480031.69	9600.63	7200.48	16801.11

注：ZF01 工会经费、职工教育经费计算结果分别为 186.80 元和 140.10 元，分别调整为 186.78 元和 140.09 元。

复核：李明　　　　　　　　　　制表：郑珊　　　　　　　　　　20×1 年 1 月 31 日

【相关知识与说明】

与工资相关的各项费用计提表宜由薪酬会计和成本会计共同编制，一人编制，一人复核。表中生产工人工资金额可从生产成本账簿中获取，也可从相应的记账凭证中获取，还可从工人工资分摊表中获取。

由企业承担的工会经费、职工教育经费、职工养老保险、医疗保险、失业保险、工伤保险、生育保险和住房公积金均按企业当月职工工资总额计提并缴纳，其数值是确定的，因此在编制与工资相关的各项费用计提表时可能需要对某类人员的金额进行调整。

我们应当首先对这张表进行复核，然后据此编制如图 4-25 至图 4-29 所示的记账凭证。

记　账　凭　证

记字第 86 $\frac{1}{5}$ 号

20×1 年 1 月 31 日

摘要	总账科目	明细科目	借方金额	贷方金额	√
计提工会经费、职	生产成本	ZF01-下料-直接人工	326.87		√
工教育经费	生产成本	ZF01-制作-直接人工	1562.36		√
	生产成本	ZF01-油漆包装-直接人工	355.69		√
	生产成本	YM01-下料-直接人工	1658.65		√
	生产成本	YM01-制作-直接人工	2436.19		√
	生产成本	YM01-油漆包装-直接人工	1175.90		√
合计			¥7515.66		

附单据 1 张

会计主管：　记账：李明　出纳：　复核：张玲　制单：李明

图 4-25　20×1 年 1 月 31 日计提工会经费和职工教育经费的记账凭证(之一)

记　账　凭　证

记字第 86 $\frac{2}{5}$ 号

20×1 年 1 月 31 日

摘要	总账科目	明细科目	借方金额	贷方金额	√
计提工会经费、职	生产成本	ZF02-下料-直接人工	3.92		√
工教育经费	生产成本	ZF02-制作-直接人工	95.34		√
	生产成本	ZF02-油漆-直接人工	37.82		√
	生产成本	ZF02-组装包装-直接人工	27.46		√
	生产成本	YM02-下料-直接人工	7.82		√
	生产成本	YM02-制作-直接人工	91.64		√
合计			¥7779.66		

附单据　张

会计主管：　记账：李明　出纳：　复核：张玲　制单：李明

图 4-26　20×1 年 1 月 31 日计提工会经费和职工教育经费的记账凭证(之二)

记　账　凭　证

记字第 86 $\frac{3}{5}$ 号

20×1 年 1 月 31 日

摘要	总账科目	明细科目	借方金额	贷方金额	√
计提工会经费、职	生产成本	YM02-包装-直接人工	14.10		√
工教育经费	生产成本	ZD01-直接人工	258.92		√
	生产成本	YD01-直接人工	278.43		√
	生产成本	修理车间-人工费	297.50		√
	生产成本	配电车间-人工费	297.50		√
	制造费用	下料车间-人工费	315.00		√
合计			¥9241.11		

附单据　张

会计主管：　记账：李明　出纳：　复核：张玲　制单：李明

图 4-27　20×1 年 1 月 31 日计提工会经费和职工教育经费的记账凭证(之三)

记　账　凭　证　　记字第 86 $\frac{4}{5}$ 号

20×1 年 1 月 31 日

摘要	总账科目	明细科目	借方金额	贷方金额	√
计提工会经费、职	制造费用	桌子车间-人工费	31500		√
工教育经费	制造费用	椅子车间-人工费	31500		√
	制造费用	油漆车间-人工费	35000		√
	管理费用	人工费	567000		√
	销售费用	人工费	45500		√
	研发支出	人工费	45500		√
合　计			¥1680111		

附单据　张

会计主管：　记账：李明　张玲　出纳：　复核：张玲　制单：李明

图 4-28　20×1 年 1 月 31 日计提工会经费和职工教育经费的记账凭证(之四)

记　账　凭　证　　记字第 86 $\frac{5}{5}$ 号

20×1 年 1 月 31 日

摘要	总账科目	明细科目	借方金额	贷方金额	√
计提工会经费、职	应付职工薪酬	工会经费		960063	√
工教育经费	应付职工薪酬	职工教育经费		720048	√
合　计			¥1680111	¥1680111	

附单据　张

会计主管：　记账：张玲　郑珊　出纳：　复核：张玲　制单：李明

图 4-29　20×1 年 1 月 31 日计提工会经费和职工教育经费的记账凭证(之五)

【学生练习】

处理 20×1 年 1 月份第 27 笔经济事项。

任务四　处理车间其他费用发生业务

生产车间除生产产品发生材料和人工费用外，还会发生一些其他费用，如领用修理材料和工具用品、购买办公用品、支付水电费等。

一、领用修理材料

企业各部门领用修理材料，应当按修理材料成本直接计入各部门的成本费用中，修理材料也要分摊材料成本差异。

(一)处理修理材料领用业务

楚风公司由修理车间负责保管、领用修理材料，领用时记录修理材料的用途和数量，月末进行汇总。表4-16是修理车间提供的20×1年1月修理材料耗用统计表。

表4-16　**20×1年1月修理材料耗用统计表**

武汉楚风家具有限公司

修理材料耗用统计表

20×1年1月

材料名称	单位	下料车间	桌子车间	椅子车间	油漆车间	配电车间	行政后勤	营销部	产品研发部	合计
电线	m	40	20	40	60	20	140	20	10	350
普通开关	个	2	2	2	3		3	1	1	14
空气开关	个	1		1		1	1			4
机油	L	3	2	3						8
钻头	个		2	2						4
锯片	张	1								1
铣刀	把		2	3						5
夹头	个		1	2						3

制表：雷刚　　20×1年1月31日

我们应根据这张统计表和修理材料的计划价格(见项目一中表1-8)计算出各种材料成本和各部门领用材料的成本，如表4-17所示。

表4-17　**20×1年1月修理材料成本计算表**

武汉楚风家具有限公司

修理材料成本计算表

20×1年1月　　单位：元

材料名称	下料车间	桌子车间	椅子车间	油漆车间	配电车间	行政后勤	营销部	产品研发部	合计
电线	60.00	30.00	60.00	90.00	30.00	210.00	30.00	15.00	525.00
普通开关	4.00	4.00	4.00	6.00		6.00	2.00	2.00	28.00
空气开关	20.00		20.00		20.00	20.00			80.00
机油	18.00	12.00	18.00						48.00
钻头		6.00	6.00						12.00

续表

材料名称	下料车间	桌子车间	椅子车间	油漆车间	配电车间	行政后勤	营销部	产品研发部	合 计
锯片	50.00								50.00
铣刀		20.00	30.00						50.00
夹头		15.00	30.00						45.00
合 计	152.00	87.00	168.00	96.00	50.00	236.00	32.00	17.00	838.00

制表：李明　　　　20×1 年 1 月 31 日

然后，我们根据以上两张表格编制如图 4-30 至图 4-32 所示的记账凭证。

记 账 凭 证　　记字第 88 $\frac{1}{3}$ 号

20×1 年 1 月 31 日

摘要	总账科目	明细科目	借方金额	贷方金额	√
领用修理材料	生产成本	配电车间-修理费	5000		√
	制造费用	下料车间-修理费	15200		√
	制造费用	桌子车间-修理费	8700		√
	制造费用	椅子车间-修理费	16800		√
	制造费用	油漆车间-修理费	9600		√
	管理费用	修理费	23600		√
合 计			¥78900		

附单据 2 张

会计主管：　记账：李明 张玲　出纳：　复核：张玲　制单：李明

图 4-30　20×1 年 1 月 31 日领用修理材料的记账凭证(之一)

记 账 凭 证　　记字第 88 $\frac{2}{3}$ 号

20×1 年 1 月 31 日

摘要	总账科目	明细科目	借方金额	贷方金额	√
领用修理材料	销售费用	修理费	3200		√
	研发支出	修理费	1700		√
	原材料	电线		52500	√
	原材料	普通开关		2800	√
	原材料	空气开关		8000	√
	原材料	机油		4800	√
合 计			¥83800	¥68100	

附单据 张

会计主管：　记账：张玲 魏虹　出纳：　复核：张玲　制单：李明

图 4-31　20×1 年 1 月 31 日领用修理材料的记账凭证(之二)

记 账 凭 证

记字第 88 $\frac{3}{3}$ 号

20×1 年 1 月 31 日

摘要	总账科目	明细科目	借方金额（千百十万千百十元角分）	贷方金额（千百十万千百十元角分）	✓
领用修理材料	原材料	钻头		1200	✓
	原材料	锯片		5000	✓
	原材料	铣刀		5000	✓
	原材料	夹头		4500	✓
合计			¥83800	¥83800	

附单据　张

会计主管：　记账：魏虹　出纳：　复核：张玲　制单：李明

图 4-32　20×1 年 1 月 31 日领用修理材料的记账凭证(之三)

【相关知识与说明】

修理材料也称修理用备件，主要指用于修理机器、设备、工具、设施的材料，用于产品生产的原材料也可作为修理材料使用。修理材料可以存放在材料仓库，也可以存放在修理车间。存放在材料仓库的，由修理人员或相关部门到仓库领取，办理领用手续，填写领料单；存放在修理车间的，由修理人员直接领用，并按月编制修理材料领用统计表。

从仓库领用修理材料，直接根据领料单进行账务处理，从修理车间领用修理材料，根据修理车间提交的统计表进行账务处理。有的修理材料临时购买并领用，可根据购货发票和领用记录直接记为相关部门的修理费用。

修理材料与其他修理费用不同，其用途明确，成本可根据材料数量和价格单独计算，应当直接计入受益单位的成本费用中，而不归集到辅助生产成本中。用途不明确或共同耗用且难以分摊的修理材料则应归集到辅助生产成本中，与其他修理费用一同分配。

固定资产的修理费用，符合资本化条件的，应相应增加固定资产原值，不计入辅助生产成本。

(二)分摊修理用材料成本差异

修理材料属于原材料中的修理用备件，也应分摊材料成本差异。我们应当根据各部门领用修理材料的计划成本，或者前一张记账凭证的金额，以及存货会计提供的材料成本差异率，计算出各部门领用修理材料应分摊的材料成本差异，并进行账务处理。

【相关知识与说明】

领用修理材料及其材料成本差异的分摊也可交由存货会计处理。修理材料的材料成本差异也可以与其他原材料一起处理，编制一张记账凭证。

修理材料可能有两种计价方法：企业储备的修理材料采用计划成本计价，临时购买并领用的修理材料则采用个别计价法计价。在分摊材料成本差异时要注意采用个别计价法的修理材料不分摊材料成本差异。

【学生练习】

处理20×1年1月份第29笔经济事项。

二、发生其他费用

其他费用是指发生在生产车间的，材料和人工费用以外的其他费用，包括办公费、水电费、固定资产折旧费等，这些费用都与产品成本有关。我们应当根据相关原始凭证或账簿记录进行处理。

【相关知识与说明】

车间其他费用可交由其他会计岗位处理，这时其他会计岗位应将编制的记账凭证传递给成本会计，由成本会计在成本账户中登记(参见任务一)。如果其他会计岗位没有处理，成本会计必须处理。

成本核算涉及很多方面，如果企业的产品种类较多，使用的材料类别较多，产品生产部门较多，生产规模较大，成本核算的工作量将非常大，企业必将投入更多的人力，进行细致的分工。这种情况下，相关会计人员要注意配合，防止遗漏经济业务事项。

【思政课堂】

一个企业是一个整体，每个员工都是其中的一分子，每个员工的工作质量都将影响企业整体运转效率和效益。因此，每个企业都应当注重企业文化建设。每个员工都应有集体观念，积极参与企业文化建设，帮助企业铸就——

企业精神

企业精神是指企业根据自身的性质、宗旨和发展方向，为适应时代要求，经过精心培养而形成的企业成员群体的精神风貌。企业精神是企业文化的核心，在整个企业文化中起着支配的地位。企业精神以价值观念为基础、以价值目标为动力，对企业经营哲学、管理制度、道德风尚、团体意识和企业形象起着决定性的作用。可以说，企业精神是企业的灵魂。

企业精神是企业全体或多数员工共同一致，彼此共鸣的内心态度、意志状况和思想境界，并通过每个员工的言行体现出来。工匠精神就是企业精神在员工身上的表现。企业培养工匠，工匠成就企业，工匠精神与企业精神相辅相成。

企业精神一旦形成群体心理定势，既可以通过明确的意识支配行为，也可以通过潜意识产生行为。这种心理定势会大大提高员工主动承担责任和修正个人行为的自觉性，从而主动的关注企业的前途，维护企业声誉，为企业贡献自己的全部力量。

项目五　处理废品和副产品相关业务事项

【学习目标】

1. 熟练计算废品损失，善于处理废品和副产品相关业务事项；
2. 熟悉废品损失计算方法，掌握废品和副产品相关业务事项的处理方法；
3. 做一个有梦想并勇于追梦的新时代青年。

【任务清单】

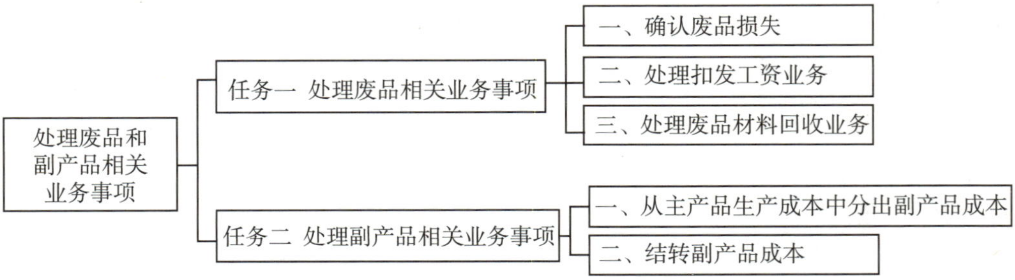

产品生产过程中往往会产生废品和副产品。废品使得企业投入没能获得预期回报，给企业造成损失，副产品是生产主产品时附带产生的，能给企业带来收益。废品和副产品也应分摊生产成本。

任务一　处理废品相关业务事项

与废品相关的业务事项主要有确认废品损失、扣发责任人工资和回收废料等。

一、确认废品损失

废品分为可修复废品和不可修复废品两类，应由企业相关部门加以区分并作不同的处理。两类废品造成的损失是不一样的。

（一）不可修复废品

不可修复废品的损失为生产所耗用的材料和人工费用。废品情况一般应单独报告，表 5-1 是 20×1 年 1 月下料车间废品情况报告单。

微课：如何确认废品的损失

表 5-1

20×1 年 1 月下料车间废品情况报告单

武汉楚风家具有限公司

废品情况报告单

20×1 年 1 月

车间：下料车间

产品	零件	报废数量(件)				废品类别
		总数	料废	工废	其他	
ZF01	桌面	20	20			不可修复
	桌脚	50	50			不可修复
	撑板	30	30			不可修复
YM01	前脚	20	20			不可修复
	后脚	30	30			不可修复
	座板	40	40			不可修复
	横梁	40	40			不可修复
	撑档	50	50			不可修复

技术品质部：严正　　　　车间：李斌

【相关知识与说明】

正常情况下，生产过程中会有少量废品产生。废品产生的原因一般可分为材质、人为和其他三种。材质原因也叫料废，是指产品所用材料不能满足生产需要，不可能加工成合格产品的情况。为防止造成更大损失，生产开始时应对材料进行挑选或检验，但有的材质问题只能在生产加工时发现。人为原因也叫工废，是指生产人员在产品生产过程中操作不当或疏忽等情况。其他原因是指设备故障、环境异常、管理需要或不精准(如产品或零件多余不能继续使用或销售)等情况。不管相关人员多么努力，废品难以完全避免，应看作产品生产所付出的代价，其损失计入产品生产成本。但为了增强生产人员的责任心，企业会对人为废品的责任人给予一定的惩罚。对于非人为废品，生产人员不应承担责任。

产品制造完工验收入库后，如果因为保管不善造成毁损，不是废品损失，其损失在待处理财产损溢中核算。

我们应根据材料定额和工时定额分别计算出每个产品的材料损失和人工损失，编制废品损失计算表，如表 5-2 所示。

在此，ZF01 和 YM01 所用材料均为木料，材料定额和工时定额从其定额表(见项目一中表 1-1 和表 1-2)中查找，总数量和总工时用报废零件数量计算，材料损失金额根据原木的计划价格(见项目一中表 1-8)计算，人工损失金额根据产品人工费用率(见项目一中表 1-7)计算。

表 5-2　　**20×1 年 1 月下料车间废品损失计算表**

武汉楚风家具有限公司

废品损失计算表

车间：下料车间

产品	零件	报废数量(件)	废品损失					
			材料损失			人工损失		
			定额(cm^3/件)	总数量(m^3)	金额(元)	定额(分钟/件)	总工时(小时)	金额(元)
ZF01	桌面	20	19200	0.5762	460.96	12	6.67	200.10
	桌脚	50	3240			2		
	撑板	30	1008			2		
YM01	前脚	20	864	0.3060	244.80	2	8.67	260.10
	后脚	30	1920			2		
	座板	40	4860			6		
	横梁	40	648			2		
	撑档	50	216			2		
合　计	—	—	—	0.8822	705.76	—	15.34	460.20

制表：李明　　　　20×1 年 1 月 31 日

【相关知识与说明】

计算不可修复废品损失，材料损失数量是其实际耗用的材料数量，没有实际耗用数量时，可用定额数量代替；工时损失是其实际耗用的工时，没有实际耗用工时的，可用定额工时代替。对于材料损失金额，有计划成本的按材料计划成本计算，为简化起见，不考虑材料成本差异，没有计划成本的按材料平均价格计算。对于人工损失金额，用人工费用率计算，没有人工费用率时可用该车间当月平均小时工资(该车间生产工人工资总额除以该车间当月总工时)计算。

人为废品的人工损失计算，与企业生产工人工资及奖金计发办法有关。如果企业按生产工人当月完成的合格产品(或零件)和非人为废品总产量计发工资及奖金，那么人为废品本步骤的人工损失已由责任人承担(企业未计发本步骤人为废品工资，本步骤未发生损失)，废品人工损失是废品在以前步骤耗费的人工；如果企业按生产工人当月完成的合格产品(或零件)和全部废品总产量计发工资及奖金，那么废品人工损失是到本步骤为止废品所耗费的人工。楚风公司采用第一种办法。

然后，我们应根据这 2 张单据编制如图 5-1 所示的记账凭证，把 ZF01 的材料损失和人工损失分别从“直接材料”和“直接人工”项目成本中结转到“废品损失”项目成本中。

记　账　凭　证　　　　记字第 90 号

20×1 年 1 月 31 日

摘要	总账科目	明细科目	借方金额（千百十万千百十元角分）	贷方金额（千百十万千百十元角分）	√
下料废品损失	生产成本	ZF01-下料-废品损失	66106		√
	生产成本	YM01-下料-废品损失	50490		√
	生产成本	ZF01-下料-直接材料		46096	√
	生产成本	ZF01-下料-直接人工		20010	√
	生产成本	YM01-下料-直接材料		24480	√
	生产成本	YM01-下料-直接人工		26010	√
	合计		¥116596	¥116596	

附单据 2 张

会计主管：　　记账：李明　　出纳：　　复核：张玲　　制单：李明

图 5-1　20×1 年 1 月 31 日下料废品损失的记账凭证

根据这张记账凭证登记账簿时，生产成本账簿上借方合计金额写“0.00”，“废品损失”栏用蓝(黑)字书写，“直接材料”和“直接人工”栏用红字书写，如图 5-2 所示。

生产成本　明细分类账

成本类别：基本生产成本　　产品名称：ZF01　　生产步骤：下料

20×1年 月	日	凭证 字	号	摘要	借方 合计	直接材料	直接人工	废品损失	制造费用
1	31	记	73	领用木料	3328772	3328772			
	31	记	81	分摊材料成本差异	133151	133151			
	31	记	83	分配职工工资	934012		934012		
	31	记	84	分配职工奖金	196010		196010		
	31	记	85	分配职工福利费	102746		102746		
	31	记	86	计提工会教育经费	32687		32687		
	31	记	87	计提五险一金	390417		390417		
	31	记	90	下料废品损失	000	46096	20010	66106	

图 5-2　废品损失登记后的生产成本账簿

【学生练习】

处理 20×1 年 1 月份第 31、32 笔经济业务。

【相关知识与说明】

从理论上讲，不可修复废品的材料损失为所耗用材料成本，人工损失为生产所耗用人工(包括从开始生产到确认废品为止所耗用全部人工)，应当将当月全部材料成本和人工成本在合格品、废品和在产品之间按一定标准分摊，但这样做非常繁琐，必须在月底进行，不能及时确认损失。因此，不可修复废品的材料损失和人工损失通常采用一定方法近似计算。

核算废品损失的目的是反映企业产品生产过程中废品损失情况，以明确经济责任，加强生产管理，减少损失，降低成本，从而提高企业经济效益。因此，对废品损失金额不要求十分准确。

对于不单独核算废品损失的产品，不需要由生产车间提交废品损失报告单，如下料车间、桌子车间和油漆车间提交的生产情况报告单均显示 ZD01 有废品，但这三个车间都没有另外提交 ZD01 的废品损失报告单。即使生产车间提交了废品损失报告单，也不做账务处理。这种情况下，废品成本已包含在相应产品的材料成本和人工成本中，只是没有单独列出。

(二)可修复废品

可修复废品损失为修复废品所发生的费用，包括修复废品用去的材料和人工。可修复废品除了废品情况报告单外，还应有废品修复报告单。表 5-3 是 20×1 年 1 月油漆车间废品情况报告单。

表 5-3 **20×1 年 1 月油漆车间废品情况报告单**

武汉楚风家具有限公司

废品情况报告单

20×1 年 1 月

车间：油漆车间

产品	零件	报废数量(件)				废品类别
		总数	料废	工废	其他	
ZF01		1	1			可修复
YM01		2		1	1	可修复

技术品质部：严正　　　　车间：刘阳

这张废品损失报告单上的废品类别为可修复，不能据此计算废品损失，发生的修复费用才是废品损失，因此，这张废品损失报告单不做账务处理。

废品修复应由相关部门提交废品修复报告单，以明确修复废品用料和工时情况。表 5-4 是 ZF01 的废品修复报告单。

表 5-4

20×1 年 1 月 ZF01 废品修复报告单

武汉楚风家具有限公司

废品修复报告单

车间：油漆车间　　　　　　　　　　　　　　20×1 年 1 月 31 日

产品名称	ZF01	数量	1 件	报废原因	桌面变形			
修复用料					修复工时			
材料(零件)名称	来源	数量	材料费用(元)	人工费用(元)	修复人员	工作内容	工时(小时)	金额(元)
ZF01 桌面	桌子车间	1 张			周兴	换桌面	0.80	
腻子	油漆车间	100ml			徐进	腻子油漆	0.40	
油漆	油漆车间	100ml						
材料费用合计(元)			人工费用合计(元)			费用总额(元)		

生产部：鲁平　　　　　　　　　　　　　　会计：

【相关知识与说明】

废品修复分为自行修复和专人修复两种情况。自行修复是生产工人在生产时发现废品后自己进行修复，一般不需要耗用材料，耗用时间不另外计发工资，这种情况没有废品损失，不做处理。专人修复是组织专门人员对废品进行修复，往往涉及多个生产工序或阶段，修复过程较为复杂，一般要耗用材料，要对修复人员计发工资，这种情况产生废品损失，要做处理。

如果对可修复废品不进行修复，则按不可修复废品处理。

对于这张废品修复报告单，我们应当将其补充完整。

从 ZF01 定额表（见项目一中表 1-1）可知，ZF01 桌面的木料消耗定额为 $19200cm^3$，ZF01 桌面经过下料和制作两个步骤，下料步骤工时定额为 12 分钟，制作步骤工时定额为 36 分钟，从原材料价格表（见项目一中表 1-8）可知，原木、腻子和油漆的计划价格分别为 800.00 元/m^3、100.00 元/桶和 200.00 元/桶，从其他费用耗费标准表（见项目一中表 1-7）得知产品人工费用率为 30.00 元/工时，因此，

ZF01 桌面材料费用 = 19200×1÷1000000×800.00 = 15.36（元）

ZF01 桌面人工费用 =（12+36）×1÷60×30.00 = 24.00（元）

腻子材料费用 = 100÷1000÷10×100.00 = 1.00（元）

油漆材料费用 = 100÷1000÷10×200.00 = 2.00（元）

换桌面人工费用 = 0.80×30.00 = 24.00（元）

腻子油漆人工费用 = 0.40×30.00 = 12.00（元）

我们将以上数据填入废品修复报告单，得到补充完整后的废品修复报告单如表 5-5 所示。

表 5-5　**20×1 年 1 月补充完整后的 ZF01 废品修复报告单**

武汉楚风家具有限公司

废品修复报告单

车间：油漆车间　　　　20×1 年 1 月 31 日

产品名称	ZF01	数量	1 件	报废原因	桌面变形			
修复用料					修复人工			
材料(零件)名称	来源	数量	材料费用(元)	人工费用(元)	修复人员	工作内容	工时(小时)	金额(元)
ZF01 桌面	桌子车间	1 张	15.36	24.00	周兴	换桌面	0.80	24.00
腻子	油漆车间	100ml	1.00		徐进	腻子油漆	0.40	12.00
油漆	油漆车间	100ml	2.00					
材料费用合计(元)		18.36	人工费用合计(元)		60.00	费用总额(元)		78.36

生产部：鲁平　　　　会计：李明

ZF01 报废发生在油漆车间油漆后包装前，修复费用应计入油漆包装步骤的废品损失。ZF01 桌面是制作步骤的，冲减制作步骤的材料成本和人工成本，腻子和油漆是本步骤先前领用的，冲减本步骤的材料成本，因此，我们应根据这张报告单编制如图 5-3 所示的记账凭证。

记　账　凭　证　　　　记字第 93 号

20×1 年 1 月 31 日

摘要	总账科目	明细科目	借方金额	贷方金额	✓
ZF01废品修复	生产成本	ZF01-油漆包装-废品损失	7836		✓
	生产成本	ZF01-制作-直接材料		1536	✓
	生产成本	ZF01-制作-直接人工		2400	✓
	生产成本	ZF01-油漆包装-直接材料		300	✓
	应付职工薪酬	职工工资		3600	✓
合计			¥7836	¥7836	

附单据 1 张

会计主管：　记账：李明 郑珊　出纳：　复核：张玲　制单：李明

图 5-3　20×1 年 1 月 31 日废品修复的记账凭证

【学生练习】

处理 20×1 年 1 月份第 35 笔经济业务。

【相关知识与说明】

可修复废品造成的材料损失应当为修复废品所耗用材料，用实际耗用材料数量计算；可修复废品造成的人工损失应当为修复废品所耗用人工，用实际工时计算。

废品修复所用材料来自生产车间的，应分别计算原始材料费用和到该生产步骤为止的人工费用，并相应冲减产品该步骤的材料成本和人工成本。对于不能区分所属产品的材料，应在相关产品间进行分摊，如果金额很小，可简化处理，直接冲减本产品的材料费用。

废品修复所用材料来自材料仓库的，材料费用为所用材料的实际成本。如果采用计划成本计价，还应分摊材料成本差异。如果金额很小，可不计材料成本差异。

企业如果对废品修复不另行计发工资（对废品修复人员发放固定工资），则不计废品修复的人工费用。

对于不单独核算废品损失的产品，废品修复所发生的材料费用和人工费用相应增加产品材料成本和人工成本。

【思政课堂】

计算废品损失会遇到一些困难，只要我们有梦想，就可以战胜困难。梦想是我们工作和学习的动力，梦想会照亮我们前进的方向，我们要——

做一个追梦人

梦想也是理想，是人们对未来的一种期望，是人们心中努力想要实现的目标。梦想是人们发奋前行的精神动力，梦想是人们战胜困难的精神支柱。

每个人都会有自己的梦想，个人的梦想应当积极向上，符合社会发展要求，对国家和民族有帮助，这样的梦想才有价值，才会得到人们的赞赏和支持，也就容易实现。反之，自私自利、危害社会的梦想必然遭到人们的唾弃和抵制，是难以实现的。

梦想应当用行动作支撑，没有实际行动的梦想是空想。古今中外，无数成功人士通过不懈努力实现了自己的梦想，成就了灿烂的人生。我们都要做一个追梦人。

二、处理扣发工资业务

楚风公司制度规定，人为原因造成的废品损失，由责任人给予一定赔偿。有关部门会提交扣发责任人工资的详细资料给财务部门。对扣发工资业务的处理，因废品损失核算方法不同而不同。

（一）单独核算废品损失

楚风公司对常规产品要求单独核算废品损失，扣发废品责任人工资应冲减废品损失。表 5-6 是薪酬会计编制的扣发桌子车间常规产品废品责任人工资的统计表。

表 5-6　　**20×1 年 1 月扣发桌子车间常规产品废品责任人工资统计表**

武汉楚风家具有限公司

扣发废品责任人工资统计表

20×1 年 1 月

车间：桌子车间

姓　名	报废产品或零件	数量(件)	扣发金额(元)
刘宏	ZF01 桌面	4	46.72
齐全	ZF01 桌脚	8	15.76
江涛	ZF01 撑板	6	6.40
合　计		—	68.88

制表：郑珊　　　　20×1 年 1 月 31 日

桌子车间 ZF01 零件报废发生在 ZF01 制作步骤，我们应根据这张统计表编制如图 5-4 所示的记账凭证，用扣发的工资冲减 ZF01 制作步骤的废品损失。

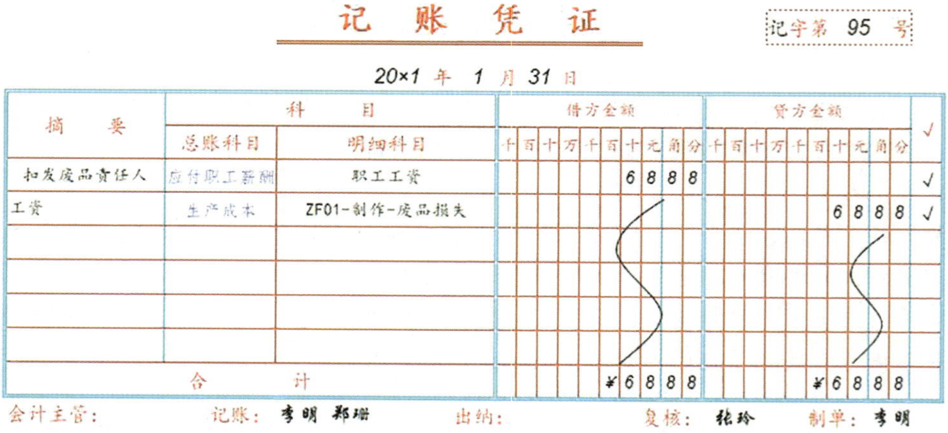

记　账　凭　证　　记字第 95 号

20×1 年 1 月 31 日

摘　要	总账科目	明细科目	借方金额	贷方金额	√
扣发废品责任人工资	应付职工薪酬	职工工资	6888		√
	生产成本	ZF01-制作-废品损失		6888	√
合　计			¥6888	¥6888	

附单据 1 张

会计主管：　记账：李明 郑珊　出纳：　复核：张玲　制单：李明

图 5-4　20×1 年 1 月 31 日扣发 ZF01 废品责任人工资的记账凭证

【学生练习】

处理 20×1 年 1 月份第 37 笔经济业务。

【相关知识与说明】

扣发工资可由生产车间或企业人事部门计算后通知财务部门，也可由生产车间或企业人事部门提供计算依据交由会计人员计算。扣发工资的计算，一般用废品的材料(包括修复废品耗用材料)损失、人工(包括修复废品耗用人工)损失乘以企业规定的责任人赔偿比例。

扣发责任人工资由薪酬会计根据相关部门提供的明细资料在工资表中从各责任人应发工资中扣除。扣发责任人工资业务可由薪酬会计根据有关部门提交扣发责任人工资的详细资料编制记账凭证，成本会计据此登记账簿，也可由成本会计根据薪酬会计提交的统计表编制记账凭证。

(二)不单独核算废品损失

楚风公司对订单产品不要求单独核算废品损失，因此，订单产品扣发的工资相应冲减产品的生产成本。表 5-7 是薪酬会计编制的扣发桌子车间订单产品废品责任人工资的统计表。

表 5-7　**20×1 年 1 月扣发桌子车间订单产品废品责任人工资统计表**

武汉楚风家具有限公司

扣发废品责任人工资统计表

20×1 年 1 月

车间：桌子车间

姓　名	报废产品或零件	数量(件)	扣发金额(元)
徐立	ZD01 面板	1	7.20
郭金	ZD01 前挡板	1	9.88
秦朗	ZD01 侧挡板	1	5.24
合　计		—	22.32

制表：郑珊　　　　20×1 年 1 月 31 日

我们应根据这张统计表编制如图 5-5 所示的记账凭证，用扣发的工资冲减产品的人工成本。

【相关知识与说明】

扣发废品责任人工资是对废品损失的补偿，包括对废品材料损失和人工损失的补偿，可以按照扣发工资的计算方法确定两者金额然后分别冲减相应产品的材料成本和人工成本。扣发废品责任人工资也可以看作是企业对产品人工费用投入的减少，而材料费用投入不变，因此可只冲减相应产品的人工成本。

【学生练习】

处理 20×1 年 1 月份第 39 笔经济业务。

记　账　凭　证

记字第 97 号

20×1 年 1 月 31 日

摘要	科目		借方金额	贷方金额	✓
	总账科目	明细科目			✓
扣发废品责任人工资	应付职工薪酬	职工工资	2232		✓
	生产成本	ZD01-直接人工		2232	✓
合计			¥2232	¥2232	

附单据 1 张

会计主管：　记账：李明 郑珊　出纳：　复核：张玲　制单：李明

图 5-5　20×1 年 1 月 31 日扣发 ZD01 废品责任人工资的记账凭证

三、处理废品材料回收业务

微课：废料回收业务的处理

废品材料可以回收再利用，以减少损失。废料回收一般应办理退库手续，填写相关单据。废料回收分为单一用途的废料回收和多用途的废料回收。

（一）单一用途的废料回收

单一用途的废料是指废料来自某种产品的生产过程，废料回收应根据产品废品损失核算方法进行相应处理。

1. 单独核算产品废品损失

对于从单独核算废品损失产品生产过程中产生的废料，其价值应冲减该产品的废品损失。图 5-6 是 20×1 年 1 月桌子车间生产 ZF01 的废料退库单。

武汉楚风家具有限公司

材 料 退 库 单

№20210013

20×1 年 1 月 31 日

部门：桌子车间　　原用途：生产 ZF01

材料名称	规格型号	计量单位	退库数量	退库金额(元)
废木料		m^3	0.0906	

②财务

退料人：赵明　　仓库保管员：任真

图 5-6　20×1 年 1 月桌子车间生产 ZF01 的废料退库单

【相关知识与说明】

废品材料也可以由生产车间直接回收再利用。为清楚反映产品生产情况，应办理回收、利用手续，明确废料种类、数量和新用途，将相关单据交由财务部门进行会计处理。如果废料很少，价值很低，也可不办理相关手续，不做账务处理，这种情况下也不计废品材料损失。

废品材料是加工成型后的材料，不同于原材料，在用途上有较大限制，因而其价值应低于原材料。回收的废品材料在数量上也不等于废品所消耗的材料。

有的产品报废后，其部分零件是完好的，可从产品上取下，然后用于其他同类产品，这种情况下，完好零件不做回收处理，报废产品的损失不包括完好零件的生产成本，但应计入零件拆卸人工成本。

对于这张废料退库单，我们应当根据公司规定价格计算废料价值，填在单据上。废木料的计划价格为 400.00 元/m^3(见项目一中表 1-8)，因此，

这批废木料成本 = 0.0906×400.00 = 36.24(元)

这批废料退库发生在 ZF01 制作步骤，我们根据这张材料退库单编制如图 5-7 所示的记账凭证，冲减废品损失。

记　账　凭　证　　记字第 99 号

20×1 年 1 月 31 日

摘要	总账科目	明细科目	借方金额（千百十万千百十元角分）	贷方金额（千百十万千百十元角分）	✓
桌子车间ZF01废料	原材料	废木料	3 6 2 4		✓
入库	生产成本	ZF01-制作-废品损失		3 6 2 4	✓
合计			¥ 3 6 2 4	¥ 3 6 2 4	

附单据 1 张

会计主管：　记账：李明　魏虹　出纳：　复核：张玲　制单：李明

图 5-7　20×1 年 1 月 31 日 ZF01 废料退库的记账凭证

【学生练习】

处理 20×1 年 1 月份第 41 笔经济业务。

2. 不单独核算产品废品损失

对于从不单独核算废品损失产品生产过程中产生的废料，应按其价值冲减该产品的材料成本。图 5-8 是 20×1 年 1 月桌子车间生产 ZD01 的废料退库单。

武汉楚风家具有限公司

材 料 退 库 单　　№20210015

20×1 年 1 月 31 日

部门：桌子车间　　原用途：生产 ZD01

材料名称	规格型号	计量单位	退库数量	退库金额(元)
废木料		m^3	0.0310	

②财务

退料人：赵明　　仓库保管员：任真

图 5-8　20×1 年 1 月桌子车间生产 ZD01 的废料退库单

这批废木料成本＝0.0310×400.00＝12.40(元)

我们应根据这张废料退库单编制如图 5-9 所示的记账凭证，用废木料成本冲减 ZD01 的材料成本。

记 账 凭 证　　记字第 101 号

20×1 年 1 月 31 日

摘要	科目：总账科目	科目：明细科目	借方金额	贷方金额	√
ZD01废料入库	原材料	废木料	1240		√
	生产成本	ZD01-直接材料		1240	√
合计			¥1240	¥1240	

附单据 1 张

会计主管：　记账：李明 魏虹　出纳：　复核：张玲　制单：李明

图 5-9　20×1 年 1 月 31 日 ZD01 废料退库的记账凭证

【学生练习】

处理 20×1 年 1 月份第 43 笔经济业务。

（二）多用途的废料回收

多用途的废料是指废料来自两种及以上产品的生产过程，我们应将废料价值在相关产品间进行分摊，然后冲减废品损失或生产成本。图 5-10 是 20×1 年 1 月下料车间废料退库单。

武汉楚风家具有限公司

材 料 退 库 单　　№20210018

20×1 年 1 月 31 日

部门：下料车间　　原用途：生产 ZF01、YM01

材料名称	规格型号	计量单位	退库数量	退库金额（元）
废木料		m^3	0.5642	

②财务

退料人：李斌　　仓库保管员：任真

图 5-10　20×1 年 1 月下料车间废料退库单

我们可根据废木料计划价格（见项目一中表 1-8）计算出这批废木料的价值为 225.68 元。从下料车间的生产情况报告表（见项目三中表 3-1）可知 ZF01 和 YM01 报废的零件及其数量（YM01 的座板和撑档不回收），从产品定额表（见项目一中表 1-1 和表 1-2）可知 ZF01 和 YM01 的材料定额，因此可相继计算出产品材料总定额、废料价值分摊率和各产品的废料价值分摊金额，编制回收废料价值分摊表，如表 5-8 所示。

表 5-8　　**20×1 年 1 月下料车间回收废料价值分摊表**

武汉楚风家具有限公司

回收废料价值分摊表

20×1 年 1 月

车间：下料车间

产 品	零 件	材料定额（cm^3/件）	回收数量（件）	总定额（m^3）	分摊率（元/m^3）	分摊金额（元）
ZF01	桌面	19200	20	0.5762	333.3530	192.08
	桌脚	3240	50			
	撑板	1008	30			

续表

产品	零件	材料定额（cm^3/件）	回收数量（件）	总定额（m^3）	分摊率（元/m^3）	分摊金额（元）
YM01	前脚	864	20	0. 1008	333. 3530	33. 60
	后脚	1920	30			
	横梁	648	40			
合　计		—	—	0. 6770	—	225. 68

制表：李明　　　　　　　　　　　　　　　　　　20×1 年 1 月 31 日

最后，我们应根据以上两张单据编制如图 5-11 所示的记账凭证，用废木料成本冲减 ZF01 和 YM01 的废品损失。

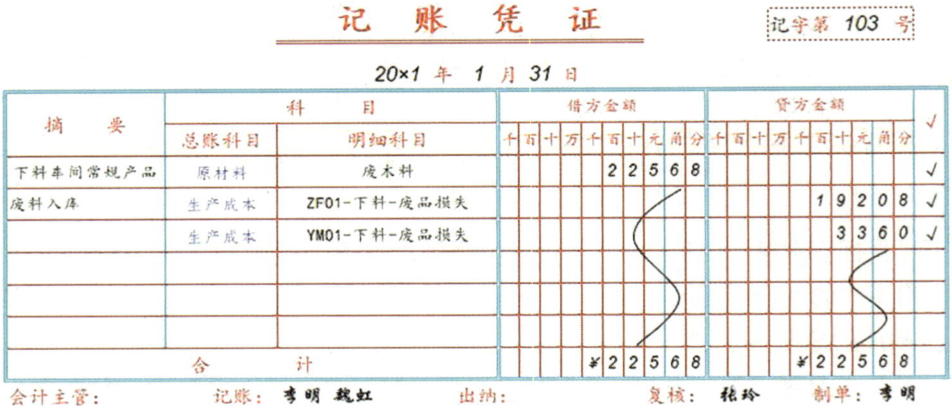

记　账　凭　证　　　　记字第 103 号

20×1 年 1 月 31 日

摘　要	总账科目	明细科目	借方金额	贷方金额	✓
下料车间常规产品废料入库	原材料	废木料	22568		✓
	生产成本	ZF01-下料-废品损失		19208	✓
	生产成本	YM01-下料-废品损失		3360	✓
合　计			¥22568	¥22568	

附单据 2 张

会计主管：　　记账：李明 魏虹　　出纳：　　复核：张玲　　制单：李明

图 5-11　20×1 年 1 月 31 日下料车间废料入库的记账凭证

【学生练习】

处理 20×1 年 1 月份第 45、46 笔经济业务。

【相关知识与说明】

对于多用途的废料，一般可由生产部门根据废料外观及尺寸大小判断出废料来自哪种产品，分别计量或估计各种产品的废料数量，这时可按单一用途的废料处理，不需对废料价值进行分摊。

微课：废品及其损失

不可修复废品净损失为废品生产成本减去责任人赔偿金额、回收废料价值后的余额，可修复废品净损失为废品修复费用减去责任人赔偿金额、回收废料价值后的余额。

生产成本账簿中废品损失栏记录了废品损失的发生和冲减情况，分别用蓝(黑)字和红字表示，其代数和即为废品净损失。

任务二　处理副产品相关业务事项

产品生产过程中有时会有副产品产生，副产品成本已包含在主产品生产成本(实际上是主产品与副产品的共同成本，账簿上记为主产品成本)中，应从主产品生产成本中分出来，并结转副产品成本。

一、从主产品生产成本中分出副产品成本

楚风公司生产桌椅时附带生产出刨花和木屑两种副产品。表 5-9 是生产部提供的 20×1 年 1 月刨花销售成本分摊表。

表 5-9　**20×1 年 1 月刨花销售成本分摊表**

武汉楚风家具有限公司

副产品销售成本分摊表

20×1 年 1 月

副产品名称：刨花　　　　销售成本：580. 80 元

主产品	分摊比例(%)	分摊成本(元)
ZF01	35. 04	203. 53
YM01	55. 69	323. 46
ZD01	4. 96	28. 79
YD01	4. 31	25. 02
合　计	100. 00	580. 80

制表：鲁平　　　　20×1 年 1 月 31 日

我们应当根据这张表格编制如图 5-12 所示的记账凭证，确认并分摊刨花成本，并冲减各产品的直接材料成本。

【相关知识与说明】

副产品与主产品在生产上不可分割，它们共同消耗材料和人工(称共同成本)。对副产品成本的处理有核算和不核算两种做法，根据副产品价值和企业管理要求选择。

一、核算副产品成本

副产品成本不能像主产品那样分项目归集，只能通过其他方法确认。对副产品成本的确定，可以选用以下方法：

1. 倒算法

记 账 凭 证　　　　记字第 106 号

20×1 年 1 月 31 日

摘要	总账科目	明细科目	借方金额	贷方金额	√
确认并分摊刨花成本	生产成本	刨花	58080		√
	生产成本	ZF01-制作-直接材料		20353	√
	生产成本	YM01-制作-直接材料		32346	√
	生产成本	ZD01-直接材料		2879	√
	生产成本	YD01-直接材料		2502	√
合计			¥58080	¥58080	

附单据 1 张

会计主管：　记账：李明　出纳：　复核：张玲　制单：李明

图 5-12　20×1 年 1 月 31 日分摊刨花成本的记账凭证

倒算法也称扣除法，是按副产品销售收入扣除销售费用、销售税金和一定利润后的余额确定副产品成本。销售费用应当是副产品单独发生的，如果与主产品共同发生，可以忽略。副产品销售利润可按企业设定销售利润率计算。比如，假设刨花销售收入 742.90 元，没有发生单独的销售费用，销售税金为 13.52 元(按增值税计算的其他税费)，按企业设定销售利润率 20%计算的利润为 148.58 元，那么刨花成本为 580.80 元。

2. 定额法

企业直接规定一定时期各种副产品的单位成本，用单位成本乘以某种副产品产出数量即得这种副产品总成本。

3. 核定法

核定法是按副产品销售收入的一定比例核定副产品成本，或者按副产品销售价格的一定比例核定副产品单位成本。

如果多个主产品共同产出一种副产品，还应将副产品成本在不同产品及其步骤之间按材料消耗定额进行分摊，但这样做非常麻烦，副产品成本不大，为简化起见，可以按固定比例分摊。确定副产品总成本后，还可以按主产品各成本项目占总成本的比例或规定的比例计算副产品项目成本。

副产品成本须从共同成本中扣除。共同成本扣除副产品成本后的余额即为主产品生产成本。副产品生产成本分项计算的，分项从共同成本中扣除，未分项计算的，从共同成本的直接材料项目中扣除，或按主产品成本项目比例分别从共同成本的各成本项目中扣除。

有的副产品与主产品分离后还需单独进行加工。这种情况下，应当比作主产品核算单独加工的成本。

二、不核算副产品成本

副产品数量少而且成本低，成本确定困难又很麻烦，不核算副产品成本对主产品成本影响很小，实际工作中通常不单独核算副产品成本。这种情况下不设置副产品生产成本账户，只处理副产品销售收入(不含增值税)。

副产品销售收入有以下两种处理方法：

1. 作为营业外收入

销售副产品时，根据相关凭证，借记“库存现金”或“银行存款”，贷记“营业外收入”和“应交税费——应交增值税”。

2. 直接冲减主产品材料成本

销售副产品时，根据相关凭证，借记“库存现金”或“银行存款”，贷记“生产成本——××产品——直接材料”和“应交税费——应交增值税”。

第一种处理方法把副产品销售收入看做是与企业生产经营活动无关的收入，非常简单。第二种处理方法把副产品销售收入当做回收材料的价值，符合实际情况。但是如果副产品由多种产品共同产生，或者产生在不同生产步骤，第二种处理方法需要在不同产品、各生产步骤之间进行分摊，使用起来较为麻烦。

【学生练习】

处理20×1年1月份第48笔经济事项。

二、结转副产品成本

楚风公司的刨花和木屑没有入库，直接对外销售，我们应当根据账簿记录编制如图5-13所示的记账凭证，结转副产品生产成本。

记　账　凭　证　　记字第 108 号

20×1 年 1 月 31 日

摘要	科目		借方金额	贷方金额	√
	总账科目	明细科目	千百十万千百十元角分	千百十万千百十元角分	
结转副产品成本	其他业务成本	刨花	58080		√
	其他业务成本	木屑	53256		√
	生产成本	刨花		58080	√
	生产成本	木屑		53256	√
合计			¥111336	¥111336	

附单据　张

会计主管：　记账：李明 张玲　出纳：　复核：张玲　制单：李明

图 5-13　20×1年1月31日结转副产品成本的记账凭证

【相关知识与说明】

副产品通常不进入成品仓库而直接对外销售，因此要注意从账面上结转完副产品的生产成本。副产品不是企业生产的主要目的，销售副产品应作为其他业务。

严格说来，废品也产出副产品，也应分摊副产品成本。但废品数量本身很少，应分摊的副产品成本也就非常小，如果把废品考虑进来，会使得计算更加复杂。为简化计算，废品不分摊副产品成本。

【思政课堂】

学好知识，掌握技能，是为了今后能做好工作，是为了今后更有能力为国家多作贡献。中华民族的伟大复兴需要我们每个人的努力奋斗，让我们用实际行动实现——

中　国　梦

国家富强，民族振兴，人民幸福，实现中华民族的伟大复兴，这是全体中国人民共同的梦想。“中国梦”凝聚着亿万人民对美好生活的期盼，对民族复兴的希望。

历史告诉我们，每个人的前途命运都与国家和民族的前途命运紧密相连。国家好，民族好，我们才会好。“中国梦”关乎着中国未来的发展方向，凝聚了中国人民的憧憬和期待；它是整个中华民族不断追求的梦想，是亿万人民世代相传的夙愿，每个中国人都是中国梦的参与者、创造者。

当代中国正处于快速发展中，我们比以往任何时候，都更强烈地感受到对国家富强、民族振兴、人民幸福的无比渴望。我们也比历史上任何时期都更接近中华民族伟大复兴的目标，比历史上任何时期都更有信心、有能力实现伟大的中国梦。

项目六　分配辅助生产成本和制造费用

【学习目标】

1. 善于分配辅助生产成本和制造费用；
2. 掌握辅助生产成本和制造费用的各种分配方法；
3. 培养自信心。

【任务清单】

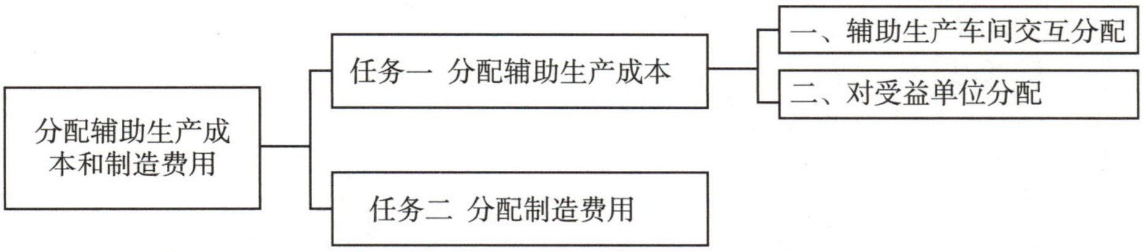

如果辅助生产车间生产不可储存的产品，或提供某种劳务，应于每月末将辅助生产成本分配到各受益单位。对于各车间的制造费用，也应于每月末分配到各产品生产成本。分配后，辅助生产成本和制造费用都无余额。

任务一　分配辅助生产成本

楚风公司设有两个辅助生产车间，这两个辅助生产车间相互提供了劳务，因此，应先将辅助生产成本在辅助生产车间之间进行交互分配，然后对受益单位分配。

微课：交互分配的运用

一、辅助生产车间交互分配

辅助生产车间交互分配是分别将一个辅助生产车间为其他辅助生产车间提供劳务的成本分配给其他辅助生产车间。

表 6-1 是修理车间提供的修理工时统计表，从该表可以看到，修理车间为配电车间提供了 10 小时的修理劳务。

我们首先应对修理车间的辅助生产成本账户本月发生额进行汇总。图 6-1 和图 6-2 是此时修理车间辅助生产成本账户记录，据此可以计算出修理车间的辅助生产成本总额和各项费用金额。

表 6-1　　**20×1 年 1 月修理工时统计表**

武汉楚风家具有限公司

修理工时统计表

20×1 年 1 月

部门	下料车间	桌子车间	椅子车间	油漆车间	配电车间	行政后勤部门	营销部	产品研发部	合　计
工时(小时)	60	73	80	20	10	24	7	6	280

制表：雷刚　　　　20×1 年 1 月 31 日

生产成本　明细分类账

成本类别：辅助生产成本　　　　车间：修理车间

20×1 年 月	日	凭证 字	号	摘　要	借　方	办公费	水电费	工具用品	固定资产折旧
1	5	记	8	购办公用品	100.00	100.00			
	8	记	15	付电话费	120.00	120.00			
	26	记	46	付水费	54.00		54.00		
	30	记	59	领用周转材料	448.00			448.00	
	31	记	60	计提固定资产折旧	4081.60				4081.60
	31	记	83	分配职工工资	8500.00				
	31	记	85	分配职工福利费	660.00				
	31	记	86	计提工会教育经费	297.50				
	31	记	87	计提五险一金	3553.00				

图 6-1　修理车间辅助生产成本交互分配前的账户记录(左半部分)

总页　　分页

人工费					
8500.00					
660.00					
297.50					
3553.00					

图 6-2　修理车间辅助生产成本交互分配前的账户记录(右半部分)

然后，我们应根据修理工时统计表编制表 6-2 所示的修理成本对配电车间分配表，计算出配电车间 10 小时修理劳务应分配的成本(包括总成本和项目成本，总成本分配金额应等于各项目成本分配金额之和，否则应进行调整)。

表 6-2　　**20×1 年 1 月修理成本对配电车间分配表**

武汉楚风家具有限公司

辅助生产成本交互分配表

20×1 年 1 月

分出车间：修理车间　　　　分进车间：配电车间

成本项目	成本金额（元）	提供劳务总量（小时）	单位成本（元/小时）	接受劳务量（小时）	分配金额（元）
总成本	17814.10	280	63.6218	10	636.22
办公费	220.00	280	0.7857	10	7.86
水电费	54.00	280	0.1929	10	1.93
工具用品	448.00	280	1.6000	10	16.00
固定资产折旧	4081.60	280	14.5771	10	145.77
人工费	13010.50	280	46.4661	10	464.66

制表：李明　　　　20×1 年 1 月 31 日

该表中成本金额由修理车间的辅助生产成本账簿记录汇总得到，提供劳务总量就是修理工时统计表中的合计数，接受劳务量是指配电车间的修理工时，有关计算公式为：

单位成本＝成本金额÷提供劳务总量

分配金额＝接受劳务量×单位成本

最后，我们应根据修理工时统计和交互分配表编制如图 6-3 所示的记账凭证，把配电车间应承担的修理成本结转到配电车间的辅助生产成本中。

记　账　凭　证　　记字第 109 号

20×1 年 1 月 31 日

摘要	总账科目	明细科目	借方金额	贷方金额	✓
修理成本分配给配电车间	生产成本	配电车间-修理费	63622		✓
	生产成本	修理车间-办公费		786	✓
	生产成本	修理车间-水电费		193	✓
	生产成本	修理车间-工具用品		1600	✓
	生产成本	修理车间-固定资产折旧		14577	✓
	生产成本	修理车间-人工费		46466	✓
合计			¥63622	¥63622	

附单据 2 张

会计主管：　记账：李明　出纳：　复核：张玲　制单：李明

图 6-3　20×1 年 1 月 31 日修理成本分配给配电车间的记账凭证

【学生练习】

处理 20×1 年 1 月份第 50 笔经济事项。

【相关知识与说明】

交互分配是指相互提供劳务的生产部门之间，将向其他生产部门提供劳务的成本分配给其他生产部门(分出)，将其他生产部门为本部门提供劳务的成本计入本生产部门(分进)。通常只有辅助生产车间相互提供劳务。交互分配时只分配该辅助生产车间发生的辅助生产成本，从其他辅助生产车间分进的辅助生产成本不再进行分配。

有的企业没有配电车间，直接使用外购电力。这种情况下，电费由各部门按用电量分摊。如果生产用电单独计量，其电费应作为产品直接成本，并在产品生产成本账户中单独设置“动力”项目。

登记辅助生产成本明细账时涉及各项目金额，因此，辅助生产车间之间的交互分配，应分项目进行。如果不分项目进行，应在辅助生产成本明细账中增设贷方栏。

如果辅助生产车间生产可储存的产品，则比照基本生产的产品处理，不需要对辅助生产成本进行分配，辅助生产车间之间相互使用产品，从仓库领出，这时将领用产品直接计入辅助生产车间的制造费用或产品成本。

二、对受益单位分配

辅助生产成本最终要分配给辅助生产部门以外的受益单位，应按受益单位接受的劳务量进行分配。

对于修理车间的辅助生产成本，我们应当先根据该车间辅助生产成本账户记录计算出交互分配后的辅助生产成本总额，图 6-4 和图 6-5 是此时修理车间辅助生产成本交互分配后的账户记录。

生产成本　明细分类账

成本类别：辅助生产成本　　　　车间：修理车间

20×1年 月	日	凭证 字	号	摘要	借方	办公费	水电费	工具用品	固定资产折旧
1	5	记	8	购办公用品	100.00	100.00			
	8	记	15	付电话费	120.00	120.00			
	26	记	46	付水费	54.00		54.00		
	30	记	59	领用周转材料	448.00			448.00	
	31	记	60	计提固定资产折旧	4081.60				4081.60
	31	记	83	分配职工工资	8500.00				
	31	记	85	分配职工福利费	660.00				
	31	记	86	计提工会教育经费	297.50				
	31	记	87	计提五险一金	3553.00				
	31	记	109	分配给配电车间	636.22	7.86	1.93	16.00	145.77
	31	记	110	分进配电成本	813.57		813.57		

图 6-4　修理车间辅助生产成本交互分配后的账户记录(左半部分)

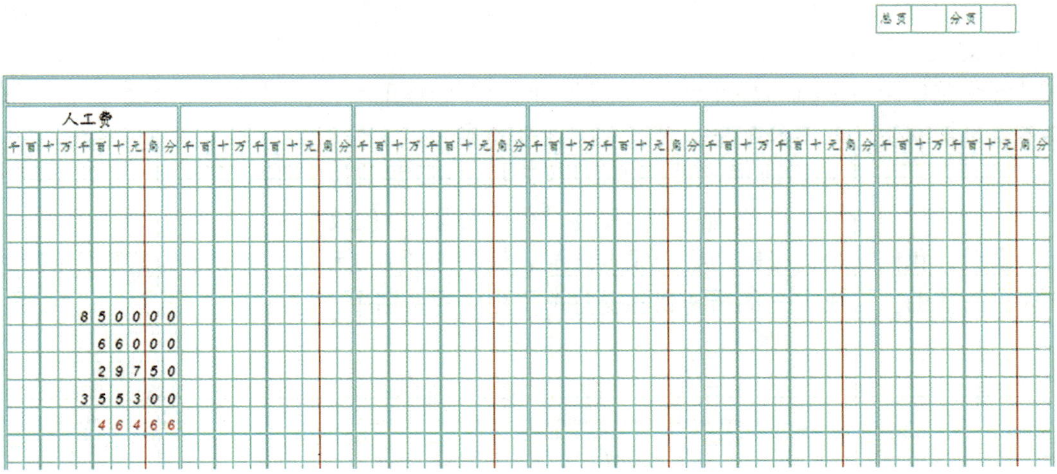

图 6-5　修理车间辅助生产成本交互分配后的账户记录(右半部分)

然后，我们应编制表 6-3 所示的修理成本分配表(表中下料车间分配金额计算结果为 3998.10 元，调整为 3998.09 元)。

表 6-3

20×1 年 1 月修理成本分配表

武汉楚风家具有限公司

辅助生产成本分配表

20×1 年 1 月

辅助生产部门：修理车间

待分配辅助生产成本(元)			17991.45
受益单位劳务总量(小时)			270
单位成本(元/小时)			66.6350
辅助生产成本分配	受益单位	劳务量(小时)	分配金额(元)
	下料车间	60	3998.09
	桌子车间	73	4864.36
	椅子车间	80	5330.80
	油漆车间	20	1332.70
	行政后勤部门	24	1599.24
	营销部	7	466.45
	产品研发部	6	399.81
	合　计	270	17991.45

制表：李明　　　　20×1 年 1 月 31 日

该表中待分配辅助生产成本是交互分配后的辅助生产成本总额，根据修理车间辅助生产成本交互分配后的账户记录汇总(用借方栏数据，红字视为负数)，受益单位劳务总量就是各受益单位劳务量的合计数，即修理车间全部修理工时扣除配电车间修理工时，单位成本就是辅助生产成本分配率。该表有关计算公式为：

单位成本=待分配辅助生产成本÷受益单位劳务总量

分配金额=受益单位劳务量×单位成本

最后，我们根据这张辅助生产成本分配表编制如图6-6和图6-7所示的记账凭证，把修理车间辅助生产成本全部结转到各受益单位相应的费用中。

记　账　凭　证　　　记字第111 $\frac{1}{2}$ 号

20×1 年 1 月 31 日

摘要	总账科目	明细科目	借方金额	贷方金额	√
分配修理成本	制造费用	下料车间-修理费	3998.09		√
	制造费用	桌子车间-修理费	4864.36		√
	制造费用	椅子车间-修理费	5330.80		√
	制造费用	油漆车间-修理费	1332.70		√
	管理费用	修理费	1599.24		√
	销售费用	修理费	466.45		√
合计			¥17591.64		

附单据 1 张

会计主管：　记账：李明 张玲　出纳：　复核：张玲　制单：李明

图6-6　20×1年1月31日分配修理成本的记账凭证(之一)

记　账　凭　证　　　记字第111 $\frac{2}{2}$ 号

20×1 年 1 月 31 日

摘要	总账科目	明细科目	借方金额	贷方金额	√
分配修理成本	研发支出	修理费	399.81		√
	生产成本	修理车间		17991.45	√
合计			¥17991.45	¥17991.45	

附单据　张

会计主管：　记账：李明 张玲　出纳：　复核：张玲　制单：李明

图6-7　20×1年1月31日分配修理成本的记账凭证(之二)

【相关知识与说明】

分配的辅助生产成本应当是提供劳务所发生的间接成本或共同成本。辅助生产车间为受益单位提供劳务所发生的直接成本，如果能单独计量，如消耗的修理材料，应当不经分配，直接计入受益单位的成本费用。

辅助生产成本分配后无余额。编制一个账户金额全部结转出去的记账凭证有总额法和明细法两种做法，总额法是在记账凭证上列明要转出的账户及其总金额(登记账簿时，还要在账簿上用红字列明各个项目转出的金额，或者在账簿上设置另一方用于登记转出的总金额)，明细法是在记账凭证上列明要转出账户的各个项目及其金额(登记账簿时，不仅要在账簿上列明各个项目转出的金额，还要在账簿上用红字登记转出的总金额)。

【学生练习】

处理20×1年1月份第52笔经济事项。

【思政课堂】

经过前面的努力，我们完成了生产成本和制造费用的归集，为后面的工作奠定了基础。在这个过程中，学到了成本核算的知识和技能，挖掘出自己的潜力，对这项工作有了自信心。其实，努力的过程就是在不断地——

培养自信

自信即相信自己，是指人对自己的个性心理与社会角色进行积极评价的结果。它是一种有能力或采用某种有效手段完成某项任务、解决某个问题的信念。它是心理健康的重要标志之一，也是一个人取得成功必须要具备的一项心理特质。

自信包括四个方面：一是优势认定，熟悉自己的优势与劣势，并对自己的实力、优势有正确的估计和积极的肯定；二是坚定信念，相信自己有能力实现既定目标，表现出对自己决定或判断的认可；三是敢于挑战，主动地接受挑战，将自己置于挑战性较强的环境中，挖掘自己的潜能；四是坚持不懈，即使困难重重，也不改初衷，仍然不懈努力，直到实现预期的目标。

自信是一种生活态度，不管在哪一个领域，自信都是无比重要的。自信给人以力量，给人以快乐，给人以智慧，给人以希望。只有自信才能让生活处处是舞台，让人生越活越精彩。

【相关知识与说明】

辅助生产成本分配方法除交互分配法外，还有直接分配法、代数法和计划成本分配法等方法。下面通过例子分别说明直接分配法、代数法和计划成本分配法的运用。

表6-1为修理车间提供的修理工时统计表，表6-4为配电车间提供的供电统计表。分

配前修理车间发生的辅助生产成本总额为 17814.10 元，配电车间发生的辅助生产成本总额为 43631.50 元。

表 6-4 **20×1 年 1 月供电统计表**

武汉楚风家具有限公司

供电统计表

20×1 年 1 月

部门	下料车间	桌子车间	椅子车间	油漆车间	修理车间	行政后勤部门	营销部	产品研发部	合 计
用电量（千瓦时）	7656	8538	11330	4128	744	6316	858	330	39900

制表：朱思泉 20×1 年 1 月 31 日

1. 直接分配法

直接分配法是不经交互分配，将辅助生产成本直接对辅助生产车间以外的受益单位分配。

对修理车间来说，配电车间除外的修理工时为 270 小时，因此，

分配率 = 17814.10÷270 = 65.9781（元/小时）

下料车间应分配的修理成本 = 60×65.9781 = 3958.69（元）

同样可以计算出桌子车间、椅子车间、油漆车间、行政后勤部门、营销部、产品研发部应分配的修理成本分别为 4816.40 元、5278.25 元、1319.56 元、1583.47 元、461.85 元、395.87 元。

分配修理成本的会计分录为：

借：制造费用——下料车间——修理费 3958.70（由 3958.69 调整）

——桌子车间——修理费 4816.40

——椅子车间——修理费 5278.25

——油漆车间——修理费 1319.56

管理费用——修理费 1583.47

销售费用——修理费 461.85

研发支出——修理费 395.87

贷：生产成本——修理车间 17814.10

这样，将修理成本分配给了配电车间以外的各受益单位，配电车间不分配修理成本。配电成本的分配也这样进行。

2. 代数法

代数法是运用数学方法通过解方程组得出每个辅助生产车间的产品或劳务的单位成本，然后用产品或劳务的单位成本计算各辅助生产车间应当分进的辅助生产成本，进而确定各受益单位应分配的辅助生产成本。

用 x 表示单位修理成本，用 y 表示单位配电成本。修理车间应从配电车间分进的辅助

生产成本为744y，可供分配的辅助生产成本为17814.10+744y，对外分配的辅助生产成本为280x；配电车间应从修理车间分进的辅助生产成本为10x，可供分配的辅助生产成本为43631.50+10x，对外分配的辅助生产成本为39900y。因此，可建立以下方程组：

$$\begin{cases}17814.10+744y=280x\\43631.50+10x=39900y\end{cases}$$

解之得，x=66.5717，y=1.1102

修理车间应分配的配电成本=744×1.1102=825.99(元)

配电车间应分配的修理成本=10×66.5717=665.72(元)

下料车间应分配的修理成本=60×66.5717=3994.30(元)

下料车间应分配的配电成本=7656×1.1102=8499.69(元)

同样可以计算出桌子车间、椅子车间、油漆车间、行政后勤部门、营销部、产品研发部应分配的修理成本分别为4859.73元、5325.74元、1331.43元、1597.72元、466.00元、399.43元，应分配的配电成本分别为9478.89元、12578.57元、4582.91元、7012.02元、952.55元、366.37元。

辅助生产车间相互分配的会计分录为：

借：生产成本——修理车间——水电费	825.99	
——配电车间——修理费	665.72	
贷：生产成本——修理车间		665.72
——配电车间		825.99

对其他受益单位分配辅助生产成本的会计分录为：

借：制造费用——下料车间——修理费	3994.32(由3994.30调整)	
——水电费	8499.92(由8499.69调整)	
——桌子车间——修理费	4859.73	
——水电费	9478.89	
——椅子车间——修理费	5325.74	
——水电费	12578.57	
——油漆车间——修理费	1331.43	
——水电费	4582.91	
管理费用——修理费	1597.72	
——水电费	7012.02	
销售费用——修理费	466.00	
——水电费	952.55	
研发支出——修理费	399.43	
——水电费	366.37	
贷：生产成本——修理车间		17974.37
——配电车间		43471.23

使用代数法时，记账凭证上的贷方科目不能加上费用项目，在辅助生产成本明细账中还要增设贷方栏。

3. 计划成本分配法

计划成本分配法是用各受益单位接受产品或劳务数量乘以产品或劳务的计划单位成本，确定各受益单位应分配的辅助生产成本，各受益单位应分配的某种辅助生产成本总和与相应辅助生产车间的辅助生产成本(本车间发生的和从其他车间分进的)的差异计入管理费用。

设修理劳务计划单位成本为 65.00 元/小时，电力计划单位成本为 1.20 元/千瓦时，则

修理车间应分配的配电成本 = 744×1.20 = 892.80(元)

配电车间应分配的修理成本 = 10×65.00 = 650.00(元)

下料车间应分配的修理成本 = 60×65.00 = 3900.00(元)

下料车间应分配的配电成本 = 7656×1.20 = 9187.20(元)

同样可以计算出桌子车间、椅子车间、油漆车间、行政后勤部门、营销部、产品研发部应分配的修理成本分别为 4745.00 元、5200.00 元、1300.00 元、1560.00 元、455.00 元、390.00 元，应分配的配电成本分别为 10245.60 元、13596.00 元、4953.60 元、7579.20 元、1029.60 元、396.00 元。

各受益单位应分配的修理成本总和为 18200.00 元，配电成本总和为 47880.00 元，修理车间辅助生产成本为 18706.90(17814.10+892.80)元，配电车间辅助生产成本为 44281.50(43631.50+650.00)元，修理车间辅助生产成本差异为 506.90(18706.90−18200.00)元(少分配)，计入管理费用，配电车间辅助生产成本差异为 −3598.50(44281.50−47880.00)元(多分配)，冲减管理费用。

辅助生产车间相互分配的会计分录为：

借：生产成本——修理车间——水电费　　892.80
　　　　　——配电车间——修理费　　650.00
　贷：生产成本——修理车间　　650.00
　　　　　——配电车间　　892.80

对其他受益单位分配辅助生产成本的会计分录为：

借：制造费用——下料车间——修理费　　3900.00
　　　　　　　　　——水电费　　9187.20
　　　　——桌子车间——修理费　　4745.00
　　　　　　　　　——水电费　　10245.60
　　　　——椅子车间——修理费　　5200.00
　　　　　　　　　——水电费　　13596.00
　　　　——油漆车间——修理费　　1300.00
　　　　　　　　　——水电费　　4953.60
　管理费用——修理费　　1560.00
　　　　——水电费　　7579.20
　销售费用——修理费　　455.00
　　　　——水电费　　1029.60
　研发支出——修理费　　390.00
　　　　——水电费　　396.00

　　贷：生产成本——修理车间　　　　　　　　17550.00
　　　　　　　　——配电车间　　　　　　　　46987.20

结转辅助生产成本差异的会计分录为：

借：生产成本——配电车间　　　　　　3598.50
　　管理费用——修理费　　　　　　　 506.90
　　贷：生产成本——修理车间　　　　　　　　506.90
　　　　管理费用——水电费　　　　　　　　　3598.50

使用计划成本分配法时，记账凭证上贷方科目也不能加上费用项目，在辅助生产成本明细账中还要增设贷方栏。

比较各种辅助生产成本分配方法，可以看出，分配结果是不一样的。一般认为，代数法结果最准确，但过程太麻烦，尤其是在辅助生产车间较多的情况下；交互分配法结果较为合理，但过程比较烦琐；直接分配法过程比较简单，但结果不太合理；计划成本分配法过程最简单，但结果太不合理。

任务二　分配制造费用

制造费用是间接生产费用，须由相应的产品承担。每月末应选择适当的分配依据将当月发生的制造费用分配到相关的产品成本中。

对于下料车间，我们首先应对下料车间的制造费用账户本月发生额进行汇总。图 6-8 和图 6-9 是此时下料车间制造费用账户记录，据此可以计算出下料车间的制造费用总额。

微课：制造费用分配

制造费用　明细分类账

车间：下料车间

20×1年 月	日	凭证 字	号	摘要	借方	办公费	水电费	工具用品	固定资产折旧
1	5	记	8	购办公用品	120.00	120.00			
	8	记	15	付电话费	100.00	100.00			
	15	记	28	设备修理	2000.00				
	26	记	46	付水费	90.00		90.00		
	30	记	59	领用周转材料	3681.00			3681.00	
	31	记	60	计提固定资产折旧	12753.60				12753.60
	31	记	83	分配职工工资	9000.00				
	31	记	85	分配职工福利费	660.00				
	31	记	86	计提工会教育经费	315.00				
	31	记	87	计提五险一金	3762.00				
	31	记	88	领用修理材料	152.00				
	31	记	89	分摊修理材料成本差异	6.08				
	31	记	111	分配修理成本	3998.09				
	31	记	112	分配配电成本	8495.46		8495.46		

图 6-8　下料车间制造费用的账户记录(左半部分)

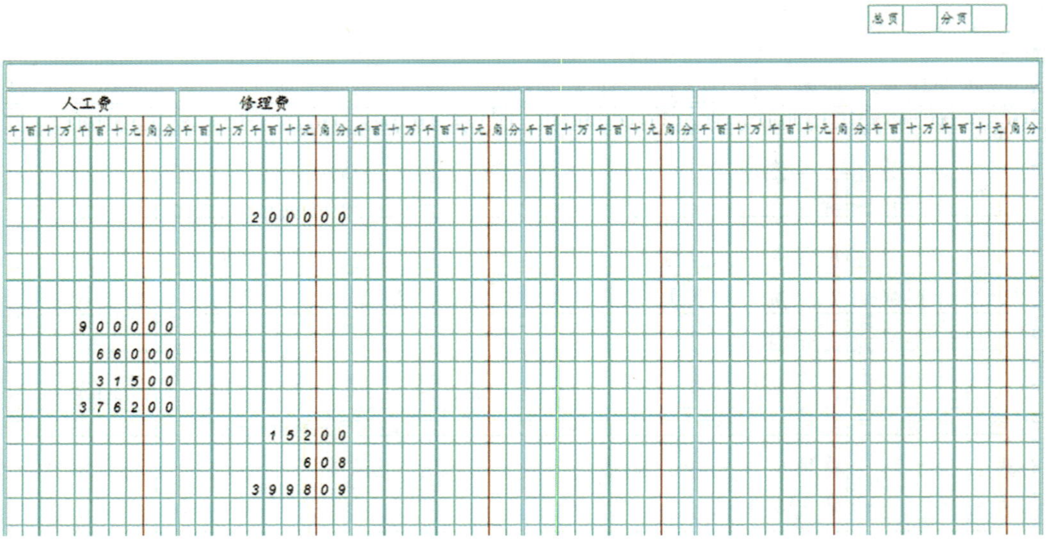

图 6-9　下料车间制造费用的账户记录(右半部分)

然后，我们应编制表 6-5 所示的制造费用分配表(表中 ZF01 分配金额计算结果为 7025.72 元，调整为 7025.70 元)。

表 6-5　**20×1 年 1 月下料车间制造费用分配表**

武汉楚风家具有限公司

制造费用分配表

20×1 年 1 月

车间：下料车间

待分配制造费用(元)			45133.23
总定额工时(小时)			3578.17
分配率(元/小时)			12.6135
制造费用分配	产　品	定额工时(小时)	分配金额(元)
	ZF01	557.00	7025.70
	YM01	2826.17	35647.90
	ZF02	6.67	84.13
	YM02	13.33	168.14
	ZD01	63.00	794.65
	YD01	112.00	1412.71
	合　计	3578.17	45133.23

制表：李明　　　　20×1 年 1 月 31 日

该表中待分配制造费用根据下料车间制造费用的账户记录汇总(用借方栏数据)，产品定额工时数据取自下料车间工人工资分摊表(见项目四中表4-11)，总定额工时就是各产品定额工时之和，有关计算公式为：

分配率=待分配制造费用÷总定额工时

分配金额=定额工时×分配率

【相关知识与说明】

制造费用的分配有生产工时分配法、生产工人工资分配法、直接成本分配法、机器工时分配法和计划分配率法等方法。不同分配方法的计算方法是一样的，只是分配依据不同。

1. 生产工时分配法

这种方法是按产品生产工时分配制造费用。有实际工时的，应用实际工时，没有实际工时的，用定额工时。这种方法合理、简便，应用广泛。上面就是使用的这种方法。

2. 生产工人工资分配法

这种方法是按产品生产工人工资分配制造费用。这里的工资可以是广义的工资，即全部职工薪酬，也就是产品的直接人工，也可以是狭义工资，不包括奖金、福利费、工会经费、职工教育经费和“五险一金”，两者分配结果会有差别。为简便起见，一般用狭义工资。

这种方法比较合理，相关数据容易得到，实际工作中较多采用。

3. 直接成本分配法

这种方法是按产品直接成本分配制造费用。产品直接成本是指制造费用以外的产品成本，包括直接材料、直接人工和其他直接费用。产品直接成本数据根据各产品生产成本账簿记录或相关原始凭证汇总得到。

这种方法有一定合理性，但对于多步骤生产而不分步骤核算的产品，如ZD01，要得到相关数据很麻烦，因此实际工作中较少采用。

4. 机器工时分配法

这种方法适用于机械化程度高且生产设备价值很大的情形。这种情况下，固定资产折旧在制造费用占很高比重，占用机器工时多的产品理应分配较多的制造费用。

5. 计划分配率法

这种方法将车间年度制造费用计划总额除以按产品计划产量计算的总定额工时得出车间年度制造费用计划分配率，每月都用年度制造费用计划分配率乘以各产品实际工时或定额工时确定各产品应分配的制造费用，年末应进行调整，将实际发生的制造费用与分配的制造费用之间的差异分摊到12月份的产品成本中。

计划分配率法较为简便，可以把制造费用均衡计入产品生产成本，但月末制造费用会有余额(可能在借方，也可能在贷方)，为此，还要在制造费用明细账户中增设余额栏。

这种方法不是在分配每月实际发生的制造费用，而是按照一定标准在产品生产成本中计入制造费用。不符合权责发生制原则，季节性生产的企业可以采用。

制造费用分配之后，产品生产费用归集完成。

最后，我们根据这张制造费用分配表编制如图 6-10 和图 6-11 所示的记账凭证，把下料车间的制造费用全部结转到相关产品的生产成本中。

记　账　凭　证　　记字第 113 $\frac{1}{2}$ 号

20×1 年 1 月 31 日

摘要	总账科目	明细科目	借方金额	贷方金额	√
分配下料车间制造费用	生产成本	ZF01-下料-制造费用	7025.70		√
	生产成本	YM01-下料-制造费用	35647.90		√
	生产成本	ZF02-下料-制造费用	84.13		√
	生产成本	YM02-下料-制造费用	168.14		√
	生产成本	ZD01-制造费用	794.65		√
	生产成本	YD01-制造费用	1412.71		√
合计			¥45133.23		

附单据 1 张

会计主管：　记账：李明　出纳：　复核：张玲　制单：李明

图 6-10　20×1 年 1 月 31 日分配下料车间制造费用的记账凭证(之一)

记　账　凭　证　　记字第 113 $\frac{2}{2}$ 号

20×1 年 1 月 31 日

摘要	总账科目	明细科目	借方金额	贷方金额	√
分配下料车间制造费用	制造费用	下料车间		45133.23	√
合计			¥45133.23	¥45133.23	

附单据　张

会计主管：　记账：李明　出纳：　复核：张玲　制单：李明

图 6-11　20×1 年 1 月 31 日分配下料车间制造费用的记账凭证(之二)

【学生练习】

处理 20×1 年 1 月份第 54、55、56 笔经济事项。

【相关知识与说明】

从理论上讲，制造费用是企业生产部门为组织生产而发生的，不仅应对产品分配，还应对废品分配，即废品损失应包括有制造费用，但实际工作中一般不考虑废品损失的制造费用。其原因是：第一，制造费用一般为固定费用，与废品数量甚至产品数量无关，不因废品产生而增加，也就是说废品并没有给企业在制造费用方面造成损失；第二，废品数量通常很少，分配的制造费用相应很少，不考虑废品损失的制造费用对废品损失的核算结果影响不大；第三，计算废品损失的制造费用，只能在月末进行，不便于及时确认废品损失并追究当事人责任；第四，废品损失本来就包含在产品成本中，废品损失的多少对产品成本没有影响(只是各成本项目数额有所不同)；第五，计算废品损失的制造费用使得成本核算更加复杂。

理论上制造费用还应对副产品分配。但副产品的分配标准难以确定，计算十分困难，从理论上讲应分配给副产品的制造费用很小，为简化计算，制造费用不对副产品分配。

如果对辅助生产车间设置了制造费用明细账户，应将辅助生产车间的制造费用对其产品或劳务分配。分配方法与基本生产车间制造费用的分配相同。

【思政课堂】

对于个人而言，自信是成就人生的重要基石。对于国家和民族而言，自信是繁荣富强、长盛不衰的伟大精神。只有我们每位国民自信，才有——

中国自信

中华民族创造出无比灿烂的中华传统文化，成为中华民族的精神支柱，中华文明得以绵延五千多年，使得中国成为世界上仅存的文明古国，我们因此倍感骄傲。

1840年以后，西方列强侵略中国，中华民族灾难深重，无数仁人志士苦苦寻找救国真理，都没有成功。是中国共产党带领中国人民浴血奋战，推翻了三座大山，建立了新中国，中国人民从此站起来了。实行改革开放和精准扶贫，中国人民逐步富裕起来。励精图治，不断创新，中国变得比以往任何时候都强大。

实践证明，中国共产党能，马克思主义行，中国特色社会主义好。我们要坚定道路自信、理论自信、制度自信和文化自信。

项目七　结转产品步骤成本

【学习目标】

1. 善于结转产品步骤生产成本；
2. 掌握不同情况下产品步骤生产成本的结转方法；
3. 培养不怕困难、勇于担当、努力创新的精神。

【任务清单】

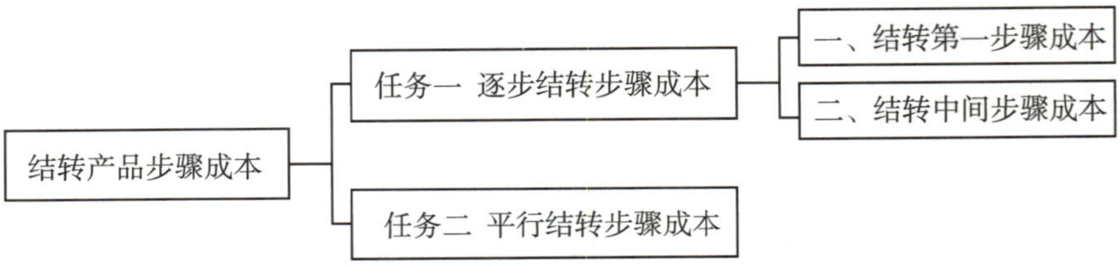

对于分步骤核算的产品，应进行步骤成本结转。步骤成本的结转有逐步结转和平行结转两种方法，根据企业管理要求和产品成本核算方法选择。

任务一　逐步结转步骤成本

产品生产一般分步骤进行，上一步骤生产完工的产品要移交到下一步骤，使用分步法进行成本核算可按生产顺序对步骤成本逐步结转，结转步骤成本一般分成本项目进行，须将各步骤产品项目成本按某种依据在完工产品和在产品之间分配。

生产步骤可分为第一步骤、中间步骤和最后步骤，逐步结转步骤成本是将每个步骤成本往后结转，直至最后步骤。第一步骤只有本步骤发生的成本，没有其他步骤转入的成本，中间步骤既有本步骤发生的成本，也有以前步骤转入的成本，结转步骤成本时应区别对待。

微课：结转第一步骤完工产品成本

一、结转第一步骤成本

第一步骤是产品生产过程中最先进行的，只有本步骤发生的成本，我们需要将其成本在本步骤完工产品和在产品之间进行分配。

对于 ZF01，下料是第一生产步骤，我们应当分以下几个步骤结转其步骤成本。

1. 计算完工产品和在产品材料定额和工时定额

下料车间生产桌面、桌脚和撑板3种零件，我们应当根据该车间提供的生产情况报告单(见项目三中表3-1)和产品定额表(见项目一中表1-1)分别计算出完工产品和在产品的材料总定额和工时总定额，编制表7-1和表7-2所示的产品材料定额和工时定额计算表。

表7-1 **20×1年1月ZF01下料步骤产品材料定额计算表**

武汉楚风家具有限公司

产品材料定额计算表

20×1年1月

产品：ZF01 材料：木料 生产步骤：下料

产品类别	零件名称	实际产量(件)	材料定额(cm^3/件)	总定额(m^3)
完工产品	桌面	1160	19200	41.8877
	桌脚	4620	3240	
	撑板	4610	1008	
在产品	桌面	40	19200	1.5953
	桌脚	190	3240	
	撑板	210	1008	
合 计		—	—	43.4830

制表：李明 20×1年1月31日

表7-2 **20×1年1月ZF01下料步骤产品工时定额计算表**

武汉楚风家具有限公司

产品工时定额计算表

20×1年1月

产品：ZF01 生产步骤：下料

产品类别	零件名称	约当产量(件)	工时定额(分钟/件)	总定额(小时)
完工产品	桌面	1160	12	539.67
	桌脚	4620	2	
	撑板	4610	2	
在产品	桌面	20	12	10.67
	桌脚	95	2	
	撑板	105	2	
合 计		—	—	550.34

制表：李明 20×1年1月31日

【相关知识与说明】

转入下一生产步骤的完工产品是合格品，不包括废品。废品所用材料和人工在废品损失核算时已从产品材料成本和人工成本中转到废品损失中，产品材料成本和人工成本中不包括废品成本，因此，计算完工产品定额时，完工产品产量为合格品数量，不包括废品数量。

计算材料定额时，零件数量要用实际数量，因为这里的材料是木料，材料在生产开始时一次性投入，单件在产品和完工产品耗用材料相同，计算工时定额时，零件数量要用约当产量，因为单件在产品和完工产品耗用的工时不同。

2. 汇总本步骤的各项目成本

图 7-1 是此时 ZF01 下料步骤的生产成本账簿记录。

生产成本　明细分类账

成本类别：基本生产成本　　产品名称：ZF01　　生产步骤：下料

20×1年 月	日	凭证 字	号	摘要	借方 合计	直接材料	直接人工	废品损失	制造费用
1	31	记	73	领用木料	3328772	3328772			
	31	记	81	分摊材料成本差异	133151	133151			
	31	记	83	分配职工工资	934012		934012		
	31	记	84	分配职工奖金	196010		196010		
	31	记	85	分配职工福利费	102746		102746		
	31	记	86	计提工会教育经费	32687		32687		
	31	记	87	计提五险一金	390417		390417		
	31	记	90	下料废品损失	000	46096	20010	66106	
	31	记	103	废料入库	19208			19208	
	31	记	107	分摊木屑成本	11799	11799			
	31	记	113	分配下料车间制造费用	702570				702570

图 7-1　ZF01 下料步骤生产成本账簿记录

我们根据该账簿记录，可以汇总出 ZF01 下料步骤各项目成本（汇总时红字应当减掉），如表 7-3 所示。

表 7-3　**20×1 年 1 月 ZF01 下料步骤项目成本汇总表**

武汉楚风家具有限公司

产品项目成本汇总表

20×1 年 1 月

产品：ZF01　　生产步骤：下料　　单位：元

成本项目	直接材料	直接人工	废品损失	制造费用	成本总额
上月结余	0. 00	0. 00	0. 00	0. 00	0. 00
本月发生	34040. 28	16358. 62	468. 98	7025. 70	57893. 58
合　计	34040. 28	16358. 62	468. 98	7025. 70	57893. 58

制表：李明　　20×1 年 1 月 31 日

【相关知识与说明】

生产成本有上月结余的和本月发生的，上月结余成本可从产品第一步骤的生产账簿中查得，本月发生成本应根据本月发生额汇总(其中红字表示抵减，应当看作负数)。进行项目成本汇总时应将上月结余数的和本月发生数相加，因为它们共同构成当月产品生产成本，即当月完工产品和在产品成本之和。

3. 分配各项目成本

我们应当将各项目成本分别按适当的依据在完工产品和在产品之间分配，直接材料以材料定额为分配依据，直接人工和制造费用以工时定额为分配依据，废品损失全部计入完工产品成本。将计算结果编制成表 7-4 所示的生产成本分配表(表中各成本项目总成本应等于完工产品和在产品对应分配金额之和，完工产品直接人工和制造费用分配金额计算结果分别为 164041.47 元和 6889.48 元，分别调整为 164041.46 元和 6889.49 元)。

表 7-4　**20×1 年 1 月 ZF01 下料步骤生产成本分配表**

武汉楚风家具有限公司

生产成本分配表

20×1 年 1 月

产品：ZF01　　　　生产步骤：下料

成本项目	总成本（元）	总定额	分配率	完工产品		在产品	
				定额	分配金额（元）	定额	分配金额（元）
直接材料	34040.28	43.4830	782.8411	41.8877	32791.41	1.5953	1248.87
直接人工	16358.62	550.34	29.7246	539.67	16041.46	10.67	317.16
废品损失	468.98				468.98		
制造费用	7025.70	550.34	12.7661	539.67	6889.49	10.67	136.21
合　计	57893.58	—	—	-	56191.34	-	1702.24

制表：李明　　　　20×1 年 1 月 31 日

该表中总成本数据来自表 7-3，定额和总定额数据来自表 7-1 和表 7-2，有关计算公式(以后同类计算都这样进行)为：

分配率=总成本÷总定额

分配金额=分配率×定额

【相关知识与说明】

废品是从完工产品中检验出来的，废品损失是生产合格品所付出的代价，应全部计入本步骤完工产品(合格品)成本，在产品不分摊废品损失。在产品中是否有废品，需要等到完工时检验才知道。

制造费用有多种分配方法(参见项目六)，如果没有特别要求，通常与直接人工一样分配。

4. 编制记账凭证

我们应当根据以上4张表格编制如图7-2和图7-3所示的记账凭证，将ZF01下料完工产品成本结转到制作步骤。

记　账　凭　证　　记字第117 $\frac{1}{2}$ 号

20×1 年 1 月 31 日

摘要	总账科目	明细科目	借方金额（千百十万千百十元角分）	贷方金额（千百十万千百十元角分）	√
ZF01下料完工转入	生产成本	ZF01-制作-直接材料	3279141		√
制作步骤	生产成本	ZF01-制作-直接人工	1604146		√
	生产成本	ZF01-制作-废品损失	46898		√
	生产成本	ZF01-制作-制造费用	688949		√
	生产成本	ZF01-下料-直接材料		3279141	√
	生产成本	ZF01-下料-直接人工		1604146	√
合计			¥5619134	¥4883287	

附单据 4 张

会计主管：　记账：李明　出纳：　复核：张玲　制单：李明

图 7-2　20×1 年 1 月 31 日 ZF01 下料完工的记账凭证(之一)

记　账　凭　证　　记字第117 $\frac{2}{2}$ 号

20×1 年 1 月 31 日

摘要	总账科目	明细科目	借方金额（千百十万千百十元角分）	贷方金额（千百十万千百十元角分）	√
ZF01下料完工转入	生产成本	ZF01-下料-废品损失		46898	√
制作步骤	生产成本	ZF01-下料-制造费用		688949	√
合计			¥5619134	¥5619134	

附单据　张

会计主管：　记账：李明　出纳：　复核：张玲　制单：李明

图 7-3　20×1 年 1 月 31 日 ZF01 下料完工的记账凭证(之二)

记账凭证中的数据来自生产成本分配表中完工产品的分配金额，下料步骤和制作步骤相同成本项目的金额应当一致。

根据以上记账凭证登记账簿时，贷方金额用红字登记在借方相应栏中，表示方向相反。

【相关知识与说明】

步骤成本的结转须在本步骤生产成本全部归集完毕后进行，应当认真检查本步骤生产成本账簿记录是否完整，有无未登记入账的业务事项。

分配依据的选择，对于直接材料，有实际耗用量的用实际耗用量，没有实际耗用量可用材料消耗定额，如果只有一种产品或零件，可用产品或零件产量；对于直接人工，有实际耗用量的用实际耗用量，没有实际耗用量可用工时消耗定额，如果产品只有一种产品或零件，可用产品或零件的约当产量；制造费用一般与直接人工作同样处理。

如果单独核算某个零件的生产成本，应同样结转步骤成本。

【学生练习】

处理20×1年1月份第58笔经济业务。

【思政课堂】

成本核算与其他经济业务的处理不同，需要编制很多表格，计算很多数据，是比较辛苦的一项工作。要想把成本核算工作做好，我们应当——

培养不怕苦的精神

做任何事，都不是一帆风顺的，总会遇到困难。从古至今，关于“不怕苦”的教育可谓汗牛充栋。“宝剑锋从磨砺出，梅花香自苦寒来”；“只要功夫深，铁杵磨成针”；“艰难困苦，玉汝于成”；“不经历风雨，怎么见彩虹”；“能受苦方为志士，肯吃亏不是痴人”；“苦不苦想想长征两万五，累不累想想革命老前辈”。

在中华民族的历史上，留下了太多刻苦学习的故事。囊萤映雪、凿壁偷光、悬梁刺股等故事脍炙人口。古人在那样艰苦的条件下都能勤奋读书，值得我们学习。

不畏艰苦，是一种意志磨炼；战胜困难，是一种能力提升。我们应当有意思地经历困苦，经受锻炼，让自己不断成长壮大。

二、结转中间步骤成本

中间步骤是指处于第一生产步骤和最后生产步骤之间的各个生产步骤。中间步骤的生产成本不仅有本步骤发生的，还有前步骤转入的，在进行成本分配时要区别对待。

微课：结转中间步骤完工产品成本

对于 ZF01，中间生产步骤是制作，我们应当分以下几个步骤结转其步骤成本。

1. 计算零件耗用和结余数量

桌子车间对 ZF01 的桌面、桌脚、撑板和钢条 4 种零件进行加工，并组装成 ZF01，只有 ZF01 才是本步骤的完工产品，已完成加工但未用于 ZF01 组装的桌面、桌脚、撑板和钢条仍然是本步骤的在产品。我们可计算出完工产品耗用零件数量和零件结余数量，如表 7-5 所示。

表 7-5　　**20×1 年 1 月 ZF01 制作步骤零件耗用和结余计算表**

武汉楚风家具有限公司

零件耗用和结余计算表

20×1 年 1 月

产品：ZF01　　生产步骤：制作　　完工产量：1045　　单位：件

零件名称	上月结余数量	本月生产完工数量	单位产品用量	组装产品耗用数量	修复产品耗用数量	本月结余数量
桌面	0	1096	1	1045	1	50
桌脚	0	4392	4	4180		212
撑板	0	4380	4	4180		200
钢条	0	2280	2	2090		190

制表：李明　　20×1 年 1 月 31 日

该表中本月生产完工数量和完工产量数据来自桌子车间 20×1 年 1 月生产情况报告单(见项目三中表 3-1)，单位产品用量是指产品零件构成(见项目一中关于 ZF01 的介绍)，上月结余数量应从上月对应的零件耗用和结余计算表中获取，修复产品耗用数量在产品修复报告单上查看(见项目五中表 5-4)，有关计算公式为：

组装产品耗用数量＝完工产量×单位产品用量

本月结余数量＝上月结余数量+本月完工生产数量－组装产品耗用数量－修复产品耗用数量

零件本月结余数量就是已加工完成但未用于产品组装的零件。

2. 计算本步骤在产品产量

本步骤在产品有桌面、桌脚、撑板和钢条 4 种零件，还有未组装完工的 ZF01，零件分为已完成本步骤加工和未完成本步骤加工两种情况。我们应当根据桌子车间提供的生产情况报告单和表 7-5 编制在产品产量计算表，如表 7-6 所示。

表 7-6 **20×1 年 1 月 ZF01 制作步骤在产品产量计算表**

武汉楚风家具有限公司

在产品产量计算表

20×1 年 1 月

产品：ZF01 生产步骤：制作

产品或零件名称	完工在产品数量(件)	未完工在产品数量(件)	未完工在产品完工程度	全部在产品数量(件)	在产品约当产量(件)
桌面	50	60	50%	110	80
桌脚	212	220	50%	432	322
撑板	200	224	50%	424	312
钢条	190	120	50%	310	250
ZF01	—	50	50%	50	25

制表：李明 20×1 年 1 月 31 日

该表中完工在产品数量来自零件耗用和结余计算表(表 7-5)中本月结余数量，未完工在产品数量及其完工程度来自桌子车间 20×1 年 1 月生产情况报告单(见项目三中表3-2)，有关计算公式(以后同类计算都这样进行)为：

全部在产品数量=完工在产品数量+未完工在产品数量

在产品约当产量=完工在产品数量+未完工在产品数量×未完工在产品完工程度

3. 计算完工产品和在产品本步骤材料定额和工时定额

本步骤的完工产品是 ZF01，本步骤耗用钢条和螺钉两种材料，我们应当编制表 7-7 和表 7-8 所示的产品材料定额和工时定额计算表，计算出完工产品和在产品的材料总定额和工时总定额。

表 7-7 **20×1 年 1 月 ZF01 制作步骤产品材料定额计算表**

武汉楚风家具有限公司

产品材料定额计算表

20×1 年 1 月

产品：ZF01 生产步骤：制作

产品类别	零件或产品名称	使用材料	实际产量(件)	材料定额	总定额
完工产品	钢条	钢条	2090	1m	2090m
	ZF01	螺钉	1045	20 颗	20900 颗
在产品	钢条	钢条	310	1m	310m
	ZF01	螺钉	50	20 颗	1000 颗

制表：李明 20×1 年 1 月 31 日

该表中完工产品的钢条实际产量就是组装 ZF01 用去的钢条数量，来自零件耗用和结余计算表(见表 7-5 中钢条对应的组装产品耗用数量)，ZF01 实际产量就是组装完成的 ZF01 的数量，来自零件耗用和结余计算表(见表 7-5 中完工产量)，在产品的钢条和 ZF01 实际产量来自在产品产量计算表(表 7-6 中全部在产品数量)，材料定额来自 ZF01 产品定额表(见项目一中表 1-1)。

表 7-8 **20×1 年 1 月 ZF01 制作步骤产品工时定额计算表**

武汉楚风家具有限公司

产品工时定额计算表

20×1 年 1 月

产品：ZF01 生产步骤：制作

产品类别	零件或产品名称	约当产量(件)	工时定额(分钟/件)	总定额(小时)
完工产品	桌面	1045	36	2542. 83
	桌脚	4180	12	
	撑板	4180	8	
	钢条	2090	5	
	ZF01	1045	20	
在产品	桌面	80	36	183. 17
	桌脚	322	12	
	撑板	312	8	
	钢条	250	5	
	ZF01	25	20	
合　计		—	—	2726. 00

制表：李明 20×1 年 1 月 31 日

该表中完工产品各零件的约当产量就是各零件组装产品耗用数量，ZF01 的约当产量就是 ZF01 实际产量，数据都来自零件耗用和结余计算表(见表 7-5)，在产品各零件的约当产量来自在产品产量计算表(表 7-6)，工时定额来自 ZF01 产品定额表(见项目一中表1-1)。

4. 计算完工产品和在产品上一步骤材料定额和工时定额

ZF01 制作步骤的生产成本中有从下料步骤转入的生产成本，在进行生产成本分配时，以前步骤转入的生产成本与本步骤发生的生产成本应区别对待。本步骤完工产品和在产品都经过了以前步骤，应同等对待。我们应当计算本步骤完工产品和在产品上一步骤的材料定额和工时定额(用本步骤实际产量和上一步骤的材料定额和工时定额)，编制表 7-9 和表 7-10 所示的产品材料定额和工时定额计算表。

表 7-9　　**20×1 年 1 月 ZF01 下料步骤产品材料定额计算表**

武汉楚风家具有限公司

产品材料定额计算表

20×1 年 1 月

产品：ZF01　　　　材料：木料　　　　生产步骤：下料

产品类别	零件名称	实际产量(件)	材料定额(cm^3/件)	总定额(m^3)
完工产品	桌面	1045	19200	37.8206
	桌脚	4180	3240	
	撑板	4180	1008	
在产品	桌面	110	19200	3.9391
	桌脚	432	3240	
	撑板	424	1008	
合　计		—	—	41.7597

制表：李明　　　　20×1 年 1 月 31 日

该表中完工产品各零件的实际产量来自零件耗用和结余计算表(见表 7-5 中各零件对应的组装产品耗用数量)，在产品各零件的实际产量来自在产品产量计算表(表 7-6 中全部在产品数量)，材料定额来自 ZF01 产品定额表(见项目一中表 1-1)。

表 7-10　　**20×1 年 1 月 ZF01 下料步骤产品工时定额计算表**

武汉楚风家具有限公司

产品工时定额计算表

20×1 年 1 月

产品：ZF01　　　　生产步骤：下料

产品类别	零件名称	实际产量(件)	工时定额(分钟/件)	总定额(小时)
完工产品	桌面	1045	12	487.67
	桌脚	4180	2	
	撑板	4180	2	
在产品	桌面	110	12	50.53
	桌脚	432	2	
	撑板	424	2	
合　计		—	—	538.20

制表：李明　　　　20×1 年 1 月 31 日

该表中实际产量数据与下料步骤产品材料定额计算表相同，工时定额来自 ZF01 产品定额表(见项目一中表 1-1)。

5. 计算不同材料的成本，本步骤和以前步骤的直接人工、废品损失及制造费用成本

图 7-4 是此时 ZF01 制作步骤生产成本账簿记录。我们应根据该账簿记录，分别计算出木料、钢条、螺钉的材料成本，本步骤和以前步骤的直接人工、废品损失及制造费用成本。

生产成本　明细分类账

成本类别：基本生产成本　　　　产品名称：ZF01　　　　生产步骤：制作

20×1年 月	日	凭证 字	号	摘　要	借方 合计	直接材料	直接人工	废品损失	制造费用
1	31	记	61	领用钢条	7200.00	7200.00			
	31	记	67	领用螺钉	2190.00	2190.00			
	31	记	81	分摊材料成本差异	375.60	375.60			
	31	记	83	分配职工工资	44638.98		44638.98		
	31	记	84	分配职工奖金	11603.28		11603.28		
	31	记	85	分配职工福利费	4893.25		4893.25		
	31	记	86	计提工会教育经费	1562.36		1562.36		
	31	记	87	计提五险一金	18659.10		18659.10		
	31	记	91	ZF01制作废品损失	0.00	87.04	38.10	125.14	
	31	记	93	ZF01废品修复	39.36	15.36	24.00		
	31	记	95	扣发废品责任人工资	68.88			68.88	
	31	记	99	废料入库	36.24			36.24	
	31	记	106	分摊刨花成本	203.53	203.53			
	31	记	107	分摊木屑成本	69.98	69.98			
	31	记	114	分配桌子车间制造费用	36673.37				36673.37
	31	记	117	ZF01下料完工转入制作	56191.34	32791.41	16041.46	468.98	6889.49

图 7-4　ZF01 制作步骤生产成本账簿记录

在该账簿记录中，木料的材料成本有下料完工转入的，有废品损失冲销的，还有副产品分摊冲销的，因此，

木料成本＝32791.41－87.04－15.36－203.53－69.98＝32415.50(元)

在该账簿记录中，钢条和螺钉的材料成本各有 2 条记录，领用钢条或螺钉和分摊材料成本差异，分摊的材料成本差异是钢条和螺钉共同的，应进行分解，因此，

钢条成本＝7200+7200×375.60÷(7200+2190)＝7488.00(元)

螺钉成本＝2190+2190×375.60÷(7200+2190)＝2277.60(元)

钢条和螺钉分摊的材料成本差异也可用其计划成本乘以材料成本差异率得到，因此，

钢条成本＝7200×(1+4%)＝7488.00(元)

螺钉成本＝2190×(1+4%)＝2277.60(元)

该账簿记录中最后一条记录是前步骤转入的成本，其余是本步骤发生的成本。

将计算结果进行汇总，如表 7-11 所示。

表 7-11　**20×1 年 1 月 ZF01 制作步骤项目成本汇总表**

武汉楚风家具有限公司

产品项目成本汇总表

20×1 年 1 月

产品：ZF01　　生产步骤：制作　　单位：元

成本项目		上月结余	本月发生	合　计
直接材料	木料	0.00	32415.50	32415.50
	钢条	0.00	7488.00	7488.00
	螺钉	0.00	2277.60	2277.60
直接人工	本步骤	0.00	81294.87	81294.87
	前步骤	0.00	16041.46	16041.46
废品损失	本步骤	0.00	20.02	20.02
	前步骤	0.00	468.98	468.98
制造费用	本步骤	0.00	36673.37	36673.37
	前步骤	0.00	6889.49	6889.49
成本总额		0.00	183569.29	183569.29

制表：李明　　20×1 年 1 月 31 日

该表中各种材料的本月发生额来自前面的计算，直接人工、废品损失和制造费用的本步骤数据根据 ZF01 制作步骤生产成本账簿记录（最后一行除外）汇总，前步骤数据来自 ZF01 制作步骤生产成本账簿最后一行记录。

6. 分配项目成本，编制生产成本分配表

我们应当将各项目成本（来自表 7-11）分别按适当的依据在完工产品和在产品之间分配。直接材料中木料成本按表 7-9 计算的材料定额分配，钢条和螺钉成本按表 7-7 计算的材料定额分配，直接人工、废品损失和制造费用中前步骤成本按表 7-10 计算的工时定额分配，本步骤成本按表 7-8 计算的工时定额分配，本步骤发生废品损失全部计入完工产品成本。将计算结果编制成表 7-12 所示的生产成本分配表（表中完工产品直接人工前步骤和本步骤分配金额计算结果分别为 14535.39 元和 75832.28 元，分别调整为 14535.37 元和 75832.37 元，废品损失前步骤分配金额计算结果为 424.96 元，调整为 424.95 元，制造费用本步骤分配金额计算结果为 34209.20 元，调整为 34209.15 元）。

表 7-12　**20×1 年 1 月 ZF01 制作步骤生产成本分配表**

武汉楚风家具有限公司

生产成本分配表

20×1 年 1 月

产品：ZF01　　　　生产步骤：制作

成本项目		总成本（元）	总定额	分配率	完工产品		在产品	
					定额	分配金额（元）	定额	分配金额（元）
直接材料	木料	32415.50	41.7597	776.2388	37.8206	29357.82	3.9391	3057.68
	钢条	7488.00	2400	3.1200	2090	6520.80	310	967.20
	螺钉	2277.60	21900	0.1040	20900	2173.60	1000	104.00
	小计	42181.10	—	—	—	38052.22	—	4128.88
直接人工	本步骤	81294.87	2726.00	29.8220	2542.83	75832.37	183.17	5462.50
	前步骤	16041.46	538.20	29.8058	487.67	14535.37	50.53	1506.09
	小计	97336.33	—	—	—	90367.74	—	6968.59
废品损失	本步骤	20.02				20.02		
	前步骤	468.98	538.20	0.8714	487.67	424.95	50.53	44.03
	小计	489.00	—	—	—	444.97	—	44.03
制造费用	本步骤	36673.37	2726.00	13.4532	2542.83	34209.15	183.17	2464.22
	前步骤	6889.49	538.20	12.8010	487.67	6242.66	50.53	646.83
	小计	43562.86	—	—	—	40451.81	—	3111.05
合　计		183569.29	—	—	—	169316.74	—	14252.55

制表：李明　　　　20×1 年 1 月 31 日

【相关知识与说明】

产品项目成本汇总表中上月结余数据不能从产品生产成本账簿上查得，只能从上月本步骤生产成本分配表(在产品分配金额)中取得相应数据。

不同材料如果采用不同的分配标准，应分开计算，前步骤和本步骤的直接人工、废品损失和制造费用因分配标准不同，也要分开计算。

前步骤转入的废品损失，本步骤在产品也要分摊，因为本步骤在产品同样耗用了前步骤的完工产品。废品损失多少与作业量有关，可用生产工时进行分配。

7. 编制记账凭证

我们应当根据以上 8 张表格编制如图 7-5 和图 7-6 所示的记账凭证，将 ZF01 制作完工产品成本结转到油漆包装步骤。

记　账　凭　证

记字第 119 $\frac{1}{2}$ 号

20×1 年 1 月 31 日

摘　要	科　目		借方金额										贷方金额										√
	总账科目	明细科目	千	百	十	万	千	百	十	元	角	分	千	百	十	万	千	百	十	元	角	分	
ZF01制作完工转入	生产成本	ZF01-油漆包装-直接材料				3	8	0	5	2	2	2											√
油漆包装步骤	生产成本	ZF01-油漆包装-直接人工				9	0	3	6	7	7	4											√
	生产成本	ZF01-油漆包装-废品损失						4	4	4	9	7											√
	生产成本	ZF01-油漆包装-制造费用				4	0	4	5	1	8	1											√
	生产成本	ZF01-制作-直接材料														3	8	0	5	2	2	2	√
	生产成本	ZF01-制作-直接人工														9	0	3	6	7	7	4	√
合　计				¥	1	6	9	3	1	6	7	4		¥	1	2	8	4	1	9	9	6	

附单据 8 张

会计主管：　记账：李明　出纳：　复核：张玲　制单：李明

图 7-5　20×1 年 1 月 31 日 ZF01 制作完工的记账凭证(之一)

记　账　凭　证

记字第 119 $\frac{2}{2}$ 号

20×1 年 1 月 31 日

摘　要	科　目		借方金额										贷方金额										√
	总账科目	明细科目	千	百	十	万	千	百	十	元	角	分	千	百	十	万	千	百	十	元	角	分	
ZF01制作完工转入	生产成本	ZF01-制作-废品损失																4	4	4	9	7	√
油漆包装步骤	生产成本	ZF01-制作-制造费用														4	0	4	5	1	8	1	√
合　计				¥	1	6	9	3	1	6	7	4		¥	1	6	9	3	1	6	7	4	

附单据　张

会计主管：　记账：李明　出纳：　复核：张玲　制单：李明

图 7-6　20×1 年 1 月 31 日 ZF01 制作完工的记账凭证(之二)

记账凭证上的数据就是 ZF01 制作步骤生产成本分配表中完工产品的分配金额。

【学生练习】

处理 20×1 年 1 月份第 60 笔经济业务。

【思政课堂】

逐步结转产品步骤成本要查找很多数据，经过大量计算，过程非常麻烦，需要有强烈的事业心和责任感。面对困难，我们要——

勇于担当

担当就是把使命放在心上，把责任扛在肩上。勇于担当源于强烈的事业心和责任感，要敢于直面问题，敢于迎难而上。担当要求忠诚履责、勇于担责、尽心尽责。习近平总书记指出："要做起而行之的行动者，不做坐而论道的清谈客，当攻坚克难的奋斗者，不当怕见风雨的泥菩萨。"

担当要有担当的能力，这种能力需要不断地学习和锻炼，只有经风雨、见世面，才能壮筋骨、长才干。孟子说："故天将降大任于是人也，必先苦其心志，劳其筋骨，饿其体肤，空乏其身，行拂乱其所为，所以动心忍性，曾益其所不能。"我们应当把困难当作是一种历练，在克服困难的过程中增长本领。

担当是立德、立身、立业的核心要素，担当是一种政治信念，是一种发展能力，是一种使命责任。

任务二　平行结转步骤成本

微课：平行结转步骤成本

平行结转步骤成本是将最终完工产品的各生产步骤成本结转到完工产品成本中，可分成本项目进行。楚风公司对试验产品采取分项平行结转步骤成本的方法。

对于 ZF02，各车间提供的生产情况报告单（见项目三中表 3-1 至表 3-4）显示，20×1 年 1 月 ZF02 最终完工 120 件，月末在产品共计 80 件。我们应当分以下几个步骤平行结转各步骤成本。

1. 确定各步骤在产品约当产量

各车间提供的生产情况报告单显示，20×1 年 1 月 ZF02 在下料和制作步骤已全部完工，油漆步骤有 40 件在产品，组装工序有 40 件在产品，产品最终完工（包装完成）120 件，在产品共计 80 件。因此我们可以编制表 7-13 所示的在产品约当产量计算表。

表 7-13　**20×1 年 1 月 ZF02 在产品约当产量计算表**

武汉楚风家具有限公司

在产品约当产量计算表

20×1 年 1 月

产品：ZF02　　完工产品数量：120　　全部在产品数量：80

生产步骤或工序	完工数量（件）	在产品数量（件）	在产品完工程度	步骤约当产量（件）
下料	80	0		80
制作	80	0		80
油漆	40	40	50%	60
组装	0	40	0%	0
包装	0	0		0

制表：李明　　20×1 年 1 月 31 日

【相关知识与说明】

最终完工是指产品或零件已经过所有生产步骤，不再继续加工，可验收入库。有的零件可直接对外销售，可视为产品。有的零件经过若干生产步骤加工后送入仓库保管，今后还会领出进行进一步加工，这种零件在会计上作为自制半成品记账，入库时视为最终完工的产品，领出时当作原材料。

平行结转法下的在产品是广义的在产品，即未最终完工的产品或零件，完工产品是狭义的完工产品，即最终完工的产品或零件。对于某个生产步骤，有已完工在产品和未完工在产品之分。在某个生产步骤完工但未最终完工的产品或零件不是完工产品，而是在产品。

采用平行结转法，应明确在产品处于哪个生产步骤。处于某个生产步骤的在产品经历了以前所有生产步骤，计算在产品约当产量时，应在其所经历的每个生产步骤计为“完工数量”。如，组装工序有40件在产品，在下料、制作和油漆步骤都应计为完工数量40件，油漆步骤有40件在产品，在下料和制作步骤都应计为完工数量40件，因此，下料和制作步骤广义在产品数量都是80件，全部是完工在产品；油漆步骤广义在产品数量80件，其中完工在产品数量40件，未完工在产品数量40件；组装工序广义在产品数量40件，为未完工在产品；包装工序广义在产品数量0件。计算在产品数量时，应分步骤甚至工序进行，从后往前计算。

完工产品生产成本没有随产品或零件转移，仍然在其经过的生产步骤。因此，完工产品应分摊其经过生产步骤的生产成本。

2. 汇总各步骤项目成本

图7-7至图7-10分别是此时ZF02下料、制作、油漆和组装包装步骤生产成本账簿记录。

生产成本　明细分类账

成本类别：基本生产成本　　　　产品名称：ZF02　　　　生产步骤：下料

20×1年 月	日	凭证 字	号	摘要	借方 合计	直接材料	直接人工	制造费用	
1	31	记	74	领用免漆板	3750.00	3750.00			
	31	记	82	分摊材料成本差异	150.00	150.00			
	31	记	83	分配职工工资	111.84		111.84		
	31	记	84	分配职工奖金	23.47		23.47		
	31	记	85	分配职工福利费	12.30		12.30		
	31	记	86	计提工会教育经费	3.92		3.92		
	31	记	87	计提五险一金	46.75		46.75		
	31	记	113	分配制造费用	84.13			84.13	

图7-7　ZF02下料步骤生产成本账簿记录

生产成本　明细分类账

成本类别：基本生产成本　　　　产品名称：ZF02　　　　生产步骤：制作

20×1年 月	日	凭证 字	号	摘要	借方 合计	直接材料	直接人工	制造费用	
1	31	记	62	领用方钢管等材料	24800.00	24800.00			
	31	记	82	分摊材料成本差异	992.00	992.00			
	31	记	83	分配职工工资	2723.87		2723.87		
	31	记	84	分配职工奖金	708.03		708.03		
	31	记	85	分配职工福利费	298.59		298.59		
	31	记	86	计提工会教育经费	95.34		95.34		
	31	记	87	计提五险一金	1138.58		1138.58		
	31	记	114	分配制造费用	2237.81			2237.81	

图 7-8　ZF02 制作步骤生产成本账簿记录

生产成本　明细分类账

成本类别：基本生产成本　　　　产品名称：ZF02　　　　生产步骤：油漆

20×1年 月	日	凭证 字	号	摘要	借方 合计	直接材料	直接人工	制造费用	
1	31	记	64	领用油漆	400.00	400.00			
	31	记	82	分摊材料成本差异	16.00	16.00			
	31	记	83	分配职工工资	1080.44		1080.44		
	31	记	84	分配职工奖金	173.05		173.05		
	31	记	85	分配职工福利费	100.98		100.98		
	31	记	86	计提工会教育经费	37.82		37.82		
	31	记	87	计提五险一金	451.62		451.62		
	31	记	116	分配制造费用	801.58			801.58	

图 7-9　ZF02 油漆步骤生产成本账簿记录

生产成本　明细分类账

成本类别：基本生产成本　　　　产品名称：ZF02　　　　生产步骤：组装包装

20×1年 月	日	凭证 字	号	摘要	借方 合计	直接材料	直接人工	制造费用	
1	31	记	65	领用螺栓、螺钉	1248.00	1248.00			
	31	记	70	领用包装箱、包装带	1320.00	1320.00			
	31	记	82	分摊材料成本差异	102.72	102.72			
	31	记	83	分配职工工资	784.46		784.46		
	31	记	84	分配职工奖金	203.91		203.91		
	31	记	85	分配职工福利费	85.99		85.99		
	31	记	86	计提工会教育经费	27.46		27.46		
	31	记	87	计提五险一金	327.91		327.91		
	31	记	114	分配制造费用	644.48			644.48	

图 7-10　ZF02 组装包装步骤生产成本账簿记录

据此，我们可以汇总出各步骤直接材料(其中组装包装步骤应区分螺栓螺钉和包装材料)、直接人工和制造费用项目成本，分别如表7-14至表7-17所示。

表7-14　**20×1年1月ZF02下料步骤项目成本汇总表**

武汉楚风家具有限公司

产品项目成本汇总表

20×1年1月

产品：ZF02　　生产步骤：下料　　单位：元

成本项目	上月结余	本月发生	合　计
直接材料	0.00	3900.00	3900.00
直接人工	0.00	198.28	198.28
制造费用	0.00	84.13	84.13
成本总额	0.00	4182.41	4182.41

制表：李明　　20×1年1月31日

表7-15　**20×1年1月ZF02制作步骤项目成本汇总表**

武汉楚风家具有限公司

产品项目成本汇总表

20×1年1月

产品：ZF02　　生产步骤：制作　　单位：元

成本项目	上月结余	本月发生	合　计
直接材料	0.00	25792.00	25792.00
直接人工	0.00	4964.41	4964.41
制造费用	0.00	2237.81	2237.81
成本总额	0.00	32994.22	32994.22

制表：李明　　20×1年1月31日

表7-16　**20×1年1月ZF01油漆步骤项目成本汇总表**

武汉楚风家具有限公司

产品项目成本汇总表

20×1年1月

产品：ZF02　　生产步骤：油漆　　单位：元

成本项目	上月结余	本月发生	合　计
直接材料	0.00	416.00	416.00
直接人工	0.00	1843.91	1843.91

续表

成本项目	上月结余	本月发生	合 计
制造费用	0.00	801.58	801.58
成本总额	0.00	3061.49	3061.49

制表：李明　　　　20×1年1月31日

表7-17　　**20×1年1月ZF01组装包装步骤项目成本汇总表**

武汉楚风家具有限公司

产品项目成本汇总表

20×1年1月

产品：ZF02　　　　生产步骤：组装包装　　　　单位：元

成本项目		上月结余	本月发生	合 计
直接材料	螺栓螺钉	0.00	1297.92	1297.92
	包装材料	0.00	1372.80	1372.80
直接人工		0.00	1429.73	1429.73
制造费用		0.00	644.48	644.48
成本总额		0.00	4744.93	4744.93

制表：李明　　　　20×1年1月31日

3. 分配项目成本

我们应当将各步骤各项目成本分别按约当产量在最终完工产品和广义在产品之间分配，包装材料成本全部计入完工产品，将计算结果编制成表7-18至表7-21所示的生产成本分配表(表7-18中完工产品制造费用分配金额计算结果为50.48元，调整为50.47元，表7-19中完工产品直接人工和制造费用分配金额计算结果分别为2978.65元和1342.69元，分别调整为2978.64元和1342.68元，表7-20中完工产品直接人工和制造费用分配金额计算结果分别为1229.27元和534.38元，分别调整为1229.28元和534.39元)。

表7-18　　**20×1年1月ZF02下料步骤生产成本分配表**

武汉楚风家具有限公司

生产成本分配表

20×1年1月

产品：ZF02　　　　生产步骤：下料

成本项目	总成本（元）	总约当产量(件)	分配率（元/件）	最终完工产品		广义在产品	
				约当产量（件）	分配金额（元）	约当产量（件）	分配金额（元）
直接材料	3900.00	200	19.5000	120	2340.00	80	1560.00

续表

成本项目	总成本（元）	总约当产量(件)	分配率（元/件）	最终完工产品		广义在产品	
				约当产量（件）	分配金额（元）	约当产量（件）	分配金额（元）
直接人工	198. 28	200	0. 9914	120	118. 97	80	79. 31
制造费用	84. 13	200	0. 4207	120	50. 47	80	33. 66
合　计	4182. 41	—	—	—	2509. 44	—	1672. 97

制表：李明　　20×1 年 1 月 31 日

表 7-19　**20×1 年 1 月 ZF02 制作步骤生产成本分配表**

武汉楚风家具有限公司

生产成本分配表

20×1 年 1 月

产品：ZF02　　生产步骤：制作

成本项目	总成本（元）	总约当产量(件)	分配率（元/件）	最终完工产品		广义在产品	
				约当产量（件）	分配金额（元）	约当产量（件）	分配金额（元）
直接材料	25792. 00	200	128. 9600	120	15475. 20	80	10316. 80
直接人工	4964. 41	200	24. 8221	120	2978. 64	80	1985. 77
制造费用	2237. 81	200	11. 1891	120	1342. 68	80	895. 13
合　计	32994. 22	—	—	—	19796. 52	—	13197. 70

制表：李明　　20×1 年 1 月 31 日

表 7-20　**20×1 年 1 月 ZF02 油漆步骤生产成本分配表**

武汉楚风家具有限公司

生产成本分配表

20×1 年 1 月

产品：ZF02　　生产步骤：油漆

成本项目	总成本（元）	总约当产量(件)	分配率（元/件）	最终完工产品		广义在产品	
				约当产量（件）	分配金额（元）	约当产量（件）	分配金额（元）
直接材料	416. 00	180	2. 3111	120	277. 33	60	138. 67
直接人工	1843. 91	180	10. 2439	120	1229. 28	60	614. 63
制造费用	801. 58	180	4. 4532	120	534. 39	60	267. 19

续表

成本项目	总成本（元）	总约当产量(件)	分配率（元/件）	最终完工产品		广义在产品	
				约当产量（件）	分配金额（元）	约当产量（件）	分配金额（元）
合　计	3061.49	—	—	—	2041.00	—	1020.49

制表：李明　　　　20×1 年 1 月 31 日

表 7-21　**20×1 年 1 月 ZF02 组装包装步骤生产成本分配表**

武汉楚风家具有限公司

生产成本分配表

20×1 年 1 月

产品：ZF02　　　　生产步骤：组装包装

成本项目		总成本（元）	总约当产量(件)	分配率（元/件）	最终完工产品		广义在产品	
					约当产量（件）	分配金额（元）	约当产量（件）	分配金额（元）
直接材料	螺栓螺钉	1297.92	160	8.1120	120	973.44	40	324.48
	包装材料	1372.80				1372.80		
	小计	2670.72	—	—	—	2346.24	—	324.48
直接人工		1429.73	120	11.9144	120	1429.73	0	0.00
制造费用		644.48	120	5.3707	120	644.48	0	0.00
合　计		4744.93	—	—	—	4420.45	—	324.48

制表：李明　　　　20×1 年 1 月 31 日

【相关知识与说明】

采用平行结转法时，产品项目成本汇总表中上月结余数据可以从相应的产品步骤成本账簿中查得，但对于不同材料的数据只能从上月相应的生产成本分配表(在产品分配金额)中获取。

以上对 ZF02 进行成本分配时都是采用约当产量(包装材料除外)，是因为该产品在各生产步骤只有一种零件或零件成套(零件数量比与产品构成一致)，可以用约当产量反映在产品数量。

如果产品在某个生产步骤有多种零件且零件不成套，则不能用约当产量分配生产成本，应用定额进行分配。比如，采用平行结转法结转 ZF01 步骤成本，ZF01 在下料步骤有 3 种零件，这 3 种零件的完工数量和月末在产品数量都不成套，不能用约当产量分配下料步骤生产成本，应用材料定额分配材料成本，用工时定额分配人工成本和制造费用。

4. 编制记账凭证

我们应当根据以上 9 张表格编制如图 7-11 至图 7-13 所示的记账凭证，将 ZF02 完工产品的步骤成本结转到完工产品成本中。

记　账　凭　证

记字第 121 $\frac{1}{3}$ 号

20×1 年 1 月 31 日

摘要	总账科目	明细科目	借方金额（千百十万千百十元角分）	贷方金额（千百十万千百十元角分）	√
结转ZF02步骤成本	生产成本	ZF02-完工产品-直接材料	2043877		√
	生产成本	ZF02-完工产品-直接人工	575662		√
	生产成本	ZF02-完工产品-制造费用	257202		√
	生产成本	ZF02-下料-直接材料		234000	√
	生产成本	ZF02-下料-直接人工		11897	√
	生产成本	ZF02-下料-制造费用		5047	√
合计			¥2876741	¥250944	

附单据 9 张

会计主管：　　记账：李明　　出纳：　　复核：张玲　　制单：李明

图 7-11　20×1 年 1 月 31 日结转 ZF02 步骤成本的记账凭证(之一)

记　账　凭　证

记字第 121 $\frac{2}{3}$ 号

20×1 年 1 月 31 日

摘要	总账科目	明细科目	借方金额（千百十万千百十元角分）	贷方金额（千百十万千百十元角分）	√
结转ZF02步骤成本	生产成本	ZF02-制作-直接材料		1547520	√
	生产成本	ZF02-制作-直接人工		297864	√
	生产成本	ZF02-制作-制造费用		134268	√
	生产成本	ZF02-油漆-直接材料		27733	√
	生产成本	ZF02-油漆-直接人工		122928	√
	生产成本	ZF02-油漆-制造费用		53439	√
合计			¥2876741	¥2434696	

附单据　张

会计主管：　　记账：李明　　出纳：　　复核：张玲　　制单：李明

图 7-12　20×1 年 1 月 31 日结转 ZF02 步骤成本的记账凭证(之二)

记账凭证上贷方金额来自相应的生产成本分配表，借方金额是贷方对应成本项目的合计。

记 账 凭 证

记字第 121 $\frac{3}{3}$ 号

20×1 年 1 月 31 日

摘要	总账科目	明细科目	借方金额	贷方金额	√
结转ZF02步骤成本	生产成本	ZF02-组装包装-直接材料		234624	√
	生产成本	ZF02-组装包装-直接人工		142973	√
	生产成本	ZF02-组装包装-制造费用		64448	√
合计			¥2876741	¥2876741	

附单据 张

会计主管： 记账：李明 出纳： 复核：张玲 制单：李明

图 7-13 20×1 年 1 月 31 日结转 ZF02 步骤成本的记账凭证(之三)

【学生练习】

处理 20×1 年 1 月份第 62 笔经济事项。

【相关知识与说明】

平行结转法是将产品各步骤生产成本在最终完工产品和该步骤广义在产品之间进行分配，而逐步结转法是将产品各步骤生产成本在该步骤完工产品和在产品之间进行分配。

采用平行结转法结转产品步骤成本，可不设置完工产品明细账，将完工产品成本直接从产品各步骤成本明细账转到库存商品中。但这样做账簿上不能反映出完工产品成本构成情况。

平行结转步骤成本可反映每一步骤发生的生产成本和完工产品各步骤的生产成本，但成本结转与生产过程不一致。这种方法适用于产品生产步骤少且每个步骤零件不多的情形，主要是不要求核算半成品成本的企业运用。

【思政课堂】

在成本核算过程中，为了真实反映产品成本，经常需要根据企业实际情况采取一些独特方法去获取某些数据。这就要求我们将所学知识活学活用，在工作中要——

努力创新

克服困难需要不怕苦的精神，更需要努力创新的精神。没有不怕苦的精神，遇事知难而退，就会一事无成；没有努力创新的精神，凡事墨守成规，就不会有进步。

创新，需要解放思想，勇于探索，打破常规，另辟蹊径。创新一定会遇到困难，不会一下子取得成功，因此创新需要勇气，需要毅力。创新不可能凭空产生，需要知识积累，需要不断实践。

创新精神是中华民族最鲜明的禀赋。中国人民具有伟大创造精神。在中国古代，从思想学术到文学艺术，从四大发明到万里长城，创造了伟大成就。在当代中国，创新驱动发展战略深入推进，创新型国家建设成果丰硕，“蛟龙”入海、“嫦娥”奔月就是重大创新成果，港珠澳大桥更是创造了伟大奇迹。在实现“中国梦”的新时代，中国人民的创造精神和创新活力，前所未有地迸发出来了。

项目八　处理产品入库业务

【学习目标】

1. 善于处理产品入库业务，能熟练计算产品成本；
2. 掌握不同成本核算方法下产品入库业务的处理方法和产品成本计算方法；
3. 培养不忘初心、不懈奋斗的精神。

【任务清单】

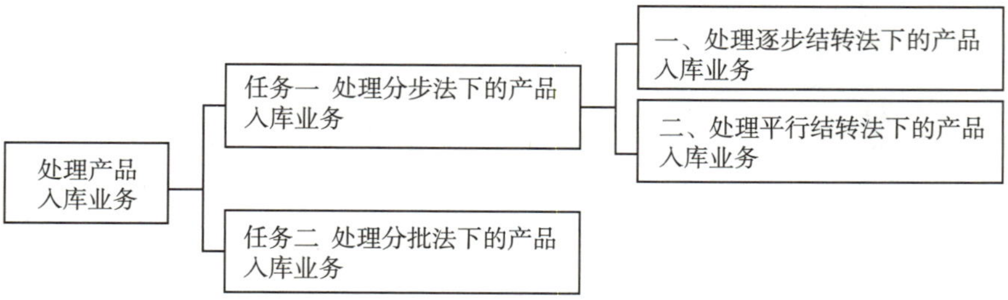

产品生产完工验收入库，应分成本项目结转其生产成本。因产品成本核算方法不同，产品入库业务应采用不同的方法处理。

任务一　处理分步法下的产品入库业务

对于采用分步法核算成本的产品，其步骤成本的结转有逐步结转和平行结转两种方法，在不同的方法下，产品入库业务的处理有所不同。

一、处理逐步结转法下的产品入库业务

微课：处理产品完工入库业务

产品入库发生在该产品最后一个生产步骤，在逐步结转法下，产品生产成本随着产品按生产顺序移动而进行结转，直至最后生产步骤。因此，确定入库产品成本，将该产品最后一个生产步骤的成本在该步骤完工产品和在产品之间进行分配即可。

楚风公司的常规产品就是使用逐步结转法结转步骤成本的产品。

图 8-1、图 8-2、图 8-3 和图 8-4 是 20×1 年 1 月 ZF01 全部的产品入库单。这 4 张产品入库单表明楚风公司在 20×1 年 1 月有 995 件 ZF01 完工入库。

武汉楚风家具有限公司

产 品 入 库 单　　№20210001

20×1 年 1 月 9 日

车间：油漆车间

产品名称	规格型号	计量单位	交库数量	备　注
ZF01		张	250	

②财务

交库人：刘阳　　仓库保管员：任真

图 8-1　20×1 年 1 月 9 日 ZF01 产品入库单

武汉楚风家具有限公司

产 品 入 库 单　　№20210003

20×1 年 1 月 16 日

车间：油漆车间

产品名称	规格型号	计量单位	交库数量	备　注
ZF01		张	250	

②财务

交库人：刘阳　　仓库保管员：任真

图 8-2　20×1 年 1 月 16 日 ZF01 产品入库单

武汉楚风家具有限公司

产 品 入 库 单　　№20210005

20×1 年 1 月 23 日

车间：油漆车间

产品名称	规格型号	计量单位	交库数量	备　注
ZF01		张	250	

②财务

交库人：刘阳　　仓库保管员：任真

图 8-3　20×1 年 1 月 23 日 ZF01 产品入库单

武汉楚风家具有限公司

产 品 入 库 单　　　　№20210007

20×1 年 1 月 31 日

车间：油漆车间

产品名称	规格型号	计量单位	交库数量	备　注
ZF01		张	245	其中修复 1 张

②财务

交库人：刘阳　　　　仓库保管员：任真

图 8-4　20×1 年 1 月 31 日 ZF01 产品入库单

【相关知识与说明】

产品入库单可分次交到财务部门，也可在月末集中交到财务部门。会计人员应将取得的产品入库单分产品整理、保存，收集齐全后进行账务处理。

因产品成本中包括制造费用，而制造费用到月末才能分配到产品生产成本中，因此产品入库业务只能在月末进行账务处理。

如果产品入库单过多，可编制产品入库汇总表，将产品入库汇总表作为原始凭证，而将产品入库单另行装订保存。

我们应当分以下几个步骤结转其完工产品成本。

1. 计算在产品约当产量

ZF01 最后生产步骤为油漆包装，分为两道工序，即油漆和包装，ZF01 在产品处在油漆工序，需要计算油漆包装步骤在产品约当产量。我们可以编制表 8-1 所示的在产品约当产量计算表。

表 8-1　**20×1 年 1 月 ZF01 油漆包装步骤在产品约当产量计算表**

武汉楚风家具有限公司

在产品约当产量计算表

20×1 年 1 月

产品：ZF01　　　　生产步骤：油漆包装

所在工序	数量（件）	工序完工程度	工序约当产量（件）	单件加工时间（分钟）	已完成加工时间（分钟）	本步骤单件加工时间（分钟）	步骤约当产量（件）
油漆	50	50%	25	25	625	30	20. 83

制表：李明　　　　20×1 年 1 月 31 日

表中“数量”和“工序完工程度”来自油漆车间提供的生产情况报告单(见项目三中表 3-4)，“单件加工时间”(指油漆工序的单件加工时间，即油漆工序的工时定额)和“本步骤单件加工时间”来自 ZF01 产品定额表(见项目一中表 1-1)。有关计算公式如下：

工序约当产量=数量×工序完工程度

已完成加工时间=工序约当产量×单件加工时间

步骤约当产量=已完成加工时间÷本步骤单件加工时间

2. 汇总产品最后生产步骤的各项目成本

图 8-5 是此时 ZF01 油漆包装步骤生产成本账簿记录，我们根据该账簿记录可以计算出 ZF01 油漆包装步骤各项目成本，其中材料成本应分类计算。

生产成本　明细分类账

成本类别：基本生产成本　　产品名称：ZF01　　生产步骤：油漆包装

20×1年 月	日	凭证 字	号	摘要	借方 合计	直接材料	直接人工	废品损失	制造费用
1	31	记	76	领用腻子	200909	200909			
	31	记	77	领用油漆	401817	401817			
	31	记	79	领用包装纸	149158	149158			
	31	记	80	领用包装绳	59697	59697			
	31	记	81	分摊材料成本差异	32463	32463			
	31	记	83	分配职工工资	1016243		1016243		
	31	记	84	分配职工奖金	162774		162774		
	31	记	85	分配职工福利费	94989		94989		
	31	记	86	计提工会教育经费	35569		35569		
	31	记	87	计提五险一金	424789		424789		
	31	记	93	ZF01废品修复	7536	300		7836	
	31	记	104	废料入库	641			641	
	31	记	116	分配油漆车间制造费用	753965				753965
	31	记	119	ZF01制作完工转入油漆	16931674	3805222	9036774	44497	4045181

图 8-5　ZF01 油漆包装步骤生产成本账簿记录

油漆腻子和包装物品在账簿上都有两次领料记录，用计划成本入账，还要分摊材料成本差异，修复 ZF01 耗用的腻子和油漆成本(参见项目五中表 5-5)应减掉。

油漆腻子成本=(2009. 09+4018. 17)×(1+4%)−3. 00=6265. 35(元)

包装物品成本=(1491. 58+596. 97)×(1+4%)=2172. 09(元)

将计算和汇总结果编制成产品项目成本汇总表，如表 8-2 所示。

该表中其他材料是指从前步骤转入的材料，前步骤转入的直接人工、废品损失和制造费用都记录在账簿的最后一行。

3. 分配项目成本

我们应当将各项目成本分别按适当的依据在完工产品和在产品之间分配，将计算结果编制成表 8-3 所示的生产成本分配表(表中完工产品直接材料其他材料分配金额计算结果为 36231. 53 元，调整为 36231. 54 元，直接人工本步骤分配金额计算结果为 16988. 03 元，调整为 16988. 00 元，废品损失前步骤分配金额计算结果分别为 423. 67 元，调整为 423. 68

元，制造费用本步骤和前步骤分配金额计算结果分别为 7385. 09 元和 38516. 35 元，分别调整为 7385. 05 元和 38516. 31 元）。

表 8-2　　**20×1 年 1 月 ZF01 油漆包装步骤项目成本汇总表**

武汉楚风家具有限公司

产品项目成本汇总表

20×1 年 1 月

产品：ZF01　　生产步骤：油漆包装　　单位：元

成本项目		上月结余	本月发生	合　计
直接材料	油漆腻子	0. 00	6265. 35	6265. 35
	包装物品	0. 00	2172. 09	2172. 09
	其他材料	0. 00	38052. 22	38052. 22
直接人工	本步骤	0. 00	17343. 64	17343. 64
	前步骤	0. 00	90367. 74	90367. 74
废品损失	本步骤	0. 00	71. 95	71. 95
	前步骤	0. 00	444. 97	444. 97
制造费用	本步骤	0. 00	7539. 65	7539. 65
	前步骤	0. 00	40451. 81	40451. 81
成本总额		0. 00	202709. 42	202709. 42

制表：李明　　20×1 年 1 月 31 日

表 8-3　　**20×1 年 1 月 ZF01 油漆包装步骤生产成本分配表**

武汉楚风家具有限公司

生产成本分配表

20×1 年 1 月

产品：ZF01　　生产步骤：油漆包装

成本项目		总成本（元）	总产量（件）	分配率（元/件）	完工产品		在产品	
					产量（件）	分配金额（元）	产量（件）	分配金额（元）
直接材料	油漆腻子	6265. 35	1020	6. 1425	995	6111. 79	25	153. 56
	包装物品	2172. 09				2172. 09		
	其他材料	38052. 22	1045	36. 4136	995	36231. 54	50	1820. 68
	小计	46489. 66	—	—	—	44515. 42	—	1974. 24

续表

成本项目		总成本（元）	总产量（件）	分配率（元/件）	完工产品		在产品	
					产量（件）	分配金额（元）	产量（件）	分配金额（元）
直接人工	本步骤	17343.64	1015.83	17.0734	995	16988.00	20.83	355.64
	前步骤	90367.74	1045	86.4763	995	86043.92	50	4323.82
	小计	107711.38	—	—	—	103031.92	—	4679.46
废品损失	本步骤	71.95				71.95		
	前步骤	444.97	1045	0.4258	995	423.68	50	21.29
	小计	516.92	—	—	—	495.63	—	21.29
制造费用	本步骤	7539.65	1015.83	7.4222	995	7385.05	20.83	154.60
	前步骤	40451.81	1045	38.7099	995	38516.31	50	1935.50
	小计	47991.46	—	—	—	45901.36	—	2090.10
合　计		202709.42	—	—	—	193944.33	—	8765.09

制表：李明　　　　　　　　　　　　　　　　　　　　20×1 年 1 月 31 日

直接材料中油漆腻子成本发生在本步骤，随生产进行均衡投入，应按油漆工序约当产量分配，包装物品成本也发生在本步骤，只对完工产品投入，应全部计入完工产品成本，其他材料成本发生在前步骤，应按实际产量分配，直接人工和制造费用本步骤成本应按该步骤约当产量分配，前步骤成本应按实际产量分配，废品损失本步骤成本应全部计入完工产品成本，前步骤成本应按实际产量分配。

该表中总成本来自 ZF01 油漆包装步骤项目成本汇总表(表 8-2)，产量和总产量来自 ZF01 油漆包装步骤在产品约当产量计算表(表 8-1)。

4. 编制记账凭证

我们应当根据以上 4 张产品入库单和 3 张表格编制 ZF01 完工入库的记账凭证，如图 8-6 所示。

记账凭证上贷方金额来自 ZF01 油漆包装步骤生产成本分配表(表 8-3)，就是完工产品的各项目分配金额，借方金额就是完工产品分配金额合计。

【学生练习】

处理 20×1 年 1 月份第 64 笔经济业务。

【相关知识与说明】

逐步结转法是按生产顺序一步步将各步骤完工的产品成本结转到下一步骤，直至最后

记　账　凭　证

记字第 123 号

20×1 年 1 月 31 日

摘要	总账科目	明细科目	借方金额（千百十万千百十元角分）	贷方金额（千百十万千百十元角分）	√
ZF01完工入库	库存商品	ZF01	19394433		√
	生产成本	ZF01-油漆包装-直接材料		4451542	√
	生产成本	ZF01-油漆包装-直接人工		10303192	√
	生产成本	ZF01-油漆包装-废品损失		49563	√
	生产成本	ZF01-油漆包装-制造费用		4590136	√
合计			¥19394433	¥19394433	

附单据 7 张

会计主管：　记账：李明 魏虹　出纳：　复核：张玲　制单：李明

图 8-6　20×1 年 1 月 31 日 ZF01 完工入库的记账凭证

一个步骤。逐步结转步骤成本可反映每一生产步骤产品生产(半成品)的总成本，包括本步骤发生的生产成本和前一生产步骤转入的生产成本，这种做法与生产过程保持一致。逐步结转法有分项逐步结转法和综合逐步结转法两种。

一、分项逐步结转法

微课：分项逐步结转法

分项逐步结转法是将上一步骤完工产品(称半成品)成本按成本项目结转到下一步骤。对于直接材料，应按投料方式或分配依据不同分类处理。对于直接人工、废品损失和制造费用，从第二步骤开始须区分前步骤和本步骤，前步骤转入的生产成本与本步骤发生的生产成本应作不同分配。许多成本会计教材都未区分前步骤和本步骤的生产成本，而按同一标准进行分配是不对的。

在分项逐步结转法下，废品损失应单独处理。废品一般在每一生产步骤完成时检出，因而本步骤发生的废品损失应全部计入完工产品，以前步骤转入的废品损失，由本步骤完工产品和在产品分摊。

为简化成本计算，可使用简易方法确定各生产步骤完工产品成本。

1. 按固定金额确定月末在产品成本

如果产品某一生产步骤每月末在产品数量基本相同，可按固定金额(可以某个时期在产品成本为基础进行适当调整)确定该生产步骤月末在产品成本及各项目成本，然后用当月该生产步骤产品全部生产成本减去在产品成本计算出当月完工产品成本。

2. 不计月末在产品成本

如果产品某一生产步骤月末在产品数量很少，价值很低，可不计月末在产品成本，而将当月发生的全部生产成本当做完工产品成本结转。

使用简易方法确定完工产品成本，不需要将该生产步骤产品全部生产成本在完工产品和在产品之间进行分配，省去了很多计算(只需要根据账簿记录汇总项目成本，其他所有的成本计算表格都不需要)，大大简化了成本核算。

二、综合逐步结转法

综合逐步结转法是将上一步骤完工产品(半成品)成本全部作为材料成本结转到下一步骤。下面以 ZF01 为例说明综合结转法的运用。

微课：综合逐步结转法的运用

1. 结转下料步骤完工产品成本

下料步骤是第一步骤，其完工产品成本(半成品)计算所用的数据和方法与分项逐步结转法都是一样的(参见项目七中表 7-4)，结转下料步骤完工产品成本时，其会计分录为：

借：生产成本——ZF01——制作——直接材料　　56191.34

　　贷：生产成本——ZF01——下料——直接材料　　32791.41

　　　　　　　　　　　　　　　——直接人工　　16041.46

　　　　　　　　　　　　　　　——废品损失　　468.98

　　　　　　　　　　　　　　　——制造费用　　6889.49

2. 计算并结转制作步骤完工产品成本

制作步骤完工产品成本的计算如表 8-4 所示，表中半成品为下料步骤转入的桌面、桌脚和撑板，均用木料制作，其成本为下料步骤转入的半成品成本扣除废品材料损失(红字)的余额，定额与项目七中表 7-12 相同。

表 8-4　　**20×1 年 1 月 ZF01 制造步骤生产成本分配表**

生产成本分配表

20×1 年 1 月

产品：ZF01　　　　生产步骤：制作

成本项目		总成本(元)	总定额	分配率	完工产品		在产品	
					定额	分配金额(元)	定额	分配金额(元)
直接材料	半成品	55815.43	41.7597	1336.5860	37.8206	50550.48	3.9391	5264.95
	钢条	7488.00	2400	3.1200	2090	6520.80	310	967.20
	螺钉	2277.60	21900	0.1040	20900	2173.60	1000	104.00
	小计	65581.03	—	—	—	59244.88	—	6336.15
直接人工		81294.87	2726.00	29.8220	2542.83	75832.37	183.17	5462.50
废品损失		20.02				20.02		
制造费用		36673.37	2726.00	13.4532	2542.83	34209.15	183.17	2464.22
合　计		183569.29	—	—	—	169306.42	—	14262.87

制造步骤的半成品就是下料步骤转入的完工产品，该表中半成品总成本就是下料步骤转入的完工产品成本56191.34元，减去当月发生的材料损失102.40元和副产品材料成本273.51元后的余额。半成品的原材料都是木料，用木料的定额分配，定额与项目七中表7-12相同。其他项目的总成本都是本步骤发生的各种成本，分配标准和分配结果与项目七中表7-12中对应项目相同。

根据这张生产成本分配表，结转制作步骤完工产品成本，其会计分录为：

借：生产成本——ZF01——油漆包装——直接材料　　169306.42
　　贷：生产成本——ZF01——制作——直接材料　　59244.88
　　　　　　　　　　　　　　　——直接人工　　75832.37
　　　　　　　　　　　　　　　——废品损失　　20.02
　　　　　　　　　　　　　　　——制造费用　　34209.15

与分项逐步结转法相比，生产成本分配表中直接人工、废品损失和制造费用只有本步骤发生的，前步骤转入的包含在半成品成本中。

将表8-4与项目七中表7-12对照可以看出，表8-4中的直接人工、废品损失和制造费用与表7-12中本步骤的直接人工、废品损失和制造费用的计算过程和计算结果是一样的，直接材料中的钢条和螺钉的计算过程和计算结果也是一样的，不同的是表8-4中半成品成本包括木料成本和前步骤的直接人工、废品损失和制造费用，又因木料成本与前步骤的直接人工、废品损失和制造费用的分配标准不同，导致完工产品总成本计算结果不一致。

3. 计算最终完工产品成本

最终完工产品成本的计算如表8-5所示(表中半成品分配金额计算结果为161205.62元，调整为161205.63元)。

表8-5　**20×1年1月ZF01油漆包装步骤生产成本分配表**

生产成本分配表

20×1年1月

产品：ZF01　　生产步骤：油漆包装

成本项目		总成本(元)	总产量(件)	分配率(元/件)	完工产品		在产品	
					产量(件)	分配金额(元)	产量(件)	分配金额(元)
直接材料	半成品	169306.42	1045	162.0157	995	161205.63	50	8100.79
	油漆腻子	6265.35	1020	6.1425	995	6111.79	25	153.56
	包装物品	2172.09				2172.09		
	小计	177743.86	—	—	—	169489.51	—	8254.35
直接人工		17343.64	1015.83	17.0734	995	16988.00	20.83	355.64
废品损失		71.95				71.95		
制造费用		7539.65	1015.83	7.4222	995	7385.05	20.83	154.60
合　计		202699.10	—	—	—	193934.51	—	8764.59

该表中半成品总成本为制作步骤转入的完工产品成本，其他项目总成本都是本步骤发生的。油漆包装步骤是对整体产品进行加工，可以使用约当产量分配生产成本，约当产量与表 8-3 相同。

因半成品成本包括材料成本和前步骤的直接人工、废品损失和制造费用，而材料成本与前步骤的直接人工、废品损失和制造费用的分配标准不同，所以综合逐步结转法计算的完工产品总成本与分项逐步结转法有差异。

根据这张生产成本分配表，结转油漆包装步骤完工产品(即最终完工产品)成本，其会计分录为：

借：库存商品——ZF01　　193934.51

　　贷：生产成本——ZF01——油漆包装——直接材料　　169489.51

　　　　——直接人工　　16988.00

　　　　——废品损失　　71.95

　　　　——制造费用　　7385.05

4. 进行成本还原

表 8-5 中完工产品项目成本是不真实的，因为直接材料成本中含有以前步骤的人工成本和制造费用等，应当进行成本还原。成本还原是按生产步骤倒序，从本步骤耗用上步骤半成品的成本中分解出上步骤耗用其前一步骤半成品成本、投入材料成本、人工成本和制造费用等项目成本，直到第一步骤，然后汇总各项目成本，得到真实的项目成本。成本还原方法有按半成品各项目成本占全部成本的比重还原和按所耗半成品综合成本占完工半成品总成本的倍数还原两种。

(1)按半成品各项目成本占全部成本的比重还原

这种还原方法是首先计算各步骤半成品各项目成本占全部成本的比重，以此作为还原率，将各步骤耗用前步骤半成品的成本分解为前步骤的半成品成本、投入材料成本、直接人工、废品损失和制造费用，最后汇总得出完工产品真实项目成本，计算公式为：

$$还原率=半成品成本项目金额\div半成品成本项目金额合计\times100\%$$

$$还原额=还原前半成品成本\times还原率$$

$$还原后各项目总成本=该项目还原前总成本+该项目各步骤还原额$$

各项目总成本即最终完工产品的直接材料、直接人工、废品损失和制造费用成本。

成本还原计算结果如表 8-6 所示。表中还原前总成本为表 8-5 中完工产品分配金额，第二步骤半成品成本来自表 8-4 中完工产品分配金额，第一步骤半成品成本来自项目七表 7-4 中完工产品分配金额，第二步骤半成品还原额就是第二步骤耗用第一步骤半成品成本。计算还原后总成本不计半成品成本。表中还原率合计应为 100%，还原额合计应等于后一步骤半成品成本，否则应进行适当调整(第二步骤半成品还原额计算结果为48131.81元，调整为48131.82元)。

表8-6 **20×1年1月ZF01成本还原计算表**

武汉楚风家具有限公司

成本还原计算表

20×1年1月

产品：ZF01

成本项目		还原前总成本	第二步骤			第一步骤			还原后总成本
			半成品成本	还原率	还原额	半成品成本	还原率	还原额	
直接材料	半成品	161205.63	50550.48	29.8574%	48131.82				
	投入材料	8283.88	8694.40	5.1353%	8278.39	32791.41	58.3567%	28088.14	44650.41
直接人工		16988.00	75832.37	44.7900%	72204.00	16041.46	28.5479%	13740.62	102932.62
废品损失		71.95	20.02	0.0118%	19.02	468.98	0.8346%	401.71	492.68
制造费用		7385.05	34209.15	20.2055%	32572.40	6889.49	12.2608%	5901.35	45858.80
合　计		193934.51	169306.42	100.0000%	161205.63	56191.34	100.0000%	48131.82	193934.51

(2)按所耗半成品综合成本与完工半成品总成本的比值还原

这种方法的还原率和还原额的计算公式为：

$$还原率=还原前半成品成本\div半成品成本项目金额合计$$

$$还原额=半成品成本项目金额\times还原率$$

这种方法与前一种方法相比只是还原率的计算不同，还原额的计算结果应当是一样的。

综合逐步结转法存在以下问题：第一，核算结果不太准确，因为它对半成品中的材料成本、人工成本和制造费用等项目采用相同的分配标准进行分配，没有考虑成本项目的差异，核算结果不如分项逐步结转法准确。第二，成本还原较为麻烦，特别是当产品生产步骤较多时。第三，最终完工产品的真实项目成本只在成本还原计算表上反映，不能在成本账簿上反映。

【思政课堂】

成本核算的目的就是要求出完工产品的总成本和单位成本，经过不懈努力，我们终于核算出完工产品的总成本，很容易计算完工产品的单位成本，我们一直在朝着我们的目标前进。我们就是应当这样，真正做到——

不忘初心

初心即当初的想法、愿望，是引发人们做出某种行为的动机，是行动的目的。不忘初心，就是不要忘记自己为什么要做某件事情，时刻提醒自己，用初心约束自己，毫不动摇地坚持下去，直至实现当初的愿望。

人们在做事的时候，经常会犯两种错误，一是半途而废，遇到一点困难就放弃，二是误入歧途，没有把握好方向，最后发现不是自己想要的结果，事与愿违。所以人们常说，初心易得，始终难守，不忘初心，方得始终。

中国共产党人的初心和使命，就是为中国人民谋幸福，为中华民族谋复兴。这个初心和使命激励中国共产党人不断前进，带领中国人民站起来、富起来、强起来。

二、处理平行结转法下的产品入库业务

平行结转步骤成本后，入库产品成本已记在该产品完工产品生产成本账户中，只需将完工产品生产成本结转到库存商品中即可。

楚风公司的试验产品就是使用平行结转法结转步骤成本的产品。

图 8-7 是 20×1 年 1 月 ZF02 的产品入库单。这张产品入库单表明楚风公司 20×1 年 1 月有 120 件 ZF02 完工入库。

武汉楚风家具有限公司

产 品 入 库 单　　№20210009

20×1 年 1 月 31 日

车间：桌子车间

产品名称	规格型号	计量单位	交库数量	备　注
ZF02		张	120	

②财务

交库人：赵明　　仓库保管员：任真

图 8-7　20×1 年 1 月 ZF02 产品入库单

图 8-8 是此时 ZF02 完工产品成本账簿记录，我们应据此编制 ZF02 完工入库的记账凭证，如图 8-9 所示。

生产成本　明细分类账

成本类别：基本生产成本　　　　产品名称：ZF02　　　　完工产品

20×1年 月	日	凭证 字	号	摘要	借方 合计	直接材料	直接人工	制造费用	
1	31	记	121	结转步骤成本	2876741	2043877	575662	257202	

图 8-8　20×1 年 2 月 ZF02 完工产品成本账簿记录

记　账　凭　证　　　　记字第 125 号

20×1 年 1 月 31 日

摘要	总账科目	明细科目	借方金额	贷方金额	√
ZF02入库	库存商品	ZF02	2876741		√
	生产成本	ZF02-完工产品-直接材料		2043877	√
	生产成本	ZF02-完工产品-直接人工		575662	√
	生产成本	ZF02-完工产品-制造费用		257202	√
合计			¥2876741	¥2876741	

附单据 1 张

会计主管：　　记账：李明 魏虹　　出纳：　　复核：张玲　　制单：李明

图 8-9　20×1 年 1 月 31 日 ZF02 完工入库的记账凭证

【学生练习】

处理 20×1 年 1 月份第 66 笔经济业务。

【相关知识与说明】

如果某种产品是单步骤生产或者虽然是多步骤生产但不要求分步骤核算生产成本，就用品种法核算产品成本。

品种法一般用于产品品种(规格)较少，长期实行大量生产的产品。品种法的成本核算期为月份，与会计报告期一致，与产品生产周期不一致。

品种法的核算程序有 4 个步骤：设置成本账户，归集生产费用，分配生产成本和确定产品成本。产品成本账户只设置到产品品种(产品分规格并要求按规格核算成本的，设置到产品规格)，归集生产费用的也是分产品、分项目进行，分配生产成本也是将产品生产成本在完工产品和在产品之间进行分配，确定产品成本也是根据成本分配结果结转完工产品成本，进而确定完工产品单位成本。

微课：成本核算方法——品种法

与分步法相比，品种法不设置产品步骤成本账户(相当于只有一个生产步骤)，把产品各步骤发生的费用合并在一个账户(产品成本)中反映，不需要结转产品步骤成本。品种法的操作办法可比照项目七任务一中结转第一步骤成本的方法将完工产品成本结转到库存商品。如果有多种材料且材料投入方式不同，应参照项目七任务一中结转中间步骤成本的方法和本任务的方法处理。

微课：成本核算方法——分步法

对于多步骤生产而不分步骤核算生产成本的产品，生产成本分配难度较大，成本核算结果可能不够准确。

任务二 处理分批法下的产品入库业务

对于采用分批法核算成本的产品，应当在该批产品全部完工入库的月末处理产品的入库业务。楚风公司的订单产品就是采用分批法核算成本的产品。

图 8-10 是 20×1 年 1 月 ZD01 的产品入库单。这张产品入库单表明楚风公司在 20×1 年 1 月有 86 件 ZD01 完工入库。

武汉楚风家具有限公司

产 品 入 库 单

№20210011

20×1 年 1 月 31 日

车间：桌子车间

产品名称	规格型号	计量单位	交库数量	备　注
ZD01		张	86	

②财务

交库人：赵明　　　　仓库保管员：任真

图 8-10 20×1 年 1 月 ZD01 产品入库单

从桌子车间提交的生产情况报告单(见项目三中表 3-2)可知，本月 ZD01 尚未全部完工，因此我们暂不结转 ZD01 完工产品成本，而将这张产品入库单妥善保管，等到 ZD01 全部完工，与 ZD01 的其他产品入库单一起处理。

【相关知识与说明】

对于采用分批法核算成本的产品，只需核算该批产品的生产成本，其成本核算期为该批产品的生产周期，只在该批产品全部完工的当月末一次性结转该批产品的生产成本，不必分次（按月）结转完工产品成本（不必将产品生产成本在当月完工产品和在产品之间进行分配）。

微课：成本核算方法——分批法

分批法适用于产品品种或规格变动频繁，产品实行批量生产、单件生产或订单生产。即使生产同样的产品，也应区分批次分别核算。比如，楚风公司20×1年2月份又接到另一客户的ZD01和YD01订单并在当月组织生产，这批订单产品应当另行设置成本账户（把产品命名为ZD01-2和YD01-2）核算，不可与上批订单产品混在一起。

对于采用分批法核算的产品，一般不必核算其步骤成本。

图8-11分别是20×1年2月ZD01的产品入库单。这张产品入库单表明楚风公司在20×1年2月又有17件ZD01完工入库。

武汉楚风家具有限公司

产 品 入 库 单　　　　№20210013

20×1 年2月9日

车间：桌子车间

产品名称	规格型号	计量单位	交库数量	备　注
ZD01		张	17	

②财务

交库人：赵明　　　　仓库保管员：任真

图8-11　20×1年2月ZD01产品入库单

桌子车间提交的20×1年2月生产情况报告单显示，到本月为止，ZD01全部完工入库。因此我们应将ZD01的全部产品入库单一起处理。我们应在20×1年2月末根据ZD01生产成本明细账，编制一张记账凭证，将ZD01全部生产成本（包括20×1年1月份和2月份的生产成本）结转到库存商品中，借记"库存商品——ZD01"，贷记"生产成本——ZD01——直接材料"、"生产成本——ZD01——直接人工"、"生产成本——ZD01——制造费用"，并将ZD01的所有产品入库单作为记账凭证的附件。

【相关知识与说明】

一、分类法的账务处理过程

如果把ZF01的桌面、桌脚和撑板当作产品看待，作为一类（ZF01零件）采用分类法核算，那么在计算出该类完工产品的总成本后，可按以下步骤进行处理。

1. 确定"标准产品"

微课：成本核算方法——分类法

从该类别中选择一种产品作为"标准产品"。"标准产品"是产量较大、生产稳定、规格适中的产品。如选取桌脚作为"标准产品"。

2. 计算产品费用系数

一般可选择材料定额(必须是各产品都用一种材料，否则用材料费用定额)、工时定额、费用定额、重量、体积或价格作为分配标准，把"标准产品"的标准数量定为"1"，将其他产品与"标准产品"对比，计算材料费用系数和其他费用系数。

$$费用系数=\frac{其他产品标准数量}{标准产品标准数量}$$

如选择材料定额作为材料费用分配标准，工时定额作为其他费用分配标准，桌脚的材料定额为 3240 cm^3，工时定额为 2 分钟，桌面的材料定额为 19200 cm^3，工时定额为 12 分钟，撑板的材料定额为 1008 cm^3，工时定额为 2 分钟，因此，

桌面材料费用系数＝19200÷3240＝5.926

桌面其他费用系数＝12÷2＝6

撑板材料费用系数＝1008÷3240＝0.311

撑板其他费用系数＝2÷2＝1

3. 计算各产品的标准产量

利用费用系数把各产品实际产量折算为"标准产品"产量，即该产品的标准产量。

某种产品的标准产量＝该产品实际产量×费用系数

"标准产品"的标准产量就是其实际产量，其他产品针对不同费用有不同的标准产量。

20×1 年 1 月桌面、桌脚和撑板的实际产量分别为 1160 件、4620 件和 4610 件，因此，

桌面的标准产量(材料费用)＝1160×5.926＝6874.16(件)

桌面的标准产量(其他费用)＝1160×6＝6960(件)

撑板的标准产量(材料费用)＝4610×0.311＝1433.71(件)

撑板的标准产量(其他费用)＝4610×1＝4610(件)

4. 分配项目成本

某种产品的应分配的项目成本＝该产品标准产量÷该类产品标准产量×项目成本总额

项目七中表 7-4 已计算出 20×1 年 1 月 ZF01 零件完工产品材料成本、人工成本、废品损失和制造费用分别为 32791.41 元、16041.46 元、468.98 元和 6889.49 元。因各产品在不同费用方面有不同的标准产量，应分别计算各产品的项目成本。

桌面材料成本＝6874.16÷(6874.16+4620+1433.71)×32791.41＝17436.24(元)

桌脚材料成本＝4620÷(6874.16+4620+1433.71)×32791.41＝11718.58(元)

撑板材料成本＝1433.71÷(6874.16+4620+1433.71)×32791.41＝3636.59(元)

桌面人工成本＝6960÷(6960+4620+4610)×16041.46＝6896.14(元)(调整为 6896.15 元)

桌脚人工成本=4620÷(6960+4620+4610)×16041.46=4577.61(元)

撑板人工成本=1433.71÷(6960+4620+4610)×16041.46=4567.70(元)

同样可计算出桌面、桌脚和撑板应分配的废品损失分别为201.61元、133.83元和133.54元，应分配的制造费用分别为2961.76元、1965.99元和1961.74元(以上计算结果为连续计算所得)。

5. 计算各产品总成本

桌面总成本=17436.24+6896.15+201.61+2961.76=27495.76(元)

桌脚总成本=11718.58+4577.61+133.83+1965.99=18396.01(元)

撑板总成本=3636.59+4567.70+133.54+1961.74=10299.57(元)

6. 结转产品成本

根据分配结果编制记账凭证，结转产品成本，其会计分录为：

借：生产成本——ZF01桌面	27495.76	
——ZF01桌脚	18396.01	
——ZF01撑板	10299.57	
贷：生产成本——ZF01零件——直接材料		32791.41
——直接人工		16041.46
——废品损失		468.98
——制造费用		6889.49

如果ZF01桌面、ZF01桌脚和ZF01撑板各自独立继续加工，所发生的成本计入各自的生产成本账户。如果ZF01桌面、ZF01桌脚和ZF01撑板不再继续加工，而是作为半成品入库，则将这个会计分录的借方科目改为库存商品或原材料。

二、联产品的账务处理过程

联产品可以使用分类法核算成本，核算过程与分类法核算过程基本相同。

1. 选择联合成本分配标准

联合成本分配标准可以选择实物量、价值量或标准产量。实物量是指单个产品的总重量或总体积；价值量是指单个产品的总价值；标准产量是按单个产品的经济价值、成分和加工难易程度等因素确定单个产品的系数，用单个产品的系数分别乘以单个产品的实际产量，换算成标准产量。

2. 分配联合成本

核算出联产品的生产成本后，选择适当的分配标准把联产品的生产成本分配给各个产品。

3. 结转完工产品成本

根据分配结果编制记账凭证，结转完工联产品成本。

单个产品成本确定后，如果继续加工，按照独立产品继续成本核算。

【思政课堂】

成本核算的过程较为复杂，需要较长时间，我们要有耐心，坚持到底。在工作和学习中，不可避免地要遇到困难，耗费大量精力，为了取得最后的胜利，我们要——

不懈奋斗

奋斗就是人们为了达到一定目标而迎接挑战、克服困难、不断前进的过程。任何成就的取得都离不开奋斗。我们改造自然需要奋斗，改造社会需要奋斗，改变命运同样需要奋斗。

奋斗要有攻坚克难的精神，因为奋斗中总会遇到各种风险和困难，如果没有攻坚克难的精神，就不可能干成任何事情；奋斗要有持之以恒的精神，因为任何奋斗是一个长期持续的过程，如果没有持之以恒的精神，就不可能实现奋斗目标。幸福是通过奋斗得来的，奋斗者是幸福者。

中国人民是具有伟大奋斗精神的人民，奋斗精神是根植于中华优秀传统文化中的精神基因。我们中华传统文化强调的自强不息、厚德载物、革故鼎新、与时俱进等等，都是奋斗精神的重要体现。今天，实现中华民族伟大复兴需要我们共同奋斗。

项目九　结账、对账与整理账簿

【学习目标】

1. 善于对生产成本和制造费用明细账户进行结账、对账，并整理账簿；
2. 掌握生产成本和制造费用明细账户的结账、对账和账簿整理方法；
3. 做一个诚实守信的人。

【任务清单】

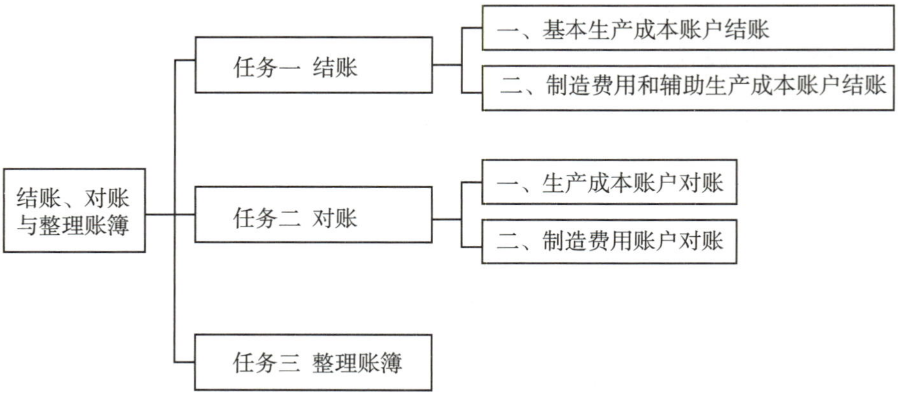

成本账户每月末要进行结账和对账，成本账户的结账和对账有其特殊性。一个会计年度终了后，要对账簿进行整理，以便归档保存。

任务一　结　账

成本会计负责生产成本和制造费用两个账户，生产成本又分为基本生产成本和辅助生产成本，在账户结构上，辅助生产成本和制造费用是一样的，因此，我们分两种情况进行结账。

微课：成本账户的结账与对账

一、基本生产成本账户结账

20×1 年 1 月末，我们已完成了基本生产成本账户的记账，可以进行结账了。

图 9-1 是 20×1 年 1 月 ZF01 下料步骤生产成本结账前账簿记录。

生产成本　明细分类账

成本类别：基本生产成本　　产品名称：ZF01　　生产步骤：下料

20×1年 月	日	凭证 字	号	摘要	借方 合计	直接材料	直接人工	废品损失	制造费用
1	31	记	73	领用木料	3328772	3328772			
	31	记	81	分摊材料成本差异	133151	133151			
	31	记	83	分配职工工资	934012		934012		
	31	记	84	分配职工奖金	196010		196010		
	31	记	85	分配职工福利费	102746		102746		
	31	记	86	计提工会教育经费	32687		32687		
	31	记	87	计提五险一金	390417		390417		
	31	记	90	下料废品损失	000	46096	20010	66106	
	31	记	103	废料入库	19208			19208	
	31	记	107	分摊木屑成本	11799	11799			
	31	记	113	分配下料车间制造费用	702570				702570
	31	记	117	ZF01下料完工转入制作	5619134	3279141	1604146	46898	688949

图 9-1　20×1 年 1 月 ZF01 下料步骤生产成本结账前账簿记录

我们应对借方各栏分别进行汇总，得出当月发生额，红字看做负数，但最后一行红字不计算在内。如：

直接材料本月发生额＝33287.72+1331.51−460.96−117.99＝34040.28（元）

同样，我们可以计算出直接人工、废品损失、制造费用和合计各栏的本月发生额分别为16358.62元、468.98元、7025.70元和57893.58元。

我们接着计算各栏月末余额。因为月初没有余额，我们用本月发生额减对应的最后转出金额（最后一行红字），如：

合计栏月末余额＝57893.58−56191.34＝1702.24（元）

同样，我们可以计算出直接材料、直接人工、废品损失和制造费用各栏的月末余额分别为1248.87元、317.16元、0.00元和136.21元。

最后，我们在本月最后一行记录下添加结账行，在结账行借方各栏分别写上当月发生额，在余额各栏分别写上月末余额，如图9-2和图9-3所示。

生产成本　明细分类账

成本类别：基本生产成本　　产品名称：ZF01　　生产步骤：下料

20×1年 月	日	凭证 字	号	摘要	借方 合计	直接材料	直接人工	废品损失	制造费用
1	31	记	73	领用木料	3328772	3328772			
	31	记	81	分摊材料成本差异	133151	133151			
	31	记	83	分配职工工资	934012		934012		
	31	记	84	分配职工奖金	196010		196010		
	31	记	85	分配职工福利费	102746		102746		
	31	记	86	计提工会教育经费	32687		32687		
	31	记	87	计提五险一金	390417		390417		
	31	记	90	下料废品损失	000	46096	20010	66106	
	31	记	103	废料入库	19208			19208	
	31	记	107	分摊木屑成本	11799	11799			
	31	记	113	分配下料车间制造费用	702570				702570
	31	记	117	ZF01下料完工转入制作	5619134	3279141	1604146	46898	688949
				本月合计	5789358	3404028	1635862	46898	702570

图 9-2　20×1 年 1 月 ZF01 下料步骤生产成本结账后账簿记录（左半部分）

总页		分页	

余额				
合计	直接材料	直接人工	废品损失	制造费用
千百十万千百十元角分	千百十万千百十元角分	千百十万千百十元角分	千百十万千百十元角分	千百十万千百十元角分
170224	124887	31716		13621

图 9-3　20×1 年 1 月 ZF01 下料步骤生产成本结账后账簿记录(右半部分)

【相关知识与说明】

账簿各月中间的红字与最后的红字意义不一样。中间的红字表示该项金额减少或得到弥补，应予抵减；最后的红字表示该栏发生额转出，原本应记在贷方，因未设置贷方而在借方用红字表示。

结账时，可能有的账户个别栏当月发生额为负数，这时应用红字表示在结账行。这种情况出现在平行结转法下，是因以前步骤成本未转入而本步骤又有抵减造成的。

生产成本余额的计算公式为：

月末余额=月初余额+本月借方发生额−本月贷方发生额

本月借方发生额即本月借方合计数，本月贷方发生额即本月转出数(本月最后一行红字)。

计算出各栏发生额和余额后应当进行试算平衡，以防范差错。为防止出错后不便修改，可先预结账。

【学生练习】

对其他基本生产成本账户结账。

二、制造费用和辅助生产成本账户结账

制造费用和辅助生产成本账户都只设置了借方，没有贷方和余额栏，它们的结账方法

是一样的。

图 9-4 和图 9-5 是 20×1 年 1 月 ZF01 下料车间制造费用结账前账簿记录。

制造费用　明细分类账

车间：下料车间

20×1年 月	日	凭证 字	号	摘要	借方	办公费	水电费	工具用品	固定资产折旧
1	5	记	8	购办公用品	12000	12000			
	8	记	15	付电话费	10000	10000			
	15	记	28	设备修理	200000				
	26	记	46	付水费	9000		9000		
	30	记	59	领用周转材料	368100			368100	
	31	记	60	计提固定资产折旧	1275360				1275360
	31	记	83	分配职工工资	900000				
	31	记	85	分配职工福利费	66000				
	31	记	86	计提工会教育经费	31500				
	31	记	87	计提五险一金	376200				
	31	记	88	领用修理材料	15200				
	31	记	89	分摊修理材料成本差异	608				
	31	记	111	分配修理成本	399809				
	31	记	112	分配配电成本	849546		849546		
	31	记	113	分配制造费用	4513323	22000	858546	368100	1275360
				过次页					

图 9-4　20×1 年 1 月下料车间制造费用结账前账簿记录(左半部分)

总页　　分页

人工费	修理费				
	200000				
900000					
66000					
31500					
376200					
	15200				
	608				
	399809				
1373700	615617				

图 9-5　20×1 年 1 月下料车间制造费用结账前账簿记录(右半部分)

我们应对各栏发生额(不包括最后一行红字)分别进行汇总，得出当月发生额，如：办公费本月发生额+120. 00+100. 00＝220. 00(元)

其他栏本月发生额都这样计算。我们发现，各栏本月发生额就是该栏最后的红字。我们可以计算出本年累计发生额，1 月份的本年累计发生额就是本月发生额。

最后，我们在本月最后一行记录下添加结账行。在结账行各栏分别写上本年累计发生额，如图 9-6 和图 9-7 所示。

制造费用 明细分类账

车间：下料车间

20×1年 月	日	凭证 字	号	摘要	借方	办公费	水电费	工具用品	固定资产折旧
1	5	记	8	购办公用品	12000	12000			
	8	记	15	付电话费	10000	10000			
	15	记	28	设备修理	200000				
	26	记	46	付水费	9000		9000		
	30	记	59	领用周转材料	368100			368100	
	31	记	60	计提固定资产折旧	1275360				1275360
	31	记	83	分配职工工资	900000				
	31	记	85	分配职工福利费	66000				
	31	记	86	计提工会教育经费	31500				
	31	记	87	计提五险一金	376200				
	31	记	88	领用修理材料	15200				
	31	记	89	分摊修理材料成本差异	608				
	31	记	111	分配修理成本	399809				
	31	记	112	分配配电成本	849546		849546		
	31	记	113	分配制造费用	4513323	22000	858546	368100	1275360
				本年累计	4513323	22000	858546	368100	1275360

图 9-6 20×1 年 1 月下料车间制造费用结账后账簿记录(左半部分)

总页 分页

人工费	修理费				
	200000				
900000					
66000					
31500					
376200					
	15200				
	608				
	399809				
1373700	615617				
1373700	615617				

图 9-7 20×1 年 1 月下料车间制造费用结账后账簿记录(右半部分)

【相关知识与说明】

汇总制造费用和辅助生产成本当月发生额时，如果账簿记录中间有红字，应予减掉，因为这种红字表示冲减。

通常情况下制造费用和辅助生产成本月末无余额(如果采用计划分配率法，制造费用月末会有余额，如果辅助生产是可储存的产品，辅助生产成本月末会有余额)，当月发生额在月末全部转出，换言之，当月发生额(本月合计)等于月末转出金额(最后一行红字)，因此，结账时可省略"本月合计"，而增加"本年累计"。这样，"本月合计"可以由月末转出金额反映，"本年累计"可以反映制造费用或辅助生产成本当年到目前为止的发生额。

【学生练习】

对其他制造费用和辅助生产成本账户结账。

任务二　对　账

为保证账簿记录的正确性，需要定期进行对账。每月末应将生产成本和制造费用明细账与总分类账核对。

一、生产成本账户对账

我们将生产成本全部明细账的发生额和余额进行汇总，汇总结果如表 9-1 所示。

表 9-1　　**20×1 年 1 月生产成本明细账发生额和余额汇总表**

武汉楚风家具有限公司

生产成本明细账发生额和余额汇总表

20×1 年 1 月

类别	产品	生产步骤或明细	借方发生额(元)	贷方发生额(元)	余额(元)
基本生产成本	ZF01	下料	57893. 58	56191. 34	1702. 24
		制作	183569. 29	169316. 74	14252. 55
		油漆包装	202709. 42	193944. 33	8765. 09
	YM01	下料	169702. 49	164578. 58	5123. 91
		制作	339912. 00	313671. 49	26240. 51
		油漆包装	412077. 77	395082. 25	16995. 52
	ZF02	下料	4182. 41	2509. 44	1672. 97
		制作	32994. 22	19796. 52	13197. 70
		油漆	3061. 49	2041. 00	1020. 49
		组装包装	4744. 93	4420. 45	324. 48

续表

类别	产品	生产步骤或明细	借方发生额(元)	贷方发生额(元)	余额(元)
基本生产成本	ZF02	完工产品	28767.41	28767.41	0.00
	YM02	下料	3164.41	2847.96	316.45
		制作	20470.82	18572.62	1898.20
		包装	3538.47	3538.47	0.00
		完工产品	24959.05	24959.05	0.00
	ZD01		25375.96	0.00	25375.96
	YD01		27004.92	0.00	27004.92
	刨花		580.80	580.80	0.00
	木屑		532.56	532.56	0.00
辅助生产成本		修理车间	17991.45	17991.45	
		配电车间	43454.15	43454.15	
合　计			1606687.60	1462796.61	143890.99

制表：李明　　　　　　　　　　　　　　20×1 年 1 月 31 日

图 9-8 是总账会计提供的 20×1 年 1 月生产成本总账，该账簿显示生产成本账户余额为 143890.99 元，与生产成本明细账余额汇总结果相符，基本上可以断定生产成本账簿记录无误。

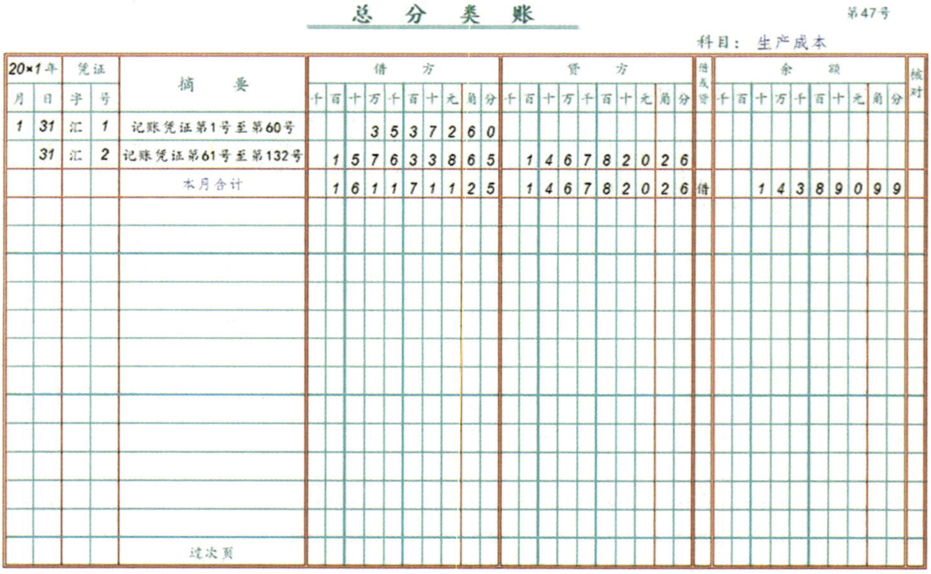

总　分　类　账　　第47号

科目：生产成本

20×1年 月	日	凭证 字	号	摘　要	借方	贷方	借或贷	余额	核对
1	31	汇	1	记账凭证第1号至第60号	3537260				
	31	汇	2	记账凭证第61号至第132号	157633865	146782026			
				本月合计	161171125	146782026	借	14389099	
				过次页					

图 9-8　20×1 年 1 月生产成本总账

【相关知识与说明】

生产成本明细账发生额(本月合计)与总分类账一般不一致，是因为明细账根据账簿记录汇总，总账根据记账凭证汇总，记账凭证上的贷方金额，在登记生产成本明细账时用红字记到了借方，在编制科目汇总表时仍计入贷方。

生产成本明细账与总账核对时，一般只核对余额，因此，只需要将生产成本明细账余额汇总。生产成本明细账与总账余额如果核对一致，基本上可以断定账簿记录无误。余额核对一致不能说明账簿记录无误，只是错误的可能性很小，一般情况下不需要进一步核对。如果核对不一致，账簿记录肯定有错误，需要进行账证核对，找出差错，可用错账查找方法查找错账。

二、制造费用账户对账

我们将制造费用全部明细账当月发生额汇总，表 9-2 为制造费用明细账 20×1 年 1 月发生额汇总结果。

表 9-2　**20×1 年 1 月制造费用明细账发生额汇总表**

武汉楚风家具有限公司

制造费用明细账发生额汇总表

20×1 年 1 月

车　　间	发生额(元)
下料车间	45133. 23
桌子车间	43056. 91
椅子车间	53224. 15
油漆车间	35601. 39
合　计	177015. 68

制表：李明　　　　20×1 年 1 月 31 日

图 9-9 是总账会计提供的 20×1 年 1 月制造费用总账，该账簿显示制造费用发生额为 177015. 68 元，与制造费用明细账发生额汇总结果相符，可以认为制造费用账簿记录无误。

【相关知识与说明】

制造费用明细账与总账核对，是将两者的当月发生额核对，制造费用借方发生额与贷方发生额相等，核对其中一方即可。

如果制造费用明细账结账时使用的是“本年累计”，应用月末结转金额(当月最后一行

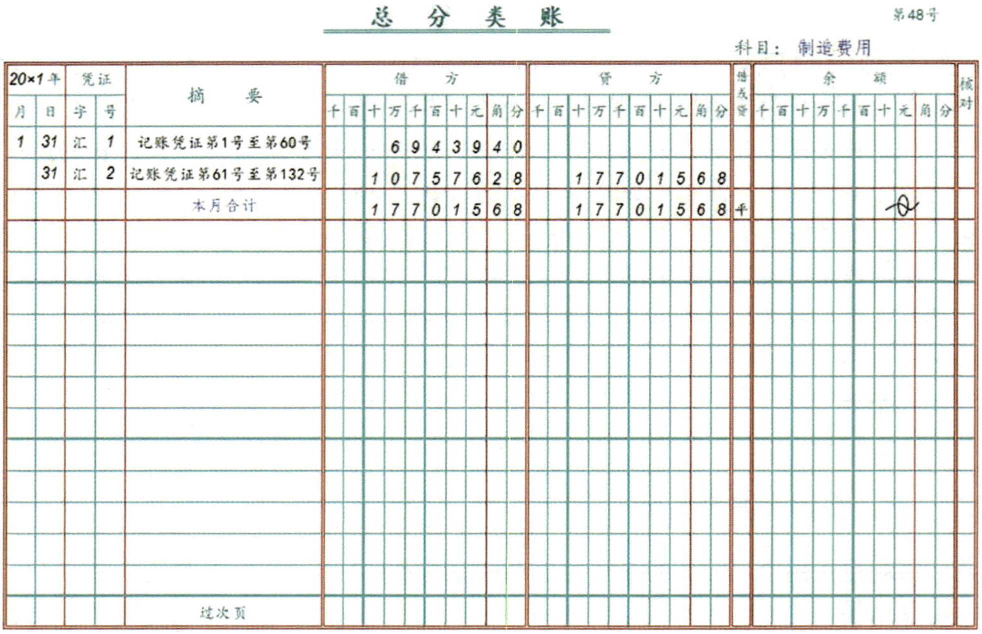

总　分　类　账　　　　第48号

科目：制造费用

20×1年 月	日	凭证 字	号	摘要	借方	贷方	借或贷	余额	核对
1	31	汇	1	记账凭证第1号至第60号	6943940				
	31	汇	2	记账凭证第61号至第132号	10757628	17701568			
				本月合计	17701568	17701568	平	θ	
				过次页					

图 9-9　20×1 年 1 月制造费用总账

红字）。

如果制造费用账簿记录中间有红字，会导致制造费用明细账与总账本期发生额对不上。计算制造费用本期发生额时，对于账簿记录中间的红字，应在查看相应的记账凭证后按表 9-3 进行处理。

表 9-3　　　　制造费用账簿记录中间红字的处理办法

本期发生额汇总方法	计算基础	记账凭证上金额列示	本期发生额计算
按借方汇总	账簿记录黑色数字总和	用红字记在借方	作为负数减去
		用黑字记在贷方	予以忽略
按贷方汇总	月末转出金额	用红字记在借方	予以忽略
		用黑字记在贷方	计入本期发生额

任务三　整理账簿

在会计年度终了后，我们应当对自己负责的账簿进行整理，包括检查并完善账簿记录、注销空白行和空白页、对账页编号、补填账簿启用表、编制账簿目录，最后还应当把账簿装订成订本式。

【相关知识与说明】

进行账簿整理是为了使得账簿记录规范、有序，使用方便，防止篡改。账簿整理一般在年度终了、该账簿不再继续登记时进行，是为建立会计档案做准备。

实际工作中，有的单位并没有严格按要求整理账簿，特别是把账簿装订成订本式，很少有单位做到。

【思政课堂】

对账是为了保证账簿记录的正确性，防止差错。一旦产生差错应耐心想找，予以纠正，切不可随意更改账簿记录。这是对会计人员的基本要求，我们必须做到——

诚实守信

诚实守信，简称诚信，就是要求我们老老实实做人，认认真真做事，信守承诺，不弄虚作假。诚信是我们的第二张身份证，不可丢失，中国古人早就说过“人无忠信不可立于世”。

讲诚信是中华民族的传统美德。关于诚信的名言警句我们都耳熟能详，比如，“一言九鼎”，“一诺千金”，“一言既出，驷马难追”，诚信已经融入中华儿女的基因和血脉之中。

现代社会是信用社会，诚信关乎一个国家国民的道德素质，更关乎一个民族、一个国家的整体形象。习近平总书记说：“企业无信，则难求发展；社会无信，则人人自危；政府无信，则权威不立。”所以说，实现中华民族伟大复兴的中国梦，就需要诚信这个法宝撬动起整个社会的力量，更好地构建诚信社会，共建诚信中国。

项目十　编制成本报表进行成本分析

【学习目标】

1. 善于编制成本报表并进行成本分析；
2. 掌握成本报表的编制方法和成本分析的基本方法；
3. 热爱祖国，做一个具有忠诚、奉献精神的人。

【任务清单】

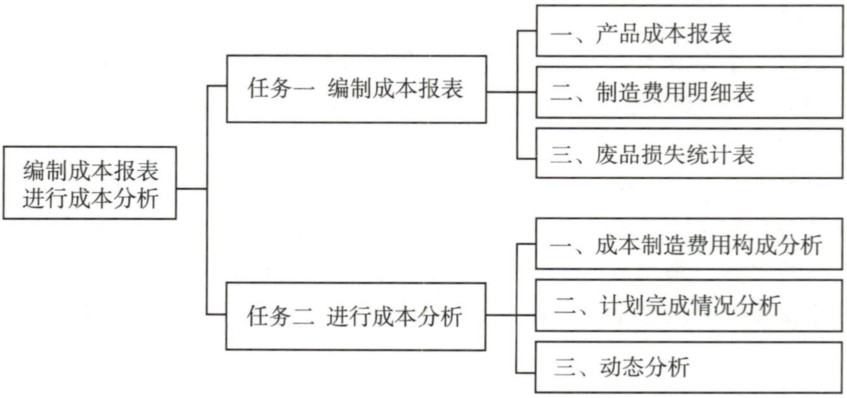

成本会计应适时根据账簿记录和管理要求编制产品成本报表，进行成本分析，向有关部门和领导反映本企业产品成本情况，为企业管理提供可靠资料，当好领导参谋。

任务一　编制成本报表

微课：编制成本报表

成本会计应在每个月份终了后，编制本月的成本报表，反映产品生产成本和制造费用的发生情况。每个年度终了后还要编制本年度的成本报表，年度成本报表以月份成本报表为基础。成本报表主要有产品成本报表、制造费用明细表和废品损失统计表。

一、产品成本报表

产品成本报表是反映企业一定时期产品总成本和单位成本及其项目成

本的报表。成本会计可以将企业一定时期全部产品在同一张表中进行反映，也可以分产品类别反映。

月份终了后，我们应根据产品生产成本账簿记录和相关核算资料编制产品成本报表。图 10-1 是 20×1 年 1 月 ZF01 油漆包装步骤账簿记录，图 10-2 是 20×1 年 1 月 ZF02 完工产品账簿记录。

生产成本　明细分类账

成本类别：基本生产成本　　产品名称：ZF01　　生产步骤：油漆包装

20×1年 月	日	凭证 字	号	摘要	借方 合计	直接材料	直接人工	废品损失	制造费用
1	31	记	76	领用瓶子	2009.09	2009.09			
	31	记	77	领用油漆	4018.17	4018.17			
	31	记	79	领用包装纸	1491.58	1491.58			
	31	记	80	领用包装绳	596.97	596.97			
	31	记	81	分摊材料成本差异	324.63	324.63			
	31	记	83	分配职工工资	10162.43		10162.43		
	31	记	84	分配职工奖金	1627.74		1627.74		
	31	记	85	分配职工福利费	949.89		949.89		
	31	记	86	计提工会教育经费	355.69		355.69		
	31	记	87	计提五险一金	4247.89		4247.89		
	31	记	93	ZF01废品修复	75.36	3.00		78.36	
	31	记	104	废料入库	6.41			6.41	
	31	记	116	分配油漆车间制造费用	7539.65				7539.65
	31	记	119	ZF01制作完工转入油漆	169316.74	38052.22	90367.74	444.97	40451.81
	31	记	123	ZF01完工入库	193944.33	44515.42	103031.92	495.63	45901.36
				本月合计	202709.42	46489.66	107711.38	516.92	47991.46

图 10-1　20×1 年 1 月 ZF01 油漆包装步骤账簿记录

生产成本　明细分类账

成本类别：基本生产成本　　产品名称：ZF02　　完工产品

20×1年 月	日	凭证 字	号	摘要	借方 合计	直接材料	直接人工	制造费用	
1	31	记	121	结转步骤成本	28767.41	20438.77	5756.62	2572.02	
	31	记	125	入库	28767.41	20438.77	5756.62	2572.02	
				本月合计	28767.41	20438.77	5756.62	2572.02	

图 10-2　20×1 年 1 月 ZF02 完工产品账簿记录

从这两个账簿记录中我们可以得到 20×1 年 1 月 ZF01 和 ZF02 完工产品总成本及项目成本数据。从油漆车间的生产情况报告单（参见项目三中表 3-4）中可知 20×1 年 1 月 ZF01 的产量，从桌子车间的生产情况报告单（参见项目三中表 3-2）中可知 20×1 年 1 月 ZF02 的产量，根据这些数据，我们可以计算出这两种产品的单位成本，编制如表 10-1 所示的产品成本报表（表中 ZF02 直接材料单位成本计算结果为 170.32 元，调整为 170.33 元）。

表 10-1　　**20×1 年 1 月 ZF01 和 ZF02 产品成本报表**

武汉楚风家具有限公司

产品成本报表

20×1 年 1 月

产品名称		ZF01	ZF02
产量(件)		995	120
总成本	合　计(元)	193944. 33	28767. 41
	直接材料(元)	44515. 42	20438. 77
	直接人工(元)	103031. 92	5756. 62
	废品损失(元)	495. 63	
	制造费用(元)	45901. 36	2572. 02
单位成本	合　计(元)	194. 92	239. 73
	直接材料(元)	44. 74	170. 33
	直接人工(元)	103. 55	47. 97
	废品损失(元)	0. 50	0. 00
	制造费用(元)	46. 13	21. 43

制表：李明　　　　20×1 年 2 月 1 日

该表有关计算公式为：

单位成本=总成本÷产量

【相关知识与说明】

成本报表是用以反映企业生产费用与产品成本的水平、构成及其变动情况，以考核各项费用与生产成本计划执行结果的会计报表，是会计报表体系的重要组成部分。

成本报表是企业成本管理的重要资料。企业进行成本分析、预测、决策、制订成本计划都要依据成本报表。成本会计除了按时向有关部门和领导提交成本报表外，应当将所有成本报表备份，并按内容和时间整理保存。成本报表属于企业商业机密，应当妥善保管，不得随意外传。

成本报表一般只供企业内部使用，其内容和格式不统一，由报表编制人员根据企业管理要求设计。产品成本报表是反映企业一定时期的产品生产成本水平及其构成情况的报表，通常分总成本和单位成本两个方面进行反映。产品成本报表是最基本的成本报表，应当定期编制，其他成本报表需要时编制。

编制产品成本报表时，产品总成本数据根据该产品相关生产成本账簿中“产品完工入库”记录确定：采用分步法核算并逐步结转产品步骤成本的，从该产品最后一个步骤生产成本账簿中“产品完工入库”记录查得；采用分步法核算并平行结转产品步骤成本的，根据该产品各个步骤生产成本账簿中“产品完工入库”记录汇总得到；采用品种法或分批法核算的，从该产品生产成本账簿中“产品完工入库”记录查得。产品产量由产品入库单汇总得到，也可取自该产品最后一个生产车间的生产情况报告单，还可以从库存商品明细账中查找。

计算产品单位成本时，如果项目单位成本相加结果与表中单位成本数据不一致，应适当调整项目单位成本，不可调整单位成本数据（单位成本数据应与库存商品明细账中单位成本保持一致）。

编制年度产品成本报表时，产品产量用年度总产量（各月产量汇总），总成本用年度总成本（各月总成本汇总），用年度总成本除以年度总产量得出单位成本，即年度平均单位成本。

【学生练习】

编制 20×1 年 1 月份 YM01 和 YM02 的产品成本报表。

二、制造费用明细表

制造费用明细表是反映企业一定时期的制造费用发生情况的报表。成本会计一般分生产车间和费用项目在同一张表反映制造费用发生情况。

在 20×1 年 1 月份终了后，我们应根据制造费用账簿记录编制制造费用明细表，图 10-3 和图 10-4 是 20×1 年 1 月下料车间制造费用账簿记录。

制造费用　明细分类账

车间：下料车间

20×1 年 月	日	凭证 字	号	摘要	借方	办公费	水电费	工具用品	固定资产折旧
1	5	记	8	购办公用品	1200.00	1200.00			
	8	记	15	付电话费	1000.00	1000.00			
	15	记	28	设备修理	2000.00				
	26	记	46	付水费	90.00		90.00		
	30	记	59	领用周转材料	3681.00			3681.00	
	31	记	60	计提固定资产折旧	12753.60				12753.60
	31	记	83	分配职工工资	9000.00				
	31	记	85	分配职工福利费	660.00				
	31	记	86	计提工会教育经费	315.00				
	31	记	87	计提五险一金	3762.00				
	31	记	88	领用修理材料	152.00				
	31	记	89	分摊修理材料成本差异	6.08				
	31	记	111	分配修理成本	3998.09				
	31	记	112	分配电成本	8495.46		8495.46		
	31	记	113	分配制造费用	45133.23	2200.00	8585.46	3681.00	12753.60
				本年累计	45133.23	2200.00	8585.46	3681.00	12753.60
				过次页					

图 10-3　20×1 年 1 月下料车间制造费用账簿记录（左半部分）

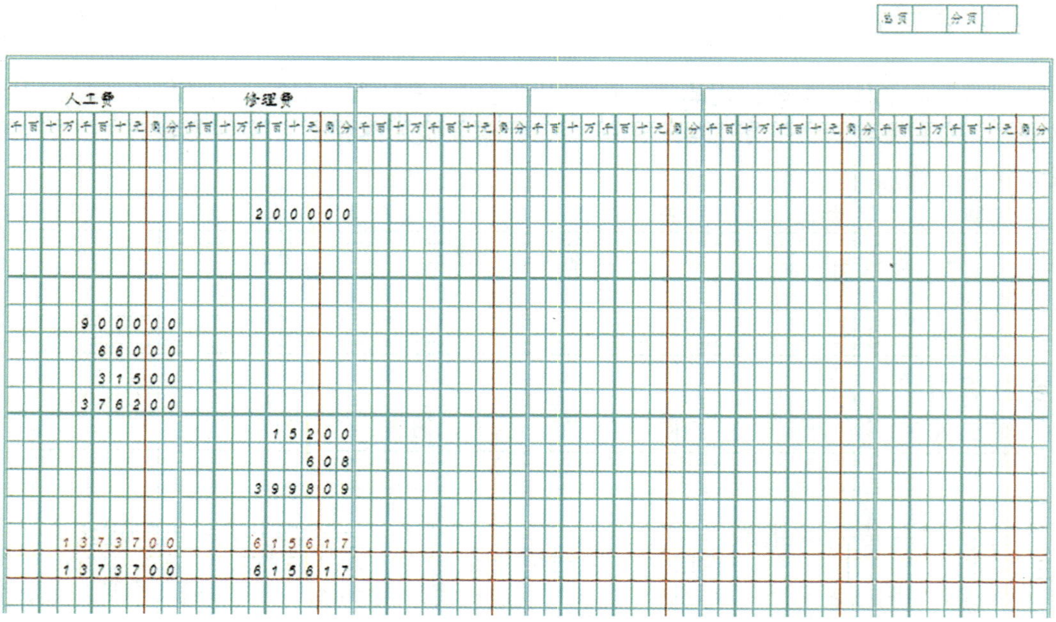

总页		分页	

人工费	修理费				
	2000.00				
9000.00					
660.00					
315.00					
3762.00					
	152.00				
	6.08				
	3998.09				
13737.00	6156.17				
13737.00	6156.17				

图 10-4　20×1 年 1 月下料车间制造费用账簿记录(右半部分)

从中我们可以汇总出 20×1 年 1 月下料车间制造费用各项费用和总费用发生额，编制如表 10-2 所示的制造费用明细表。

表 10-2

20×1 年 1 月制造费用明细表

武汉楚风家具有限公司

制造费用明细表

20×1 年 1 月　　　　单位：元

费用项目	下料车间	桌子车间	椅子车间	油漆车间
办公费	220. 00			
水电费	8585. 46			
工具用品	3681. 00			
固定资产折旧	12753. 60			
人工费	13737. 00			
修理费	6156. 17			
合　计	45133. 23			

制表：李明　　　　20×1 年 2 月 1 日

【学生练习】

填写桌子车间、椅子车间和油漆车间20×1年1月份制造费用明细表。

【相关知识与说明】

制造费用明细表中的费用项目直接根据制造费用明细账设置，项目金额直接取自制造费用明细账中“分配制造费用”记录。编制年度制造费用明细表时，各费用项目用年度累计数。

制造费用明细表上可以按费用项目进行汇总，反映企业各费用项目总额。

如果管理上另有要求，可对制造费用明细表中的费用项目进行分解或合并。对于因分解设立的项目，其金额应根据账簿全部记录分析计算。

三、废品损失统计表

废品损失统计表是反映企业一定时期的废品损失发生情况的报表。成本会计可以分产品，也可以分生产车间反映废品损失发生情况。

在20×1年1月份终了后，我们应根据产品生产成本账簿记录编制废品损失统计表，图10-5、图10-6和图10-7是20×1年1月ZF01生产成本账簿记录(各账簿右半部分不涉及废品损失，予以省略)。

生产成本　明细分类账

成本类别：基本生产成本　　产品名称：ZF01　　生产步骤：下料

20×1年 月	日	凭证 字	号	摘要	借方 合计	直接材料	直接人工	废品损失	制造费用
1	31	记	73	领用木料	3328772	3328772			
	31	记	81	分摊材料成本差异	133151	133151			
	31	记	83	分配职工工资	934012		934012		
	31	记	84	分配职工奖金	196010		196010		
	31	记	85	分配职工福利费	102746		102746		
	31	记	86	计提工会教育经费	32687		32687		
	31	记	87	计提五险一金	390417		390417		
	31	记	90	下料废品损失	000	46096	20010	66106	
	31	记	103	废料入库	19208			19208	
	31	记	107	分摊木房成本	11799	11799			
	31	记	113	分配下料车间制造费用	702570				702570
	31	记	117	ZF01下料完工转入制作	5619134	3279141	1604146	46898	688949
				本月合计	5789358	3404028	1635862	46898	702570

图10-5　20×1年1月ZF01下料步骤生产成本账簿记录(左半部分)

从生产成本账簿中我们可以得到ZF01在各生产步骤(车间)废品损失发生额，对照相

生产成本　明细分类账

成本类别：基本生产成本　　产品名称：ZF01　　生产步骤：制作

20×1年 月	日	凭证 字	号	摘要	借方 合计	直接材料	直接人工	废品损失	制造费用
1	31	记	61	领用钢条	7200.00	7200.00			
	31	记	67	领用螺钉	2190.00	2190.00			
	31	记	81	分摊材料成本差异	375.60	375.60			
	31	记	83	分配职工工资	44638.98		44638.98		
	31	记	84	分配职工奖金	11603.28		11603.28		
	31	记	85	分配职工福利费	4893.25		4893.25		
	31	记	86	计提工会教育经费	1562.36		1562.36		
	31	记	87	计提五险一金	18659.10		18659.10		
	31	记	91	ZF01制作废品损失	0.00	87.04	38.10	125.14	
	31	记	93	ZF01废品修复	39.36	15.36	24.00		
	31	记	95	扣发废品责任人工资	68.88			68.88	
	31	记	99	废料入库	36.24			36.24	
	31	记	106	分摊刨花成本	203.53	203.53			
	31	记	107	分摊木屑成本	69.98	69.98			
	31	记	114	分配桌子车间制造费用	36673.37				36673.37
	31	记	117	ZF01下料完工转入制作	56191.34	32791.41	16041.46	468.98	6889.49
	31	记	119	ZF01制作完工转入油漆	169316.74	38052.22	90367.74	444.97	40451.81
				本月合计	183569.29	42181.10	97336.33	489.00	43562.86

图 10-6　20×1 年 1 月 ZF01 制作步骤生产成本账簿记录(左半部分)

生产成本　明细分类账

成本类别：基本生产成本　　产品名称：ZF01　　生产步骤：油漆包装

20×1年 月	日	凭证 字	号	摘要	借方 合计	直接材料	直接人工	废品损失	制造费用
1	31	记	76	领用腻子	2009.09	2009.09			
	31	记	77	领用油漆	4018.17	4018.17			
	31	记	79	领用包装纸	1491.58	1491.58			
	31	记	80	领用包装绳	596.97	596.97			
	31	记	81	分摊材料成本差异	324.63	324.63			
	31	记	83	分配职工工资	10162.43		10162.43		
	31	记	84	分配职工奖金	1627.74		1627.74		
	31	记	85	分配职工福利费	949.89		949.89		
	31	记	86	计提工会教育经费	355.69		355.69		
	31	记	87	计提五险一金	4247.89		4247.89		
	31	记	93	ZF01废品修复	75.36	3.00		78.36	
	31	记	104	废料入库	6.41			6.41	
	31	记	116	分配油漆车间制造费用	7539.65				7539.65
	31	记	119	ZF01制作完工转入油漆	169316.74	38052.22	90367.74	444.97	40451.81
	31	记	123	ZF01完工入库	193944.33	44515.42	103031.92	495.63	45901.36
				本月合计	20270.942	4648.966	10771.138	516.92	4799.146

图 10-7　20×1 年 1 月 ZF01 油漆包装步骤生产成本账簿记录(左半部分)

应的原始凭证(参见项目五中表 5-1、表 5-3 和表 5-5 等)，编制如表 10-3 所示的废品损失统计表。

表 10-3　　**20×1 年 1 月 ZF01 废品损失统计表**

武汉楚风家具有限公司

废品损失统计表

20×1 年 1 月

产品名称：ZF01　　单位：元

车　间	损失总额	材料损失	人工损失	料 废	工 废	其 他
下料车间	661.06	460.96	200.10	661.06		
桌子车间	125.14	87.04	38.10		125.14	
油漆车间	78.36	18.36	60.00	78.36		
合　计	864.56	566.36	298.20	739.42	125.14	

制表：李明　　20×1 年 2 月 1 日

【学生练习】

编制 20×1 年 1 月份 YM01 废品损失统计表。

【相关知识与说明】

废品损失统计一般只统计单独核算废品损失的产品，必要时也可统计不单独核算废品损失的产品。统计项目包括损失总额、材料损失、人工损失、料废损失和工废损失，还可包括可修复废品损失和不可修复废品损失。可以按产品统计，也可分生产部门统计。

对于单独核算废品损失的产品，可以从其生产成本账簿上查得损失金额，但损失原因和类别需要查看相应的原始凭证。对于不单独核算废品损失的产品，只能查看相应的原始凭证。

为做好废品损失统计工作，成本会计应当建立废品损失统计台账。废品损失统计也可由生产部门负责。

如果编制年度废品损失统计表，把各个月份的废品损失统计表汇总即可。

【思政课堂】

成本报表对企业成本管理有重要价值，对于成本会计来说，及时、正确地编制成本报表，就是热爱工作岗位、忠于企业的表现，也是一种爱国表现。爱国不是喊口号，应当通过一言一行、一举一动表现出来，我们要用实际行动证明自己——

热爱祖国

爱国是人们对生于斯长于斯的土地、山水、草木、鸟兽等自然环境的深情眷念，对自己的同胞怀有诚挚感情，对祖国悠久历史和灿烂文化有着崇高的自豪感，对国家和民族的命运充满高度责任感。祖国是我们的故土家园，还是我们的精神家园。

炎黄子孙一直深爱祖国，关心国家安危，维护民族尊严，这是中华民族具有强大凝聚力和生命力的根本原因。古往今来，涌现出无数杰出的爱国人士，屈原、岳飞、戚继光、郑成功、林则徐、孙中山，还有大批的共产党人和革命先烈。在中国历史上，无数爱国主义篇章光彩夺目。

爱国是中华民族最重要的传统，是各族人民重要的精神支柱。爱国是中国公民必须拥有的道德情操，也是社会主义核心价值观最重要组成部分。

少年兴则国兴，少年强则国强。我们要适应时代发展要求，树立民族自尊心与自信心，努力学习，把爱国情感变成报国行动。

任务二　进行成本分析

成本核算要为成本管理服务，但成本核算的结果并不能直接运用于成本管理，必须经过成本分析。成本报表只反映企业某个时期产品成本或费用水平和构成情况，为了参与企业管理，成本会计还需要对产品成本进行各种分析。

一、成本费用构成分析

微课：成本构成分析与对比分析

产品成本和制造费用构成分析是分析产品成本和制造费用的各个组成部分所占比重。

（一）产品成本构成分析

对于 ZF01 和 YM01 两种产品，我们应根据表 10-1 的数据计算各成本项目在产品成本中所占比重，编制产品成本构成分析表，如表 10-4 所示（表中 YM01 直接材料计算结果为 15. 31%，调整为 15. 32%）。

表 10-4　**20×1 年 1 月 ZF01 和 YM01 产品成本构成分析表**

武汉楚风家具有限公司

产品成本构成分析表

20×1 年 1 月

成本项目	成本构成（%）	
	ZF01	YM01
直接材料	22. 95	15. 32
直接人工	53. 12	59. 98
废品损失	0. 26	0. 14
制造费用	23. 67	24. 56
合　计	100. 00	100. 00

制表：李明　　20×1 年 2 月 1 日

该表有关计算公式为：

成本构成=成本项目金额÷产品成本金额

我们应根据该表作如下说明：从该表可以看出，直接人工在产品成本中占50%以上，制造费用也占较大比重，比较而言，直接材料所占比重较小，废品损失很少。

【相关知识与说明】

计算各成本项目在产品成本中所占比重可用单位成本数据，也可用总成本数据。因为存在四舍五入，计算结果可能有差异。每个产品的成本构成合计应为100%，否则需要适当调整某个成本项目数值。

为了能相互比对，我们约定用单位成本数据计算，百分比中保留2位小数，需要调整时调整直接材料数据。

【学生练习】

编制20×1年1月份ZF02和YM02产品成本构成分析表。

（二）制造费用构成分析

我们应根据表10-2的数据计算各费用项目在制造费用中所占比重，编制制造费用构成分析表，如表10-5所示（表中办公费计算结果为0.49%，调整为0.48%）。

表10-5　**20×1年1月制造费用构成分析表**

武汉楚风家具有限公司

制造费用构成分析表

20×1年1月

费用项目	制造费用构成（%）			
	下料车间	桌子车间	椅子车间	油漆车间
办公费	0.48			
水电费	19.02			
工具用品	8.16			
固定资产折旧	28.26			
人工费	30.44			
修理费	13.64			
合　计	100.00			

制表：李明　　　　20×1年2月1日

该表有关计算公式为：

制造费用构成=费用项目金额÷费用项目合计金额

我们应根据该表作如下说明：从该表可以看出，人工费和固定资产折旧在制造费用占有很大比重，两者之和超过50%。

【学生练习】

把20×1年1月份制造费用构成分析表填写完整。

【相关知识与说明】

进行产品成本和制造费用构成分析的目的是明确成本控制的重点。一般来说，比重较大的项目是控制的重点，对这样的项目进行有效控制就能控制好成本。对成本分析表应加以适当说明，以提醒报表阅读者注意。说明内容应反映报表编制的目的，通常是对成本影响较大的方面或因素。

成本费用构成分析表也可看作是成本报表，通常与相应的成本报表在同一张表中反映。

成本费用构成分析结果也可以用图形展现出来，一般用饼图展示。图10-8就是根据表10-5绘制的下料车间制造费用构成分析图。

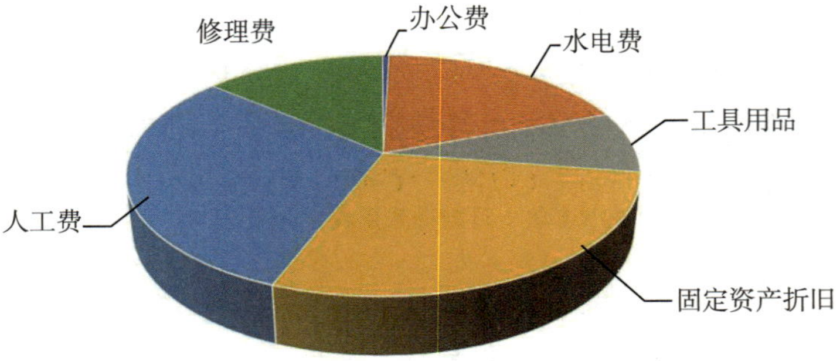

图10-8　20×1年1月下料车间制造费用构成分析图

二、计划完成情况分析

为检查企业成本计划的执行情况，需要将产品实际成本与计划成本进行对比，还应就产品主要成本项目进行差异分析，找到出现差异的主要原因。

(一)完工产品单位成本对比分析

进行完工产品单位成本对比分析，必须首先确定产品实际单位成本和计划单位成本。完工产品实际单位成本通过成本核算得出，产品计划单位成本可根据相关定额计算得出。

对于ZF01，我们可根据产品定额表计算出计划单位产品成本，如表10-6所示。

该表中零件或工序定额来自ZF01定额表(见项目一中表1-1)，耗费标准来自其他费用耗费标准表(见项目一中表1-7)，单位产品用量来自ZF01产品说明(见项目一中产品生产过程说明)，单价根据原材料计划价格表(见项目一中表1-8)确定。该表有关计算公式为：

表 10-6

ZF01 计划单位成本计算表

武汉楚风家具有限公司

产品计划单位成本计算表

产品名称：ZF01

成本项目			零件或工序定额	单位产品用量	单位产品定额或计算依据	单价或耗费标准	计划成本（元）
直接材料	木材	桌面	$19200cm^3$	1	$0.0362m^3$	800.00	28.96
		桌脚	$3240cm^3$	4			
		撑板	$1008cm^3$	4			
	钢条		1m	2	1 根（2m）	6.00	6.00
	螺钉		20 颗		20 颗	0.10	2.00
	腻子		200ml		0.2L	10.00	2.00
	油漆		200ml		0.2L	20.00	4.00
	包装纸		3m		3m	0.50	1.50
	包装绳		6m		6m	0.10	0.60
	小计		—	—	—	—	45.06
直接人工	下料	桌面	12 分钟	1	0.47 小时	30.00	14.10
		桌脚	2 分钟	4			
		撑板	2 分钟	4			
	制作	桌面	36 分钟	1	2.43 小时	30.00	72.90
		桌脚	12 分钟	4			
		撑板	8 分钟	4			
		钢条	5 分钟	2			
		组装	20 分钟				
	油漆		25 分钟		0.50 小时	30.00	15.00
	包装		5 分钟				
	小计		—	—	3.40 小时	—	102.00
废品损失					147.06 元	5‰	0.74
制造费用					3.40 小时	15.00	51.00
生产成本			—	—	—	—	198.80

制表：李明　　　　　　20×1 年 2 月 1 日

$$单位产品定额=\Sigma 零件定额\times 单位产品用量$$

计划成本=单位产品定额或计算依据×单价或耗费标准

废品损失计算依据=直接材料计划成本+直接人工计划成本

制造费用计算依据=直接人工单位产品定额

生产成本=直接材料计划成本+直接人工计划成本+废品损失计划成本+制造费用计划成本

【相关知识与说明】

计划成本是指根据计划期内的各种消耗定额和费用预算以及有关资料预先计算的成本。它反映计划期内产品成本应达到的标准，是企业计划期内在成本方面的努力目标。

相关的概念还有定额成本、标准成本和目标成本。定额成本是按现行定额分成本项目(即材料费用、人工费用和制造费用)来制订的成本。标准成本是指在正常和高效率的运转情况下制造产品的成本，是有效经营条件下发生的一种目标成本，也叫“应该成本”。目标成本是指企业在一定时期内为保证目标利润实现，并作为全体职工奋斗目标而设定的一种预计成本，它是成本预测与目标管理方法相结合的产物。

以上4个成本概念是有区别的，计划成本与一定期间(计划期)相联系，反映该期间的平均水平，期间不同，计划成本也会不同(企业一般会确定成本降低率)；定额成本是按现行定额计算的，可以涉及多个期间(如果定额不变)，反映当时应达到的水平；标准成本是按正常或理想状态确定的，反映理想水平；目标成本是由目标利润倒推确定的，反映应控制的水平。在一定条件下，这4种成本可以等同，在此，用定额成本作为计划成本。

然后，我们将产品实际成本与计划成本进行对比，计算两者的差异和差异率，如表10-7所示。

表10-7　**20×1年1月ZF01实际单位成本与计划单位成本进行对比分析表**

武汉楚风家具有限公司

产品实际单位成本与计划单位成本对比分析表

产品：ZF01　　　　20×1年1月

项　目	实际成本(元)	计划成本(元)	差异额(元)	差异率(%)
单位成本	194.92	198.80	-3.88	-1.95
直接材料	44.74	45.06	-0.32	-0.71
直接人工	103.55	102.00	1.55	1.52
废品损失	0.50	0.74	-0.24	-32.43
制造费用	46.13	51.00	-4.87	-9.55

制表：李明　　　　20×1年2月1日

该表实际成本来自表10-1，计划成本取自表10-6，有关计算公式(以后同类计算都这

样进行)为:

$$差异额=实际成本-计划成本$$

$$差异率=差异额\div计划成本\times100\%=实际成本\div计划成本\times100\%-1$$

我们应根据该表作如下说明：从该表可以看出，ZF01 实际成本比计划成本节约 3.88 元，节约率 1.95%，主要是制造费用降低了，制造费用实际成本比计划成本节约 4.87 元，节约率 9.55%，而直接人工实际成本比计划成本超支 1.55 元，超支率 1.52%。

【学生练习】

编制 20×1 年 1 月份 YM01 实际成本与计划成本对比分析表。

【相关知识与说明】

实际成本与计划成本对比分析结果可用图形展示出来，这样更为直观。对比分析结果一般用柱形图展示。图 10-9 就是根据表 10-7 绘制的下料车间制造费用构成分析图。

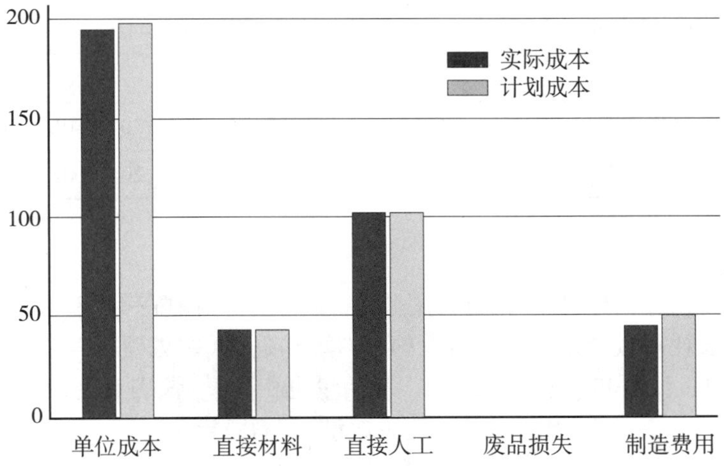

图 10-9　20×1 年 1 月 ZF01 实际单位成本与计划单位成本对比分析图

人们比较关注完工产品实际成本与计划成本的差异。将产品实际单位成本与计划单位成本进行对比，可反映企业产品成本计划的执行情况，还可反映成本项目变动情况及其产生的影响。

实际成本与计划成本的对比结果，可以作为相关部门业绩考核的依据。

(二)因素影响分析

为弄清产品成本变动的主要原因，需要进行因素影响分析。因素影响分析主要用于产品材料成本和人工成本两方面。

微课：因素分析法在成本分析中的应用

1. 产品材料成本因素影响分析

产品材料成本因素影响分析是以本期发生的材料成本为对象，分析产品材料用量和材料价格变动对产品材料成本的影响。产品生产用到的材料可能较多，一般选择主要材料进行分析。因此需要首先确定本期主要材料计划用量、实际用量、计划价格和实际价格。

对于 ZF01，其主要材料有原木、钢条、腻子和油漆，我们应确定这 4 种材料的用量。原木、腻子和油漆领用时由 ZF01 和 YM01 共用，钢条为 ZF01 专用，我们可计算出 ZF01 实际耗用材料数量，如表 10-8 所示。

表 10-8　**20×1 年 1 月产品主要材料实际用量计算表**

武汉楚风家具有限公司

产品主要材料实际用量计算表

产品：ZF01　　20×1 年 1 月

材料名称	材料耗用数量	材料总定额	比率	产品总定额	产品实际用量
原木	102.0000 m^3	108.0047 m^3	0.9444	44.0592 m^3	41.6095 m^3
钢条	1200 根	—	—	—	1200 根
腻子	520.000L	528.000L	0.9848	204.000L	200.899L
油漆	520.000L	528.000L	0.9848	204.000L	200.899L

制表：李明　　20×1 年 2 月 1 日

该表中总定额数据取自相应材料费用分摊表(见项目四中表 4-1 和表 4-3，腻子和油漆定额相同)，材料耗用数量来自相应材料的领料单和退料单(见项目四中图 4-10、图 4-11、图 4-13 和图 4-14，油漆和腻子定额相同，耗用量也相同)。该表有关计算公式为：

比率＝材料耗用数量÷材料总定额

产品实际用量＝比率×产品总定额

接着，我们要确定产品主要材料实际价格。楚风公司对原材料采用计划价格成本核算，我们可根据材料成本差异率(假定每种材料的材料成本差异率都等于综合材料成本差异率，下同)计算出材料实际价格(也可用当期材料实际平均价格)，如表 10-9 所示。

表 10-9　**20×1 年 1 月 ZF01 主要材料实际价格计算表**

武汉楚风家具有限公司

产品主要材料实际价格计算表

20×1 年 1 月

材料名称	计划价格(元)	材料成本差异率(%)	材料成本差异(元)	实际价格(元)
原木	800.00	4.00	32.00	832.00

续表

材料名称	计划价格（元）	材料成本差异率(%)	材料成本差异（元）	实际价格（元）
钢条	6.00	4.00	0.24	6.24
腻子	10.00	4.00	0.40	10.40
油漆	20.00	4.00	0.80	20.80

制表：李明　　　　　　　　　　　　　　　　　　　　　　　20×1 年 2 月 1 日

该表中材料计划价格根据原材料计划价格表(见项目一中表 1-8)确定，材料成本差异率由存货会计提供(见项目一中企业相关情况说明)，有关计算公式(以后同类计算都这样进行)为：

材料成本差异=计划价格×材料成本差异率

材料实际价格=材料计划价格+材料成本差异

【相关知识与说明】

材料实际价格应当包括材料买价和分摊的运杂费等，可以根据相关原始凭证计算得出，材料每次采购成本可能不同，应当取最近一个月的材料成本数据，计算加权平均价格。

为了简便，可以用材料计划价格和材料成本差异率计算出材料实际价格。

经过以上准备，我们可以编制 ZF01 主要材料成本差异分析表了，如表 10-10 所示。

表 10-10　　　　**20×1 年 1 月 ZF01 主要材料成本差异分析表**

武汉楚风家具有限公司

产品主要材料成本差异分析表

产品：ZF01　　　　　　　　　　　　　　　　　　　　　　　20×1 年 1 月

材料名称			原木	钢条	腻子	油漆	合计
一、材料实际成本与计划成本对比	实际	用量	41.6095	1200	200.899	200.899	—
		价格	832.00	6.24	10.40	20.80	—
		材料成本	34619.10	7488.00	2089.35	4178.70	48375.15
	计划	用量	44.0592	1200	204.000	204.000	—
		价格	800.00	6.00	10.00	20.00	—
		材料成本	35247.36	7200.00	2040.00	4080.00	48567.36
	差异额(元)		-628.26	288.00	49.35	98.70	-192.21
	差异率(%)		-1.78	4.00	2.42	2.42	-0.40

续表

材料名称			原木	钢条	腻子	油漆	合计
二、材料用量对材料成本的影响	假定	实际用量	41.6095	1200	200.899	200.899	—
		计划价格	800.00	6.00	10.00	20.00	—
		材料成本	33287.60	7200.00	2008.99	4017.98	46514.57
	计划	用量	44.0592	1200	204.000	204.000	—
		价格	800.00	6.00	10.00	20.00	—
		材料成本	35247.36	7200.00	2040.00	4080.00	48567.36
	影响额(元)		-1959.76	0.00	-31.01	-62.02	-2052.79
	影响率(%)		-5.56	0.00	-1.52	-1.52	-4.23
三、材料价格对材料成本的影响	实际	用量	41.6095	1200	200.899	200.899	—
		价格	832.00	6.24	10.40	20.80	—
		材料成本	34619.10	7488.00	2089.35	4178.70	48375.15
	假定	实际用量	41.6095	1200	200.899	200.899	—
		计划价格	800.00	6.00	10.00	20.00	—
		材料成本	33287.60	7200.00	2008.99	4017.98	46514.57
	影响额(元)		1331.50	288.00	80.36	160.72	1860.58
	影响率(%)		4.00	4.00	4.00	4.00	4.00

制表：李明　　　　20×1 年 2 月 1 日

该表中实际用量和计划用量数据(产品材料总定额就是产品材料计划用量)来自表 10-8，价格来自表 10-9，有关计算公式(以后同类计算都这样进行)为：

成本＝用量×价格

影响额＝假定成本－计划成本

或者

影响额＝实际成本－假定成本

影响率＝影响额÷假定成本×100%＝实际成本÷假定成本×100%－1

或者

影响率＝影响额÷计划成本×100%＝假定成本÷计划成本×100%－1

我们应根据该表作如下说明：从该表可以看出，20×1 年 1 月 ZF01 主要材料实际成本比计划成本节约 192.21 元，节约率 0.40%，材料用量的减少使得材料实际成本比计划成本减少 2052.79 元，降低率 4.23%，材料价格的上升使得材料实际成本比计划成本增加 1860.58 元，上升率 4.00%，该表还反映了出各种材料对材料成本的影响。

【相关知识与说明】

因素影响分析结果说明本期实际成本与计划成本差异是如何产生的，各个因素变动对这种差异有什么样的影响。

进行因素影响分析应以本期发生的成本为对象。如果以完工产品成本或全部产品成本为对象进行分析，本期完工产品成本中有上期发生的成本，本期在产品成本又转入下期完工产品成本中，而材料实际用量和实际价格都是本期的，分析结果会产生失真。

为简化起见，进行成本分析时一般不考虑废品损失、回收材料成本和废品修复费用，忽略副产品成本。

原材料用计划成本计价时，价格对材料成本的影响率应等于材料成本差异率。

影响额是绝对数，且单位相同，可以相加，影响率是相对数，不能相加，只能按公式计算。

【学生练习】

对20×1年1月份YM01进行主要材料成本差异分析(主要材料实际价格直接用上面计算结果)。

2. 产品人工成本因素影响分析

产品人工成本因素影响分析是分析产品人工用量和人工费用率变动对产品人工成本的影响。因此，需要确定本期人工计划用量、实际用量、计划人工费用率和实际人工费用率。

ZF01先后在下料车间、桌子车间和油漆车间进行生产，我们应首先根据人力资源部的考勤结果(见项目一中生产工人考勤情况说明)计算出各车间实际总工时，如表10-11所示。

表10-11 **20×1年1月产品生产实际总工时计算表**

武汉楚风家具有限公司

车间实际总工时计算表

20×1年1月

生产车间	人数(人)	出勤天数(天/人)	每天有效工作时间(小时/天)	实际总工时(小时)
下料车间	20	22	7	3080
桌子车间	17	22	7	2681
	1	9	7	
油漆车间	13	22	7	2093
	1	13	7	

续表

生产车间	人数（人）	出勤天数（天/人）	每天有效工作时间(小时/天)	实际总工时（小时）
合计	—	—	—	7854

制表：李明　　　　20×1 年 2 月 1 日

该表中有关计算公式为：

实际总工时 = 人数×出勤天数×每天有效工作时间

然后，我们根据各车间定额工时计算 ZF01 实际生产工时，如表 10-12 所示。

表 10-12　**20×1 年 1 月 ZF01 实际生产工时计算表**

武汉楚风家具有限公司

产品实际生产工时计算表

产品：ZF01　　　　20×1 **年** 1 **月**

生产步骤	车间实际总工时(小时)	车间工时总定额(小时)	比率	产品定额工时（小时）	产品实际工时（小时）
下料	3080	3578.17	0.8608	557.00	479.47
制作	2681	3206.84	0.8360	2731.40	2283.45
油漆包装	2093	2398.35	0.8727	507.92	443.26
合　计	7854	9183.36	—	3796.32	3206.18

制表：李明　　　　20×1 年 2 月 1 日

该表中车间工时总定额和产品定额工时取自车间工人工资分摊表(见项目四中表 4-11、表 4-12 和表 4-14)，计算方法与主要材料实际用量计算方法相同。

为计算实际人工费用率，我们需要统计出 ZF01 各项人工费用，如表 10-13 所示。

表 10-13　**20×1 年 1 月 ZF01 人工费用统计表**

武汉楚风家具有限公司

产品人工费用统计表

20×1 年 1 月

产品：ZF01　　　　单位：元

生产步骤	工资	奖金	职工福利费	工会经费和职工教育经费	“五险一金”	合　计
下料	9340.12	1960.10	1027.46	326.87	3904.17	16558.72

续表

生产步骤	工资	奖金	职工福利费	工会经费和职工教育经费	“五险一金”	合　计
制作	44638.98	11603.28	4893.25	1562.36	18659.10	81356.97
油漆包装	10162.43	1627.74	949.89	355.69	4247.89	17343.64
合　计	64141.53	15191.12	6870.60	2244.92	26811.16	115259.33

制表：李明　　　　　　　　　　　　　　　　　　20×1 年 2 月 1 日

表中数据来自 ZF01 生产成本账簿记录(见项目七中图 7-1 和图 7-4、项目八中图 8-5，不计红字)。该表也可根据各项费用的原始凭证汇总。

我们再根据产品人工费用和实际工时计算实际人工费用率，如表 10-14 所示。

表 10-14　**20×1 年 1 月 ZF01 实际人工费用率计算表**

武汉楚风家具有限公司

产品实际人工费用率计算表

20×1 年 1 月

产品：ZF01

生产步骤	产品人工费用总额(元)	产品实际工时(小时)	人工费用率(元/小时)
下料	16558.72	479.47	34.54
制作	81356.97	2283.45	35.63
油漆包装	17343.64	443.26	39.13
合　计	115259.33	3206.18	35.95

制表：李明　　　　　　　　　　　　　　　　　　20×1 年 2 月 1 日

该表中有关计算公式为：

人工费用率=产品人工费用总额÷产品实际工时

经过以上准备，我们可以编制 ZF01 人工成本差异分析表了，如表 10-15 所示。

该表中实际工时和计划工时数据(产品定额工时就是产品计划工时)来自表 10-12，实际人工费用率来自表 10-14，计划费用率来自其他费用耗费标准表(见项目一中表 1-7)，计算方法与表 10-10 相同。

表 10-15　　**20×1 年 1 月 ZF01 人工成本差异分析表**

武汉楚风家具有限公司

产品人工成本差异分析表

产品：ZF01　　20×1 年 1 月

生产步骤			下料	制作	油漆包装	合计
一、人工实际成本与计划成本对比	实际	工时	479.47	2283.45	443.26	3206.18
		费用率	34.54	35.63	39.13	35.95
		人工成本	16558.72	81356.97	17343.64	115259.33
	计划	工时	557.00	2731.40	507.92	3796.32
		费用率	30.00	30.00	30.00	30.00
		人工成本	16710.00	81942.00	15237.60	113889.60
	差异额(元)		−151.28	−585.03	2106.04	1369.73
	差异率(%)		−0.91	−0.71	13.82	1.20
二、工时用量对人工成本的影响	假定	实际工时	479.47	2283.45	443.26	3206.18
		计划费用率	30.00	30.00	30.00	30.00
		人工成本	14384.10	68503.50	13297.80	96185.40
	计划	工时	557.00	2731.40	507.92	3796.32
		费用率	30.00	30.00	30.00	30.00
		人工成本	16710.00	81942.00	15237.60	113889.60
	影响额(元)		−2325.90	−13438.50	−1939.80	−17704.20
	影响率(%)		−13.92	−16.40	−12.73	−15.55
三、人工费用率对人工成本的影响	实际	工时	479.47	2283.45	443.26	3206.18
		费用率	34.54	35.63	39.13	35.95
		人工成本	16558.72	81356.97	17343.64	115259.33
	假定	实际工时	479.47	2283.45	443.26	3206.18
		计划费用率	30.00	30.00	30.00	30.00
		人工成本	14384.10	68503.50	13297.80	96185.40
	影响额(元)		2174.62	12853.47	4045.84	19073.93
	影响率(%)		15.12	18.76	30.42	19.83

制表：李明　　20×1 年 2 月 1 日

我们应根据该表作如下说明：从该表可以看出，20×1 年 1 月 ZF01 人工实际成本比计划成本超支 1369.73 元，超支率 1.20%，人工用量的减少使得人工实际成本比计划成本减少 17704.20 元，降低率 15.55%，人工费用率的上升使得人工实际成本比计划成本增加 19073.93 元，上升率 19.83%，该表还反映出各生产步骤人工成本差异及工时和人工费用率对该步骤人工成本的影响。

【相关知识与说明】

根据统计学的理论，因素影响分析用于一项指标可以分解为几个指标乘积的情形。被分解的指标一般为总量指标，分解出的指标中一定有一个数量指标，也一定有一个质量指标。如材料成本可以分解为材料用量与材料价格的乘积，材料成本为总量指标，材料用量是数量指标，材料价格是质量指标。

微课：因素分析法简介

总量指标、数量指标和质量指标之间存在以下数量关系：

总量指标＝数量指标×质量指标

总量指标变动量＝数量指标的影响量＋质量指标的影响量

总量指标变动率＝(1＋数量指标的影响率)×(1＋质量指标的影响率)－1

设 $A=B\times C$，则 $A_1=B_1\times C_1$，$A_2=B_2\times C_2$，B 和 C 对 A 的影响如图 10-10 所示。

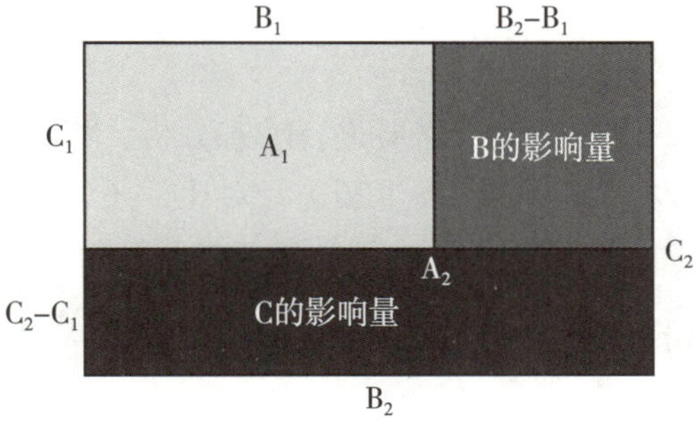

图 10-10　因素影响示意图

因此，

B 对 A 的影响量 $=(B_2-B_1)\times C_1$

B 对 A 的影响率 = B 对 A 的影响量 $\div A_1\times 100\%=(B_2-B_1)\div B_1\times 100\%=B_2\div B_1\times 100\%-1$

C 对 A 的影响量 $=B_2\times(C_2-C_1)$

C 对 A 的影响率 = C 对 A 的影响量 $\div(A_1+$ B 对 A 的影响量 $)\times 100\%$

$=B_2\times(C_2-C_1)\div(B_2\times C_1)\times 100\%$

$=(C_2-C_1)\div C_1\times 100\%=C_2\div C_1\times 100\%-1$

A 的变动量 $=A_2-A_1=$ B 对 A 的影响量 + C 对 A 的影响量

A 的变动率 $=(A_2-A_1)\div A_1\times 100\%=A_2\div A_1\times 100\%-1=(B_2\times C_2)\div(B_1\times C_1)-1$

$=(B_2\div B_1)\times(C_2\div C_1)-1=(1+$ B 对 A 的影响率 $)\times(1+$ C 对 A 的影响率 $)-1$

【学生练习】

对 20×1 年 1 月份 YM01 进行人工成本差异分析。

【思政课堂】

成本会计要利用所掌握的资料数据进行成本分析，尽自己所能为企业做贡献。做好自己的本职工作，服务自己所在单位，报效我们的国家，这就是我们的——

忠　　诚

忠诚是说做人做事要忠心耿耿、一心一意、言行一致、表里如一。今天忠诚的时代内涵就是忠于党、忠于祖国、忠于人民。

中华民族历来看重忠诚，岳飞把“精忠报国”刻在身上，文天祥写下“人生自古谁无死，留取丹心照汗青”的壮丽诗篇，无数革命先烈用自己的生命诠释了对党、对祖国、对人民的无限忠诚。习近平总书记曾经引用马融的《忠经》中一句话，说：“天下至德，莫大乎忠”。

我们只有将对祖国的忠诚铭刻在心，融化于血液，才能释放出源源不断的能量，才能为中华民族的伟大复兴作出应有的贡献。

三、动态分析

为反映企业产品成本的变化情况，需要进行动态分析，将产品本期成本与前期成本进行对比，将制造费用本期发生额与前期发生额进行对比，还应就产品成本变动进行因素影响分析。

(一)产品单位成本对比分析

产品单位成本对比分析是将两个时期的完工产品单位成本进行对比，反映产品成本的变化情况。

在20×1年2月份产品成本核算出来后，我们可以将20×1年2月份产品成本与20×1年1月份产品成本进行对比，以反映两者的差异。表10-16为20×1年2月与20×1年1月ZF01产品成本对比分析表。

表10-16　**20×1年2月与20×1年1月ZF01产品成本对比分析表**

武汉楚风家具有限公司

产品本月成本与上月成本对比分析表

产品：ZF01　　　　20×1年2月

项　　目	本月成本(元)	上月成本(元)	差异额(元)	差异率(%)
单位成本	236.83	194.92	41.91	21.50%
直接材料	45.09	44.74	0.35	0.78%
直接人工	136.06	103.55	32.51	31.40%

续表

项　　目	本月成本(元)	上月成本(元)	差异额(元)	差异率(%)
废品损失	0.51	0.50	0.01	2.00%
制造费用	55.17	46.13	9.04	19.60%

制表：李明　　　　20×1 年 3 月 1 日

我们应根据该表作如下说明：从该表可以看出，20×1 年 2 月与 20×1 年 1 月相比，ZF01 单位成本增加 41.91 元，上升率 21.50%，主要原因是直接人工和制造费用大幅增加，两者分别增加 32.51 元和 9.04 元，分别上升 31.40%和 19.60%。

【相关知识与说明】

产品本期成本与前期成本进行对比分析一般按年进行，因产量不同，只能比较单位成本，产品成本数据取年度平均值。前期可以是上期，也可以是以前的某个时期，如历史最好时期。统计学上将用来对比的时期称基期，本期称报告期。

产品成本动态分析也称纵向对比分析，还可以进行产品成本横向对比分析，就是将一企业产品成本与另一企业同期同类产品成本进行对比分析。

产品成本对比分析应当注意产品的可比性，能用来对比的产品称为可比产品。产品的可比性是由产品的规格、性能和生产状况决定的，规格相同、性能相近、生产状况相当的产品才可比。

(二)因素影响分析

将产品本期成本与前期成本进行对比，通常还应进行因素影响分析，找出成本差异产生的主要原因，一般从产品主要材料成本和人工成本两方面进行分析。

1. 产品主要材料成本因素影响分析

进行产品主要材料成本因素影响分析，需要确定两个时期主要材料实际用量和实际价格。

对于 ZF01，我们可以用 20×1 年 1 月份的方法计算原木、钢条、腻子和油漆 20×1 年 2 月份的实际用量和实际价格(不计废木料数量，废木料为上月回收所得，企业没有付出成本)，如表 10-17 和表 10-18 所示。

表 10-17　　**20×1 年 2 月产品主要材料实际用量计算表**

武汉楚风家具有限公司

产品主要材料实际用量计算表

产品：ZF01　　　　20×1 年 2 月

材料名称	材料耗用数量	材料总定额	比率	产品总定额	产品实际用量
原木	76.1500m^3	81.1320m^3	0.9386	33.1591m^3	31.1231m^3

续表

材料名称	材料耗用数量	材料总定额	比率	产品总定额	产品实际用量
钢条	1000 根	—	—	1000 根	1000 根
腻子	430.000L	435.960L	0.9863	168.200L	165.896L
油漆	430.000L	435.960L	0.9863	168.200L	165.896L

制表：李明　　　　20×1 年 3 月 1 日

表 10-18　**20×1 年 2 月 ZF01 主要材料实际价格计算表**

武汉楚风家具有限公司

产品主要材料实际价格计算表

产品：ZF01　　　　20×1 年 2 月

材料名称	计划价格（元）	材料成本差异率(%)	材料成本差异（元）	实际价格（元）
原木	800.00	5.00	40.00	840.00
钢条	6.00	5.00	0.30	6.30
腻子	10.00	5.00	0.50	10.50
油漆	20.00	5.00	1.00	21.00

制表：李明　　　　20×1 年 3 月 1 日

有了20×1 年 1 月和20×1 年 2 月主要材料实际用量和实际价格，我们可以编制 ZF01 主要材料成本差异分析表了，如表 10-19 所示。

表 10-19　**20×1 年 2 月 ZF01 主要材料成本差异分析表**

武汉楚风家具有限公司

产品主要材料成本差异分析表

产品：ZF01　　　　20×1 年 2 月

材料名称			原木	钢条	腻子	油漆	合计
一、材料成本对比	报告期	用量	31.1231	1000	165.896	165.896	—
		价格	840.00	6.30	10.50	21.00	—
		材料成本	26143.40	6300.00	1741.91	3483.82	37669.13
	基期	用量	41.6095	1200	200.899	200.899	—
		价格	832.00	6.24	10.40	20.80	—
		材料成本	34619.10	7488.00	2089.35	4178.70	48375.15
	差异额(元)		-8475.70	-1188.00	-347.44	-694.88	-10706.02
	差异率(%)		-24.48	-15.87	-16.63	-16.63	-22.13

续表

<table>
<tr><td colspan="3">材料名称</td><td>原木</td><td>钢条</td><td>腻子</td><td>油漆</td><td>合计</td></tr>
<tr><td rowspan="8">二、材料用量对材料成本的影响</td><td rowspan="3">假定</td><td>报告期用量</td><td>31. 1231</td><td>1000</td><td>165. 896</td><td>165. 896</td><td>—</td></tr>
<tr><td>基期价格</td><td>832. 00</td><td>6. 24</td><td>10. 40</td><td>20. 80</td><td>—</td></tr>
<tr><td>材料成本</td><td>25894. 42</td><td>6240. 00</td><td>1725. 32</td><td>3450. 64</td><td>37310. 38</td></tr>
<tr><td rowspan="3">基期</td><td>用量</td><td>41. 6095</td><td>1200</td><td>200. 899</td><td>200. 899</td><td>—</td></tr>
<tr><td>价格</td><td>832. 00</td><td>6. 24</td><td>10. 40</td><td>20. 80</td><td>—</td></tr>
<tr><td>材料成本</td><td>34619. 10</td><td>7488. 00</td><td>2089. 35</td><td>4178. 70</td><td>48375. 15</td></tr>
<tr><td colspan="2">影响额(元)</td><td>-8724. 68</td><td>-1248. 00</td><td>-364. 03</td><td>-728. 06</td><td>-11064. 77</td></tr>
<tr><td colspan="2">影响率(%)</td><td>-25. 20</td><td>-16. 67</td><td>-17. 42</td><td>-17. 42</td><td>-22. 87</td></tr>
<tr><td rowspan="8">三、材料价格对材料成本的影响</td><td rowspan="3">报告期</td><td>用量</td><td>31. 1231</td><td>1000</td><td>165. 896</td><td>165. 896</td><td>—</td></tr>
<tr><td>价格</td><td>840. 00</td><td>6. 30</td><td>10. 50</td><td>21. 00</td><td>—</td></tr>
<tr><td>材料成本</td><td>26143. 40</td><td>6300. 00</td><td>1741. 91</td><td>3483. 82</td><td>37669. 13</td></tr>
<tr><td rowspan="3">假定</td><td>报告期用量</td><td>31. 1231</td><td>1000</td><td>165. 896</td><td>165. 896</td><td>—</td></tr>
<tr><td>基期价格</td><td>832. 00</td><td>6. 24</td><td>10. 40</td><td>20. 80</td><td>—</td></tr>
<tr><td>材料成本</td><td>25894. 42</td><td>6240. 00</td><td>1725. 32</td><td>3450. 64</td><td>37310. 38</td></tr>
<tr><td colspan="2">影响额(元)</td><td>248. 98</td><td>60. 00</td><td>16. 59</td><td>33. 18</td><td>358. 75</td></tr>
<tr><td colspan="2">影响率(%)</td><td>0. 96</td><td>0. 96</td><td>0. 96</td><td>0. 96</td><td>0. 96</td></tr>
</table>

制表：李明　　　　　　　　　　　　　　　　　　　　　　20×1 年 3 月 1 日

该表中基期(1 月份)材料用量和价格分别来自表 10-8 和表 10-9，报告期(2 月份)材料用量和价格分别来自表 10-17 和表 10-18。

我们应根据该表作如下说明：从该表可以看出，20×1 年 2 月与 20×1 年 1 月相比，ZF01 主要材料成本减少 10706. 02 元，降低率 22. 13%，材料用量的减少使得材料成本减少 11064. 77 元，降低率 22. 87%，材料价格的提高使得材料成本增加 358. 75 元，上升率 0. 96%，该表还反映出各种材料对材料成本的影响。

2. 产品人工成本因素影响分析

进行产品人工成本因素影响分析，需要确定两个时期的人工用量和人工费用率。

20×1 年 1 月 ZF01 的人工用量和人工费用率前面已经计算出来，按照同样的方法，我们可以先后计算出20×1年2月车间实际总工时、ZF01实际生产工时、ZF01人工费用和ZF01实际人工费用率，分别如表10-20、表10-21、表10-22和表10-23所示。

表10-20　**20×1年2月车间实际总工时计算表**

武汉楚风家具有限公司

车间实际总工时计算表

20×1年2月

生产车间	人数（人）	出勤天数（天/人）	每天有效工作时间（小时/天）	实际总工时（小时）
下料车间	20	15	7	2100
桌子车间	17	15	7	1820
	1	5	7	
油漆车间	14	15	7	1470
合计	—	—	—	5390

制表：李明　　　　20×1年3月1日

表10-21　**20×1年2月ZF01实际生产工时计算表**

武汉楚风家具有限公司

产品实际生产工时计算表

产品：ZF01　　　　20×1年2月

生产步骤	车间实际总工时（小时）	车间工时总定额（小时）	比率	产品定额工时（小时）	产品实际工时（小时）
下料	2100	2595.64	0.8090	423.77	342.83
制作	1820	2392.35	0.7608	2158.20	1641.96
油漆包装	1470	1887.51	0.7788	419.75	326.90
合　计	5390	6875.50	—	3001.72	2311.69

制表：李明　　　　20×1年3月1日

表 10-22　　**20×1 年 2 月 ZF01 人工费用统计表**

武汉楚风家具有限公司

产品人工费用统计表

20×1 年 2 月

产品：ZF01　　　　单位：元

生产步骤	工资	奖金	职工福利费	工会经费和职工教育经费	“五险一金”	合　计
下料	9795.71	2318.22	734.63	342.86	4094.59	17286.01
制作	47211.24	15155.71	3504.76	1652.39	19734.29	87258.39
油漆包装	10852.24	2678.63	700.46	379.82	4536.23	19147.38
合　计	67859.19	20152.56	4939.85	2375.07	28365.11	123691.78

制表：李明　　　　20×1 年 3 月 1 日

表 10-23　　**20×1 年 2 月 ZF01 实际人工费用率计算表**

武汉楚风家具有限公司

产品实际人工费用率计算表

20×1 年 2 月

产品：ZF01

生产步骤	产品人工费用总额（元）	产品实际工时（小时）	人工费用率（元/小时）
下料	17286.01	342.83	50.42
制作	87258.39	1641.96	53.14
油漆包装	19147.38	326.90	58.57
合　计	123691.78	2311.69	53.51

制表：李明　　　　20×1 年 3 月 1 日

然后，我们将 20×1 年 2 月 ZF01 人工成本与 20×1 年 1 月对比，进行因素影响分析，如表 10-24 所示。

我们应根据该表作如下说明：从该表可以看出，20×1 年 2 月与 20×1 年 1 月相比，ZF01 人工成本增加 8432.45 元，上升率 7.32%，工时的减少使得人工成本减少 32123.35 元，降低率 27.87%，人工费用率的上升使得人工成本增加 40555.80 元，上升率 48.78%，该表还反映了出各生产步骤人工成本差异情况。

表 10-24　**20×1 年 2 月 ZF01 人工成本差异分析表**

武汉楚风家具有限公司

产品人工成本差异分析表

产品：ZF01　　20×1 年 2 月

生产步骤			下料	制作	油漆包装	合计
一、人工成本对比	报告期	工时	342.83	1641.96	326.90	2311.69
		费用率	50.42	53.14	58.57	53.51
		人工成本	17286.01	87258.39	19147.38	123691.78
	基期	工时	479.47	2283.45	443.26	3206.18
		费用率	34.54	35.63	39.13	35.95
		人工成本	16558.72	81356.97	17343.64	115259.33
	差异额(元)		727.29	5901.42	1803.74	8432.45
	差异率(%)		4.39	7.25	10.40	7.32
二、工时用量对人工成本的影响	假定	报告期工时	342.83	1641.96	326.90	2311.69
		基期费用率	34.54	35.63	39.13	35.95
		假定成本	11841.35	58503.03	12791.60	83135.98
	基期	工时	479.47	2283.45	443.26	3206.18
		费用率	34.54	35.63	39.13	35.95
		人工成本	16558.72	81356.97	17343.64	115259.33
	影响额(元)		-4717.37	-22853.94	-4552.04	-32123.35
	影响率(%)		-28.49	-28.09	-26.25	-27.87
三、人工费用率对人工成本的影响	报告期	工时	342.83	1641.96	326.90	2311.69
		费用率	50.42	53.14	58.57	53.51
		人工成本	17286.01	87258.39	19147.38	123691.78
	假定	报告期工时	342.83	1641.96	326.90	2311.69
		基期费用率	34.54	35.63	39.13	35.95
		假定成本	11841.35	58503.03	12791.60	83135.98
	影响额(元)		5444.66	28755.36	6355.78	40555.80
	影响率(%)		45.98	49.15	49.69	48.78

制表：李明　　20×1 年 3 月 1 日

【相关知识与说明】

产品本期成本与前期成本进行对比分析是一种动态分析。在统计学中，报告期(本期)

成本与基期(前期)成本之比(用百分数表示，下同)称成本指数，报告期价格(人工费用率是人工价格)与基期价格之比称价格指数，报告期用量与基期用量之比称用量指数。通常用 p 表示价格(质量指标)，用 q 表示用量(数量指标)，下标 0 表示基期，下标 1 表示报告期，则

延伸阅读：统计分析

$$成本差异 = \Sigma p_1q_1 - \Sigma p_0q_0$$

$$成本指数 = \Sigma p_1q_1 \div \Sigma p_0q_0 \times 100\%$$

$$价格变动对成本的影响 = \Sigma p_1q_1 - \Sigma p_0q_1$$

$$价格指数 = \Sigma p_1q_1 \div \Sigma p_0q_1 \times 100\%$$

$$用量变动对成本的影响 = \Sigma p_0q_1 - \Sigma p_0q_0$$

$$用量指数 = \Sigma p_0q_1 \div \Sigma p_0q_0 \times 100\%$$

它们之间的关系为

成本差异=价格变动对成本的影响+用量变动对成本的影响

成本指数=价格指数×用量指数

(三)制造费用差异分析

制造费用可能对产品单位成本有很大影响，因此需要对制造费用中主要项目进行分析，以判明这些项目是如何影响产品单位成本的。

表 10-16 显示，20×1 年 2 月与 20×1 年 1 月相比，ZF01 制造费用增加 9.04 元，增幅达 19.60%。因此，我们应当分析制造费用中哪些项目对 ZF01 单位成本产生了较大影响。

我们首先需要计算 20×1 年 1 月和 20×1 年 2 月 ZF01 分摊的制造费用，包括其中主要项目固定资产折旧和人工费，分别如表 10-25 和表 10-26 所示。

表 10-25　　**20×1 年 1 月 ZF01 制造费用计算表**

武汉楚风家具有限公司

产品制造费用计算表

产品：ZF01　　20×1 年 1 月

生产车间		下料车间	桌子车间	油漆车间	合　计
总定额工时		3578.17	3206.84	2398.35	9183.36
产品定额工时		557.00	2731.40	507.92	3796.32
比重		15.57%	85.17%	21.18%	—
车间制造费用	总额	45133.23	43056.91	35601.39	123791.53
	固定资产折旧	12753.60	11889.60	11217.60	35860.80
	人工费	13737.00	13737.00	15190.00	42664.00

续表

生产车间		下料车间	桌子车间	油漆车间	合　计
产品分摊的制造费用	总额	7027.24	36671.57	7540.37	51239.18
	固定资产折旧	1985.74	10126.37	2375.89	14488.00
	人工费	2138.85	11699.80	3217.24	17055.89

制表：李明　　　　20×1 年 3 月 1 日

该表中总定额工时和产品定额工时来自 20×1 年 1 月 ZF01 实际生产工时计算表(见表 10-12)，也可从各车间工人工资分摊表(见项目四中表 4-11、表 4-12 和表 4-14)中获取，车间制造费用来自制造费用明细表，也可取自各车间制造费用账簿记录。该表有关计算公式为：

比重＝产品定额工时÷总定额工时×100%

ZF01 分摊的制造费用＝比重×车间制造费用

表 10-26　　**20×1 年 2 月 ZF01 制造费用计算表**

武汉楚风家具有限公司

产品制造费用计算表

产品：ZF01　　　　20×1 年 2 月

生产车间		下料车间	桌子车间	油漆车间	合　计
总定额工时		2595.64	2392.35	1887.51	6875.5
产品定额工时		423.77	2158.20	419.75	3001.72
比重		16.33%	90.21%	22.24%	—
车间制造费用	总额	37873.41	40392.01	31584.69	109850.11
	固定资产折旧	12713.60	11905.60	11177.60	35796.80
	人工费	13527.00	13527.00	14980.00	42034.00
产品分摊的制造费用	总额	6184.73	36437.63	7024.44	49646.80
	固定资产折旧	2076.13	10740.04	2485.90	15302.07
	人工费	2208.96	12202.71	3331.55	17743.22

制表：李明　　　　20×1 年 3 月 1 日

该表数据来源和计算方法与表 10-25 相似。

然后，我们应当计算 ZF01 完工产品应分摊的制造费用，如表 10-27 所示。

表 10-27　**ZF01 完工产品制造费用计算表**

武汉楚风家具有限公司

完工产品制造费用计算表

产品：ZF01

月　份	制造费用(元)		比重	固定资产折旧(元)		人工费(元)	
	全部产品	完工产品		全部产品	完工产品	全部产品	完工产品
20×1 年 1 月	51239. 18	45901. 36	89. 58%	14488. 00	12978. 35	17055. 89	15278. 67
20×1 年 2 月	49646. 80	45901. 06	92. 46%	15302. 07	14148. 29	17743. 22	16405. 38

制表：李明　　20×1 年 3 月 1 日

该表中全部产品制造费用及项目金额来自表 10-25 和表 10-26，完工产品制造费用来自产品成本报表(见表 10-1)，也可从生产成本账簿记录中获取，有关计算公式为：

比重＝完工产品制造费用÷全部产品制造费用×100%

完工产品固定资产折旧(人工费)＝全部产品固定资产折旧(人工费)×比重

有了 20×1 年 1 月和 20×1 年 2 月 ZF01 完工产品制造费用及项目金额，我们就可以分析这两个月的制造费用差异，如表 10-28 所示。

表 10-28　**20×1 年 2 月 ZF01 制造费用差异分析表**

武汉楚风家具有限公司

产品制造费用差异分析表

产品：ZF01　　20×1 年 2 月

月　份	产品产量(件)	制造费用(元)		固定资产折旧(元)		人工费(元)	
		总额	单位费用	总额	单位费用	总额	单位费用
20×1 年 1 月	995	45901. 36	46. 13	12978. 35	13. 04	15278. 67	15. 36
20×1 年 2 月	832	45901. 06	55. 17	14148. 29	17. 01	16405. 38	19. 72
差　异	-163	-0. 30	9. 04	1169. 94	3. 97	1126. 71	4. 36

制表：李明　　20×1 年 3 月 1 日

该表中有关计算公式为：

单位费用＝总额÷产品产量

差异＝本月数－上月数

我们应根据该表作如下说明：从该表可以看出，20×1 年 2 月与 20×1 年 1 月相比，制造费用总额虽然相差很少，但是单位费用却多出 9. 04 元，其中人工费多出 4. 36 元，固定资产折旧多出 3. 97 元，单位制造费用增加是 ZF01 单位成本增加的主要原因。

【相关知识与说明】

制造费用基本上属于固定成本，不随产品产量变化，因此，尽管两个时期产品产量不同，制造费用可能却没有太大差别。

单位产品所分摊的制造费用与产品产量成反比。比较产品不同月份的单位成本，应当注意这种影响，不然可能得出错误的结论。

企业某种产品产量在各个月份可能不均衡，这种情况将导致分摊在单位产品上的固定成本(制造费用、生产工人固定工资等)存在较大差异，影响产品成本的可比性。进行相关考核时应将这种影响剔除(这些固定成本对车间来说是不可控成本)。

【思政课堂】

成本分析对企业成本管理有重要影响，成本会计应当从是否对企业有利的角度，而不是从是否对自己有利的角度看待成本分析工作。在自己的工作岗位上，在国家的经济建设中，在实现中华民族伟大复兴的征程中，我们应当做到——

无私奉献

奉献是什么？奉献就是给予，是把爱、财富、知识、鲜血乃到生命无私地、毫无保留地给予他人，给予社会、国家和民族，造福于民。

奉献的实质是人人为我，我为人人。奉献可以使自己更充实、更快乐、更高尚，更让世界充满阳光，让人间充满温馨。正是因为共产党人和革命先烈的无私奉献，才有了我们今天的幸福生活。

奉献不只是表现在国家和人民需要的关键时刻挺身而出，慷慨赴义，也融合和渗透在人们日常的工作和生活中。在自己的工作岗位上恪尽职守，艰苦奋斗也是在为国家、为人民奉献。

附　　录

复习题

一、判断题

1. 直接成本发生时直接计入相关对象的生产费用，间接成本在月末分配计入相关对象的生产费用。

2. 专属成本都是直接成本，共同成本都是间接成本。

3. 成本是企业进行经营决策的依据。

4. 产品成本的高低反映出企业经营管理水平。

5. 成本会计是为求得产品的总成本和单位成本而核算全部生产成本和费用的会计活动。

6. 成本会计不仅具有反映和监督职能，还具有分析、预测、决策、计划、控制和考核职能。

7. 成本会计在工作中不需要其他会计岗位配合。

8. 生产产品的车间就是基本生产车间，不生产产品的车间就是辅助生产车间。

9. 成本会计必须熟悉企业生产过程。

10. 大量生产是指产品品种多而且每个品种产量都很大。

11. 副产品是与主产品使用相同的材料，在同一生产过程中产生的，单位价值很低的产品。

12. 副产品也是生产的主要目的。

13. 成本核算结果的真实性依赖于成本核算方法的合理性。

14. 会计核算的原始凭证都是原始记录。

15. 生产定额是指在一定的生产技术和管理水平下，预先规定完成一定量合格产品所消耗资源数量的标准。

16. 因责任人主观故意或重大过失造成的废品，其损失不能计入产品成本。

17. 设置了基本生产成本账户就确定了成本核算对象和成本核算方法。

18. 生产成本只能按产品设置明细账。

19. 成本项目的设置根据企业管理要求确定。

20. 一个基本生产车间如果只生产一种产品，这个车间可不设制造费用账户。

21. 成本核算的原始凭证都外来的。

22. 只要原始凭证是真实的，成本核算结果就是真实的。

23. 几种产品共同耗用的原材料成本应由这几种产品分摊。

24. 一批生产工人在一个月内只生产一种产品，这批工人当月的工资可直接计入该产品生产成本。

25. 材料在生产开始时一次性投入是指某种材料一个月只领用一次。

26. 不管材料投入方式如何，同一生产步骤的单件在产品与完工产品的材料耗用量都是一样的。

27. 分配生产工人工资可用当月该车间产品投产量计算。

28. 修理材料费用应与其他修理费用一起计入辅助生产成本。

29. 废品损失就是废品的生产成本。

30. 废品损失应当从废品的生产成本中扣除。

31. 废品的人工损失与生产工人工资的计发办法无关。

32. 副产品成本应当先分项目归集，然后从与主产品的共同成本中分离出来。

33. 使用交互分配法分配辅助生产成本时，只分配该辅助生产车间发生的辅助生产成本，从其他辅助生产车间分进的辅助生产成本不再进行分配。

34. 分配辅助生产成本时，使用直接分配法最为合理。

35. 分配辅助生产成本时，不管使用什么方法结果都是一样的。

36. 分配制造费用时，使用生产工时分配法最为合理。

37. 逐步结转步骤成本时，转入下一生产步骤的产品才是本步骤的完工产品，未转入下一生产步骤的产品都是本步骤的在产品。

38. 结转产品步骤生产成本时，前步骤转入的生产成本与本步骤发生的生产成本一样处理。

39. 平行结转法是将产品各步骤生产成本在该步骤完工产品和在产品之间进行分配。

40. 逐步结转步骤成本法与产品生产过程一致，平行结转步骤成本法与产品生产过程不一致。

41. 产品入库业务应当在产品入库的当天处理。

42. 品种法的成本核算期与会计报告期一致，分批法的成本核算期与会计报告期不一致。

43. 不管是使用综合逐步结转法，还是使用分项逐步结转法，核算出来的产品成本是一样的。

44. 成本还原不改变入库产品总成本，只改变入库产品各项目成本。

45. 使用分批法核算产品生产成本，不必按月结转完工产品成本。

46. 在核算出某类产品的完工产品总成本后，应将完工产品总成本分配给该类别产品中的每种产品。

47. 计算生产成本账户本月借方发生额时，账簿上的红字应当全部减掉。

48. 制造费用和辅助生产成本账户的结账方法在通常情况下是一样的。

49. 如果记账无误，生产成本明细账发生额之和一定等于总分类账发生额。

50. 生产成本明细账与总账核对时，需要核对发生额。

51. 成本报表属于企业商业机密，应当妥善保管，不得随意外传。

52. 成本报表是对外报表，必须按规定格式填报。

53. 成本核算的结果可以直接运用于成本管理。

54. 将产品本期成本与前期成本进行对比分析一般比较产品单位成本。

55. 通过因素影响分析可以知道产品成本差异是如何产生的。

56. 产品产量越大，单位产品所分摊的制造费用也越大。

二、选择题(包括单项选择和多项选择)

1. 产品生产成本包括(　　)。

A. 产品生产过程中耗用的材料费用　　B. 产品生产过程耗用的人工费用
C. 产品销售过程中耗用的材料费用　　D. 产品销售过程耗用的人工费用

2. 按成本习性可将成本分为(　　)。

A. 直接成本和间接成本　　B. 产品成本和期间成本
C. 成本可控成本和不可控成本　　D. 变动成本和固定成本

3. 进行成本核算应做好的基础工作有(　　)。

A. 划分各种费用界限　　B. 确定成本计算对象
C. 原始记录工作　　D. 物资管理

4. 下列方法中属于成本核算辅助方法的是(　　)。

A. 品种法　　B. 分批法
C. 分步法　　D. 分类法

5. 对于工业企业来说，(　　)有基本生产车间(部门)，(　　)有辅助生产车间(部门)。

A. 一定，一定　　B. 一定，不一定
C. 不一定，一定　　D. 不一定，不一定

6. 基本生产成本应当使用(　　)账簿。

A. 三栏式　　B. 普通多栏式
C. 专用多栏式　　D. 数量金额式

7. 基本生产成本可以按(　　)设置明细账。

A. 产品类别　　B. 产品品种

C. 产品生产步骤　　D. 产品生产费用

8. 制造费用明细账应按(　　)设置。

A. 产品品种　　B. 生产费用

C. 管理部门　　D. 生产车间

9. 以下可作为成本核算的原始凭证的有(　　)。

A. 材料入库单　　B. 领料单

C. 材料退库单　　D. 产品入库单

10. 成本核算的原始凭证可能来自企业的(　　)部门。

A. 物资管理　　B. 生产管理

C. 人事管理　　D. 产品销售

11. 生产车间管理人员的工资应计入(　　)账户。

A. 生产成本　　B. 制造费用

C. 管理费用　　D. 主营业务成本

12. 一种产品完成某一生产步骤加工需要 10 分钟，现有 5 件在产品在这一生产步骤已完成加工时间分别为 2 分钟、4 分钟、5 分钟、6 分钟和 8 分钟，则这 5 件在产品的约当产量为(　　)件。

A. 5　　B. 4　　C. 3　　D. 2. 5

13. 成本会计对经济业务的处理一般包括(　　)环节。

A. 填制原始凭证　　B. 编制记账凭证

C. 登记账簿　　D. 编制报表

14. 某车间生产一种产品，某月初有在产品 80 件，完工程度为 50%，当月投产 500 件，月末在产品 100 件，完工程度为 60%，其余产品全部完工，该车间当月作业量是(　　)件。

A. 580　　B. 480　　C. 540　　D. 500

15. 发生不可修复废品损失会使得产品生产成本(　　)。

A. 增加　　B. 减少　　C. 不变　　D. 不确定

16. 扣发废品责任人工资，在账务处理时，可以视情况(　　)。

A. 冲减废品损失　　B. 冲减材料成本

C. 冲减人工成本　　D. 记为营业外收入

17. 使用没有设置贷方的生产成本明细账，登记账簿时，对于贷方发生额，应当(　　)。

A. 用蓝字登记在借方　　B. 用红字登记在借方

C. 用负数登记在借方　　D. 不做登记

18. 以下关于废品损失说法正确的是(　　)。

A. 废品损失是生产时耗用的材料和人工成本

B. 废品损失应计入产品生产成本

C. 废品损失必须在账簿上单独反映

D. 废品损失在账簿上用红字反映

19. 某企业生产一种产品，发生不可修复废品 5 件。生产这 5 件产品所用的材料费用为 50 元，人工费用为 100 元，由责任人赔偿 20 元，回收废料价值 10 元，这 5 件废品净损失为(　　)元。

A. 150　　B. 130　　C. 120　　D. 50

20. 某企业生产一种产品，产生 1 件可修复废品。修复这件废品用去材料 100 元，用去人工 200 元，回收废料价值 20 元，责任人赔偿 50 元，这件废品净损失为(　　)元。

A. 370　　B. 280　　C. 250　　D. 230

21. 制造费用的分配时间是(　　)。

A. 产品生产完工时　　B. 制造费用发生时

C. 月份终了时　　D. 任意时间

22. 使用(　　)分配制造费用时，制造费用可能会有余额。

A. 生产工时分配法　　B. 生产工人工资分配法

C. 直接成本分配法　　D. 计划分配率法

23. 有一种产品生产分为制作和油漆两个步骤，制作步骤先生产出零件，然后组装成产品，将组装完工的产品移交油漆步骤。使用逐步结转法结转产品步骤成本时，制作步骤的在产品有(　　)。

A. 未完工的零件　　B. 已完工但未用于组装产品的零件

C. 未组装完工的产品　　D. 已组装完工的产品

24. 有一种产品生产经过 3 个步骤，某月末，第一步骤有在产品 60 件，第二步骤有在产品 80 件，第三步骤有在产品 100 件，使用平行结转法结转产品步骤成本时，第一步骤广义在产品有(　　)件。

A. 60　　B. 80　　C. 100　　D. 240

25. 将产品步骤生产成本在完工产品和在产品之间进行分配时，在(　　)情况下，可以用约当产量进行分配。

A. 只有一种零件　　B. 零件成套

C. 零件不成套　　D. 任何

26. 某企业为一客户生产一种产品，共计 200 件，采用分批法核算生产成本，该产品分别在当年 1 月 20 日和 2 月 15 日入库，这批产品入库业务应当在(　　)处理。

A. 1 月 20 日和 2 月 15 日　　B. 1 月末和 2 月末

C. 2 月 15 日　　D. 2 月末

27. 品种法下的成本核算期为(　　)。

A. 产品生产周期　　B. 月份

C. 年度　　D. 不确定

28. 核算单件生产或订单生产的产品生产成本，应当选择(　　)。

A. 品种法　　B. 分批法

C. 分步法　　D. 分类法

29. 如果企业要求核算半成品成本，应当选择(　　)。

A. 品种法　　B. 分批法　　C. 分步法　　D. 分类法

30. 综合逐步结转法的缺点是(　　)。

A. 核算结果不太准确

B. 账簿上不能反映入库产品的真实总成本

C. 需要进行成本还原

D. 账簿上不能反映入库产品的真实项目成本

31. 对基本生产成本账户进行结账，一般应当结出(　　)。

A. 月初余额　　B. 本月借方发生额

C. 本月贷方发生额　　D. 月末余额

32. 生产成本明细账与总账对账，每次需要核对(　　)。

A. 月初余额　　B. 本月借方发生额

C. 本月贷方发生额　　D. 月末余额

33. 以下关于成本报表说法正确的有(　　)。

A. 成本报表属于会计报表　　B. 成本报表有统一格式和内容

C. 成本报表必须定期编制　　D. 成本报表不对外提供

34. (　　)是最基本的成本报表。

A. 产品成本报表　　B. 制造费用明细表

C. 资产负债表　　D. 利润表

35. 进行成本费用构成分析的目的是(　　)。

A. 防止费用项目遗漏　　B. 判断成本核算结果是否可靠

C. 明确成本控制的重点　　D. 进行产品成本比较

36. 对产品成本进行对比分析，可以进行的对比有(　　)。

A. 同一企业同一时期的不同产品　　B. 同一企业不同时期的同一产品

C. 不同企业同一时期的同一产品　　D. 不同企业不同时期的同一产品

三、简答题

1. 会计中的成本是指什么？成本的作用有哪些？
2. 成本会计岗位主要职责是什么？
3. 成本核算应当遵循哪些原则？
4. 成本核算应当划分清楚的费用界限有哪些？
5. 什么是成本核算的基础工作？它有哪些内容？

6. 制造费用的分配方法有哪些？
7. 平行结转法与逐步结转法相比有何不同？
8. 品种法与分批法有何不同？

四、计算题

1. 一种产品生产有2个生产步骤，第一步骤单件产品加工时间为10分钟，第二步骤单件产品加工时间为15分钟，第一步骤和第二步骤在产品数量分别为300件和200件，在产品步骤完工程度分别为50%和40%，请计算全部在产品（平均）最终完工程度和最终约当产量。

2. 一个车间某月为生产桌子和椅子领用木料196m³，木料价格为1000元/m³，桌子和椅子的木料消耗定额分别为0.08m³和0.03m³，材料在生产开始时一次性投入，当月发生人工成本115000元，桌子和椅子的工时定额分别为2小时和1小时。当月完工桌子900张，椅子3700把，还有100张桌子和300把椅子未完工，在产品完工程度均为50%。请计算桌子和椅子应分摊的材料成本和人工成本。

3. 一个车间负责A、B两种产品的零件生产，A产品有A_1和A_2两种零件，B产品有B_1、B_2和B_3三种零件，所有零件耗用同一种材料，材料在生产开始时一次性投入。该车间某月共耗用材料8360千克，材料价格为50元/千克，发生人工费用76070元，产品定额数据和生产情况如表1所示，请计算A产品和B产品应分摊的材料成本和人工成本。

表1　**产品定额数据和生产情况表**

产品	零件	材料定额（千克/件）	工时定额（分钟/件）	月初在产品		本月投产数量	月末在产品	
				数量（件）	完工程度		数量（件）	完工程度
A	A_1	0.6	10	1000	40%	3000	900	50%
	A_2	0.8	12	1200	40%	4200	1000	50%
B	B_1	0.2	4	800	40%	3200	600	50%
	B_2	0.3	6	1000	40%	4000	800	50%
	B_3	0.5	8	600	40%	3600	700	50%

4. 一个车间负责A产品的零件生产，A产品有A_1和A_2两种零件，两种零件耗用同一种材料，材料在生产开始时一次性投入。该车间某月A_1零件产生不可修复废品48件，A_2零件产生不可修复废品36件。A_1和A_2两种零件的材料定额分别为0.6千克/件和0.8千克/件，工时定额分别为10分钟/件和12分钟/件，材料价格为50元/千克，人工费用率为40元/小时。请计算A产品的废品损失（不计其他费用损失）。

5. 某企业设有修理和配电两个辅助生产车间。某月修理车间发生辅助生产成本分别为15120元，为各部门提供修理劳务情况如下表所示。

表 2　　　　　　　　　　**修理工时统计表**

部门	第一车间	第二车间	配电车间	行政部门	销售部	合　计
工时（小时）	115	120	10	30	5	280

配电车间发生辅助生产成本 61120 元，为各部门提供电力情况如下表所示。

表 3　　　　　　　　　　供电统计表

部门	第一车间	第二车间	修理车间	行政部门	销售部	合　计
用电量（千瓦时）	16200	17500	1800	3800	700	40000

请分别使用交互分配法和直接分配法分配辅助生产成本。

6. 某车间生产甲、乙两种产品，在某个月份里，甲、乙产品月初分别有在产品 360 件和 300 件，在产品完工程度均为 50%，当月分别完工 4000 件和 2000 件，月末分别有在产品 400 件和 240 件，在产品完工程度均为 50%。甲、乙产品工时定额分别为 3 小时和 2 小时，该车间某月制造费用总额为 80000 元，请按工时定额分配制造费用。

7. 某企业甲产品生产分为制作和油漆两个步骤，制作步骤使用的材料为木料，木料在生产开始时一次性投入。在某个月份里，制作步骤完工产品 1800 件，月末在产品 200，在产品完工程度为 50%。当月发生直接材料费用 200000 元、直接人工费用 304000 元、制造费用 49400 元。请用逐步结转法计算制作步骤完工产品成本。

8. 某企业有一种产品生产分为制作和油漆两个步骤，制作步骤使用的材料为木料，木料在生产开始时一次性投入，油漆步骤使用的材料为油漆，油漆随生产进行均衡投入。在某个月份里，油漆步骤完工产品 1800 件，月末在产品 200 件，在产品完工程度为 50%，发生材料费用 15200 元、人工费用 51300 元、制造费用 14250 元，制作步骤转入材料费用 40000 元、人工费用 59500 元、制造费用 18000 元，请编制油漆步骤的生产成本分配表。

表 4　　　　　　　　　　**生产成本分配表**

成本项目		成本	总产量	分配率	完工产品		在产品	
					产量	分配金额	产量	分配金额
直接材料	油漆							
	木料							
	小计							
直接人工	本步骤							
	前步骤							
	小计							

续表

成本项目		成本	总产量	分配率	完工产品		在产品	
					产量	分配金额	产量	分配金额
制造费用	本步骤							
	前步骤							
	小计							
合　计								

9. 某企业有一种产品生产分为制作和油漆两个步骤，制作步骤使用的材料为木料，木料在生产开始时一次性投入，油漆步骤使用的材料为油漆，油漆随生产进行均衡投入。在某个月份里，制作步骤完工并转入油漆步骤产品 1600 件，月末在产品 400 件，在产品完工程度为 50%，发生材料费用 60000 元、人工费用 66000 元、制造费用 8800 元；油漆步骤完工并入库产品 1800 件，月末在产品 200 件，在产品完工程度为 50%，发生材料费用 38000 元、人工费用 76000 元、制造费用 4750 元。请用平行结转法计算最终完工产品成本。

10. 请把制造费用构成分析表填写完整，并给出分析说明。

表 5　　**制造费用构成分析表**

费用项目	金额(元)	构成(%)
办公费	2200.00	
水电费	65850.00	
工具用品	36810.00	
固定资产折旧	127530.00	
人工费	243730.00	
修理费	31560.00	
合　计	507680.00	

11. 请把产品单位成本对比分析表填写完整，并给出分析说明。

表 6　　**产品单位成本对比分析表**

产品：A 产品

项　目	20×2 年(元)	20×1 年(元)	差异额(元)	差异率(%)
单位成本	194.92	198.80		
直接材料	44.74	45.06		
直接人工	103.55	102.00		
废品损失	0.50	0.74		
制造费用	46.13	51.00		

12. 某企业某月生产 A 产品 1000 件，耗用甲材料 1570 千克，甲材料实际价格为 54.6 元/千克，耗用人工 2100 小时，应支付生产工人工资等费用 115500 元。该企业 A 产品甲材料消耗定额为 1.6 千克/件，工时消耗定额为 2.2 小时/件，材料计划价格为 52 元/千克，计划人工费用率为 50 元/小时。请分别计算该产品材料成本差异和人工成本差异并进行因素影响分析。

五、实务题

1. 图 1 是 A 产品制作步骤生产成本账簿记录。20×1 年 1 月 31 日，车间交来 1 张原始凭证，其上记录 A 产品产生不可修复废品，材料损失 120 元，人工损失 200 元，请据此编制记账凭证并登记账簿(凭证号承接账簿最后记录)。

生产成本 明细分类账

成本类别：基本生产成本　　产品名称：A产品　　生产步骤：制作

20×1年		凭证		摘要	借方				
					合计	直接材料	直接人工	废品损失	制造费用
月	日	字	号		十万千百十元角分	十万千百十元角分	十万千百十元角分	十万千百十元角分	十万千百十元角分
1	31	记	77	领用油漆	400000	400000			
	31	记	82	分配材料成本差异	20000	20000			
	31	记	83	分配职工工资	1000000		1000000		
	31	记	85	分配职工福利费	100000		100000		
	31	记	86	计提工会教育经费	40000		40000		
	31	记	87	计提五险一金	200000		200000		

图 1　第 1 题账簿记录

2. 图 2 是 A 产品制作步骤生产成本账簿记录。20×1 年 1 月 31 日，车间交来 1 张原始凭证，其上记录 A 产品产生可修复废品，修复废品领用甲材料 50 元、应支付修复工人工资 100 元，请据此编制记账凭证并登记账簿(凭证号承接账簿最后记录)。

生产成本 明细分类账

成本类别：基本生产成本　　产品名称：A产品　　生产步骤：制作

20×1年		凭证		摘要	借方				
					合计	直接材料	直接人工	制造费用	
月	日	字	号		十万千百十元角分	十万千百十元角分	十万千百十元角分	十万千百十元角分	十万千百十元角分
1	31	记	77	领用油漆	400000	400000			
	31	记	82	分配材料成本差异	20000	20000			
	31	记	83	分配职工工资	1000000		1000000		
	31	记	85	分配职工福利费	100000		100000		
	31	记	86	计提工会教育经费	40000		40000		
	31	记	87	计提五险一金	200000		200000		

图 2　第 2 题账簿记录

3. 图 3 是 A 产品制作步骤生产成本账簿记录。20×1 年 1 月 31 日，车间交来 1 张原始凭证，其上记录扣发 A 产品废品责任人工资 100 元，请据此编制记账凭证并登记账簿(凭证号承接账簿最后记录)。

生产成本 明细分类账

成本类别：基本生产成本　　　产品名称：A产品　　　生产步骤：制作

20×1年		凭证		摘要	借方				
					合计	直接材料	直接人工	废品损失	制造费用
月	日	字	号		十万千百十元角分	十万千百十元角分	十万千百十元角分	十万千百十元角分	十万千百十元角分
1	31	记	77	领用油漆	400000	400000			
	31	记	82	分配材料成本差异	20000	20000			
	31	记	83	分配职工工资	1000000		1000000		
	31	记	85	分配职工福利费	100000		100000		
	31	记	86	计提工会教育经费	40000		40000		
	31	记	87	计提五险一金	200000		200000		
	31	记	88	产生废品	000	12000	20000	32000	

图 3　第 3 题账簿记录

4. 图 4 是 A 产品制作步骤生产成本账簿记录。20×1 年 1 月 31 日，车间交来 1 张原始凭证，其上记录回收 A 产品废品的甲材料 50 元，请据此编制记账凭证并登记账簿（凭证号承接账簿最后记录）。

生产成本 明细分类账

成本类别：基本生产成本　　　产品名称：A产品　　　生产步骤：制作

20×1年		凭证		摘要	借方				
					合计	直接材料	直接人工	制造费用	
月	日	字	号		十万千百十元角分	十万千百十元角分	十万千百十元角分	十万千百十元角分	十万千百十元角分
1	31	记	77	领用油漆	400000	400000			
	31	记	82	分配材料成本差异	20000	20000			
	31	记	83	分配职工工资	1000000		1000000		
	31	记	85	分配职工福利费	100000		100000		
	31	记	86	计提工会教育经费	40000		40000		
	31	记	87	计提五险一金	200000		200000		
	31	记	88	修复废品	15000	5000	10000		

图 4　第 4 题账簿记录

5. 某企业设有修理车间和配电车间两个辅助生产车间，表 7 和表 8 是 20×1 年 1 月两个辅助生产车间辅助生产统计表，图 5 和图 6 分别是两个辅助生产车间的辅助生产成本账簿记录。请用交互分配法分配辅助生产成本，编制辅助生产成本交互分配表（表 9 和表 10）和辅助生产成本分配表（表 11 和表 12），编制相应的记账凭证（凭证号承接账簿最后记录），登记辅助生产成本账簿并进行结账。

表 7　　**修理工时统计表**

部门	第一车间	第二车间	配电车间	行政后勤部门	营销部	合　计
工时（小时）	133	100	10	30	7	280

表 8　　**供电统计表**

部门	下料车间	椅子车间	修理车间	行政后勤部门	营销部	合　计
用电量（千瓦时）	16194	15458	744	6646	858	39900

生产成本　明细分类账

成本类别：辅助生产成本　　　　车间：修理车间

20×1年 月	日	凭证 字	号	摘要	借方	办公费	水电费	工具用品	固定资产折旧	人工费		
1	5	记	8	购办公用品	100.00	100.00						
	8	记	15	付电话费	120.00	120.00						
	26	记	46	付水费	54.00		54.00					
	30	记	59	领用周转材料	448.00			448.00				
	31	记	60	计提固定资产折旧	4 081.60				4 081.60			
	31	记	83	分配职工工资	8 500.00					8 500.00		
	31	记	85	分配职工福利费	660.00					660.00		
	31	记	86	计提工会经费	297.50					297.50		
	31	记	87	计提五险一金	3 553.00					3 553.00		
				过次页								

图5　第5题账簿记录（一）

生产成本 明细分类账

成本类别：辅助生产成本　　　　车间：配电车间

20×1年 月	日	凭证 字	号	摘要	借方	办公费	水电费	工具用品	固定资产折旧	人工费	修理费
1	5	记	8	购办公用品	10000	10000					
	8	记	15	付电话费	8000	8000					
	26	记	45	付电费	2686320		2686320				
	26	记	46	付水费	720		720				
	30	记	59	领用周转材料	41300			41300			
	31	记	60	计提固定资产折旧	310560				310560		
	31	记	83	分配职工工资	850000					850000	
	31	记	85	分配职工福利费	66000					66000	
	31	记	86	计提工会经费	29750					29750	
	31	记	87	计提五险一金	355300					355300	
	31	记	88	领用修理材料	5000						5000
	31	记	89	分摊修理材料成本差异	200						200
				过次页							

图6　第5题账簿记录（二）

表 9

辅助生产成本交互分配表(一)

20×1 年 1 月

分出车间：修理车间　　　　分进车间：配电车间

成本项目	成本金额(元)	提供劳务总量(小时)	单位成本(元/小时)	接受劳务量(小时)	分配金额(元)
总成本					
办公费					
水电费					
工具用品					
固定资产折旧					
人工费					

表 10

辅助生产成本交互分配表(二)

20×1 年 1 月

分出车间：配电车间　　　　分进车间：修理车间

成本项目	成本金额(元)	提供劳务总量(千瓦时)	单位成本(元/千瓦时)	接受劳务量(千瓦时)	分配金额(元)
总成本					
办公费					
水电费					
工具用品					
固定资产折旧					
人工费					
修理费					

表 11

辅助生产成本分配表(一)

20×1 年 1 月

辅助生产部门：修理车间

待分配辅助生产成本(元)	
受益单位劳务总量(小时)	
单位成本(元/小时)	

续表

辅助生产成本分配	受益单位	劳务量(小时)	分配金额(元)
	第一车间		
	第二车间		
	行政后勤部门		
	营销部		
	合　计		

表 12　**辅助生产成本分配表(二)**

20×1 年 1 月

辅助生产部门：配电车间

待分配辅助生产成本(元)			
受益单位劳务总量(千瓦时)			
单位成本(元/千瓦时)			
辅助生产成本分配	受益单位	劳务量(千瓦时)	分配金额(元)
	第一车间		
	第二车间		
	行政后勤部门		
	营销部		
	合　计		

6. A 产品生产依次经过下料、制作和油漆 3 个步骤，制作步骤使用的材料在生产开始时一次性投入。在某个月份里，制作车间提交的生产情况报告单上记录本步骤完工产品 1800 件，月末在产品 200 件，在产品完工程度为 50%，生产成本账簿记录如图 7 所示。请编制制作步骤的生产成本分配表(表 13)，编制结转制作步骤完工产品成本的记账凭证(凭证号承接账簿最后记录)，登记 A 产品制作步骤生产成本账簿。

生产成本　明细分类账

成本类别：基本生产成本　　　　产品名称：A产品　　　　生产步骤：制作

20×1年 月	20×1年 日	凭证 字	凭证 号	摘　要	借方 合计	借方 直接材料	借方 直接人工	借方 废品损失	借方 制造费用
1	31	记	61	领用钢条	7200.00	7200.00			
	31	记	67	领用螺钉	2190.00	2190.00			
	31	记	81	分摊材料成本差异	375.60	375.60			
	31	记	83	分配职工工资	44638.98		44638.98		
	31	记	84	分配职工奖金	11603.28		11603.28		
	31	记	85	分配职工福利费	4893.25		4893.25		
	31	记	86	计提工会经费	1562.36		1562.36		
	31	记	87	计提五险一金	18659.10		18659.10		
	31	记	91	废品损失	0.00	87.04	38.10	125.14	
	31	记	93	废品修复	39.36	15.36	24.00		
	31	记	95	扣发废品责任人工资	68.88			68.88	
	31	记	99	废料入库	36.24			36.24	
	31	记	106	分摊刨花成本	203.53	203.53			
	31	记	107	分摊木屑成本	69.98	69.98			
	31	记	114	分配制造费用	36673.37				36673.37
	31	记	117	下料完工转入制作	56191.34	32791.41	16041.46	468.98	6889.49
				过次页					

图 7　第 6 题账簿记录

表 13　　**生产成本分配表**

20×1 年 1 月

产品：A 产品　　　　生产步骤：制作

成本项目		总成本（元）	总产量	分配率	完工产品		在产品	
					产量	分配金额（元）	产量	分配金额（元）
直接材料								
直接人工	本步骤							
	前步骤							
	小计		—	—	—		—	
废品损失	本步骤							
	前步骤							
	小计		—	—	—		—	
制造费用	本步骤							
	前步骤							
	小计		—	—	—		—	
合　计			—	—	—		—	

7. 根据给定的记账凭证(图 8)登记生产成本明细账(图 9)并进行结账。

记 账 凭 证　　记字第 98 号

20×1 年 1 月 31 日

摘要	总账科目	明细科目	借方金额	贷方金额	✓
A产品完工入库	库存商品	A产品	14630000		
	生产成本	A产品-油漆-直接材料		3850000	
	生产成本	A产品-油漆-直接人工		8600000	
	生产成本	A产品-油漆-制造费用		2180000	
合计			¥14630000	¥14630000	

附单据 6 张

会计主管：　记账：　出纳：　复核：张玲　制单：李明

图 8　第 7 题记账凭证

生产成本 明细分类账　　分页

成本类别：基本生产成本　　产品名称：A产品　　生产步骤：油漆

20×1年 月	日	凭证 字	号	摘要	借方 合计	借方 直接材料	借方 直接人工	借方 制造费用	余额 合计	余额 直接材料	余额 直接人工	余额 制造费用
				上年结转					765000	220000	365000	180000
1	31	记	77	领用油漆	400000	400000						
	31	记	82	分配材料成本差异	20000	20000						
	31	记	83	分配职工工资	2500000		2500000					
	31	记	85	分配职工福利费	100000		100000					
	31	记	86	计提工会经费	50000		50000					
	31	记	87	计提五险一金	1045000		1045000					
	31	记	90	分配制造费用	640000			640000				
	31	记	95	A产品制作完工	10300000	3580000	5060000	1660000				
				过次页								

图 9　第 7 题账簿记录

8. Z 产品是订单产品，采用分批法核算产品成本。20×1 年 2 月 Z 产品全部完工并验收入库，共取得 2 张产品入库单。图 10 和图 11 是 Z 产品的生产成本账簿记录，请编制结转 Z 产品生产成本的记账凭证(凭证号承接账簿最后记录)，登记账簿并进行结账。

生产成本 明细分类账

总页　分页

成本类别：基本生产成本　　产品名称：Z产品

20×1年 月	日	凭证 字	号	摘要	借方 合计	借方 直接材料	借方 直接人工	借方 制造费用	借方	余额 合计	余额 直接材料	余额 直接人工	余额 制造费用	余额
1	31	记	75	领用木料	4511.06	4511.06								
	31	记	78	领用腻子和油漆	1419.24	1419.24								
	31	记	82	分摊材料成本差异	249.41	249.41								
	31	记	83	分配职工工资	7397.58		7397.58							
	31	记	85	分配职工福利费	777.72		777.72							
	31	记	86	计提工会经费	258.92		258.92							
	31	记	87	计提五险一金	3092.18		3092.18							
	31	记	97	扣发废品责任人工资	22.32		22.32							
	31	记	99	分配制造费用	3501.25			3501.25						
				本月合计	21185.04	6179.71	11504.08	3501.25		21185.04	6179.71	11504.08	3501.25	
2	28	记	56	领用腻子和油漆	136.93	136.93								
	28	记	57	领用包装纸、包装绳	70.00	70.00								
	28	记	65	分摊材料成本差异	10.35	10.35								
	28	记	66	分配职工工资	421.77		421.77							
	28	记	68	分配职工福利费	29.65		29.65							
				过次页	668.70	217.28	451.42							

图10　第8题账簿记录（一）

生产成本 明细分类账

总页　分页

成本类别：基本生产成本　　产品名称：Z产品

20×1年 月	日	凭证 字	号	摘要	借方 合计	借方 直接材料	借方 直接人工	借方 制造费用	借方	余额 合计	余额 直接材料	余额 直接人工	余额 制造费用	余额
				承前页	668.70	217.28	451.42							
2	28	记	69	计提工会经费	14.76		14.76							
	28	记	70	计提五险一金	176.30		176.30							
	28	记	83	分配制造费用	304.27			304.27						

图11　第8题账簿记录（二）

复习题答案

测试题(一)

一、判断题(请用"√"表示正确,"×"表示错误,在题后的括号内进行标记。每小题2分,共20分)

1. 成本会计应根据企业管理要求选择核算方法。 ( )
2. 成本会计不用熟悉企业生产过程。 ( )
3. 成本核算的原始凭证都来自企业内部。 ( )
4. 成本核算结果的真实性依赖于成本核算方法的合理性。 ( )
5. 几种产品共同耗用的原材料成本应由这几种产品分摊。 ( )
6. 如果记账无误,生产成本明细账发生额之和一定等于总分类账发生额。 ( )
7. 分批法的成本核算期与会计报告期不一致。 ( )
8. 分配辅助生产成本时,不管使用什么方法结果都是一样的。 ( )
9. 逐步结转步骤成本法可反映半成品成本。 ( )
10. 成本核算要为成本分析、评价、考核、决策服务。 ( )

二、选择题(以下各题只有一个选项是正确的,请把对应的字母填在相应的括号里。每小题3分,共30分)

1. 下列原始凭证中成本核算不会用到的是( )。
A. 材料入库单 B. 领料单
C. 材料退库单 D. 产品入库单
2. 基本生产成本一般不按( )设置明细账。
A. 产品类别 B. 产品品种
C. 产品生产步骤 D. 产品生产费用
3. 下列方法中属于成本核算辅助方法的是( )。
A. 品种法 B. 分批法
C. 分步法 D. 分类法
4. 品种法下的成本核算期为( )。
A. 产品生产周期 B. 月份
C. 年度 D. 不确定

5. 某企业生产一种产品,发生不可修复废品5件。该产品生产过程中,每件产品耗用材料10元,人工20元,5件废品由责任人赔偿20元,回收废料价值10元,这5件废品净损失为( )元。

A. 150　　B. 130　　C. 120　　D. 50

6：使用(　　)核算产品生产成本，不必按月结转完工产品成本。

A. 品种法　　B. 分批法

C. 分步法　　D. 分类法

7. 一种产品完成某一生产步骤加工需要 10 分钟，现有 5 件在产品在这一生产步骤已完成加工时间都是 6 分钟，则这 5 件在产品的约当产量为(　　)件。

A. 5　　B. 4　　C. 3　　D. 2. 5

8. 制造费用的分配时间是(　　)。

A. 产品生产完工时　　B. 制造费用发生时

C. 月份终了时　　D. 任意时间

9. 生产成本明细账与总账核对时，一般只需要核对(　　)。

A. 月初余额　　B. 本月借方发生额

C. 本月贷方发生额　　D. 月末余额

10. 以下关于成本报表说法正确的是(　　)。

A. 成本报表不属于会计报表　　B. 成本报表应对外提供

C. 成本报表没有统一格式　　D. 成本报表必须定时编制

三、简答题(每小题 10 分，共 20 分)

1. 什么是成本？成本的作用有哪些？
2. 品种法与分批法有何不同？

四、计算题(每小题 10 分，共 20 分)

1. 一车间某月为生产 A 产品和 B 产品耗用某种材料 196 吨，材料价格为 1000 元/吨，A 产品和 B 产品的材料消耗定额分别为 80 千克和 30 千克，当月完工 A 产品 900 件、B 产品 3700 件，还有 100 件 A 产品和 300 件 B 产品未完工，在产品完工程度均为 50%。材料在生产开始时一次性投入，计算 A 产品和 B 产品应分摊的材料成本。

2. 某企业甲产品生产分为制作和油漆两个步骤，制作步骤发生直接材料费用为 200000 元，材料在生产开始时一次性投入，直接人工费用为 304000 元，制造费用为 49400 元，完工产品 900 件，月末在产品 100 件，在产品完工程度为 50%。请计算完工产品应分配的各项目成本和完工产品的总成本。

五、实务题(10 分)

根据给定的记账凭证(图 12)登记生产成本明细账(图 13)并进行结账。

记　账　凭　证　　记字第 95 号

20×1 年 1 月 31 日

摘要	总账科目	明细科目	借方金额	贷方金额	√
A产品完工入库	库存商品	A产品	10220000		
	生产成本	A产品-油漆-直接材料		3500000	
	生产成本	A产品-油漆-直接人工		5120000	
	生产成本	A产品-油漆-制造费用		1600000	
合计			¥10220000	¥10220000	

附单据 6 张

会计主管：　记账：　出纳：　复核：张玲　制单：李明

图 12　记账凭证

生产成本　明细分类账　　分页

成本类别：基本生产成本　　产品名称：A产品　　生产步骤：油漆

20×1年 月	日	凭证 字	号	摘要	借方 合计	借方 直接材料	借方 直接人工	借方 制造费用	余额 合计	余额 直接材料	余额 直接人工	余额 制造费用
1	31	记	77	领用油漆	400000	400000						
	31	记	82	分配材料成本差异	20000	20000						
	31	记	83	分配职工工资	1000000		1000000					
	31	记	85	分配职工福利费	100000		100000					
	31	记	86	计提工会教育经费	40000		40000					
	31	记	87	计提五险一金	200000		200000					
	31	记	90	分配制造费用	340000			340000				
	31	记	94	A产品制作完工	10300000	3580000	5060000	1660000				
				过次页								

图 13　生产成本明细账

测试题(一)答案

测试题(二)

一、判断题(请用“√”表示正确，“×”表示错误，在题后的括号内进行标记。每小题 2 分，共 20 分)

1. 成本会计在工作中需要其他会计岗位配合。 (　　)
2. 成本项目只有直接材料、直接人工和制造费用三项。 (　　)
3. 如果原始凭证不真实，成本核算结果不可能真实。 (　　)
4. 多种产品共同耗用的原材料成本直接计入制造费用。 (　　)
5. 一个基本生产车间如果只生产一种产品，这个车间可不设制造费用账户。 (　　)
6. 修理材料费用应与其他修理费用一起计入辅助生产成本。 (　　)
7. 副产品使用的材料与主产品使用的材料不同。 (　　)
8. 废品损失就是废品的生产成本。 (　　)
9. 制造费用只能在月末进行分配。 (　　)
10. 成本报表属于企业商业机密，应当妥善保管，不得随意外传。 (　　)

二、选择题(以下各题只有一个选项是正确的，请把对应的字母填在相应的括号里。每小题 3 分，共 30 分)

1. 按成本习性可将成本分为(　　)。
   A. 直接成本和间接成本　　B. 产品成本和期间成本
   C. 成本可控成本和不可控成本　　D. 变动成本和固定成本
2. 对于工业企业来说，(　　)有基本生产车间(部门)，(　　)有辅助生产车间(部门)。
   A. 一定，一定　　B. 一定，不一定
   C. 不一定，一定　　D. 不一定，不一定
3. 如果企业要求核算半成品成本，应当选择(　　)。
   A. 品种法　　B. 分批法　　C. 分步法　　D. 分类法
4. 基本生产成本应当使用(　　)账簿。
   A. 三栏式　　B. 普通多栏式　　C. 专用多栏式　　D. 数量金额式
5. 成本核算的原始凭证不会来自企业的(　　)部门。
   A. 物资管理　　B. 生产管理　　C. 人事管理　　D. 产品销售
6. 某企业为一客户生产一种产品，共计 200 件，采用分批法核算生产成本，该产品分别在当年 1 月 20 日和 2 月 15 日入库，这批产品入库业务应当在(　　)处理。
   A. 1 月 20 日和 2 月 15 日　　B. 1 月末和 2 月末

C. 2 月 15 日　　　　D. 2 月末

7. 某企业生产一种产品，产生 1 件可修复废品。生产这件产品所用的材料费用为 50 元，人工费用为 100 元，修复这件废品用去材料 10 元，用去人工 20 元，回收废料价值 5 元，这件废品净损失为(　　)元。

A. 180　　B. 175　　C. 145　　D. 25

8. 使用没有设置贷方的生产成本明细账，登记账簿时，对于贷方发生额，应当(　　)。

A. 用蓝字登记在借方　　B. 用红字登记在借方

C. 用负数登记在借方　　D. 不做登记

9. 以下关于废品损失说法正确的是(　　)。

A. 废品损失是生产时耗用的材料和人工成本　B. 废品损失应计入产品生产成本

C. 废品损失必须在账簿上单独反映　　D. 废品损失在账簿上用红字反映

10. 分配制造费用时，使用(　　)分配法最为合理。

A. 生产工时　　B. 生产工人工资

C. 直接成本　　D. 计划分配率

三、简答题(每小题 10 分，共 20 分)

1. 成本会计岗位主要职责是什么?

2. 成本核算应当遵循哪些原则?

四、计算题(第一小题 8 分，第二小题 12 分，共 20 分)

1. 一个车间负责 A、B 两种产品的零件生产，A 产品有 A_1 和 A_2 两种零件，B 产品有 B_1、B_2 和 B_3 三种零件，所有零件耗用同一种材料，材料在生产开始时一次性投入。该车间某月共耗用材料 8360 千克，材料价格为 50 元/千克，产品定额数据和生产情况如表 14 所示，请计算 A 产品和 B 产品应分摊的材料成本和人工成本。

表 14　　**产品定额数据和生产情况表**

产品	零件	材料定额(千克/件)	月初在产品		本月投产数量	月末在产品	
			数量(件)	完工程度		数量(件)	完工程度
A	A_1	0.6	900	50%	3000	1000	50%
	A_2	0.8	1000	50%	4200	1200	50%
B	B_1	0.2	600	50%	3200	800	50%
	B_2	0.3	800	50%	4000	1000	50%
	B_3	0.5	700	50%	3600	600	50%

2. 某企业某月生产 A 产品 2000 件，耗用甲材料 3140 千克，甲材料实际价格为 54.6

元/千克，该企业 A 产品甲材料消耗定额为 1.6 千克/件，工时消耗定额为 2.2 小时/件，材料计划价格为 52 元/千克。请计算该产品材料成本差异额和材料成本差异率，分析说明材料成本差异额是如何形成的。

五、实务题(10 分)

甲产品生产分为制作和油漆两个步骤，表 15 是制作步骤的生产成本分配表，请根据该表编制结转制作步骤完工产品成本的记账凭证(图 14，凭证字号不填)。

表 15　**生产成本分配表**

20×1 年 1 月

产品名称：甲产品　　　　生产步骤：制作

成本项目	成本金额	总产量	分配率	完工产品		在产品	
				产量	分配金额	产量	分配金额
直接材料	200000	1000	200	900	180000	100	20000
直接人工	304000	950	320	900	288000	50	16000
制造费用	49400	950	52	900	46800	50	2600
合　计	553400	—	—	—	514800	—	38600

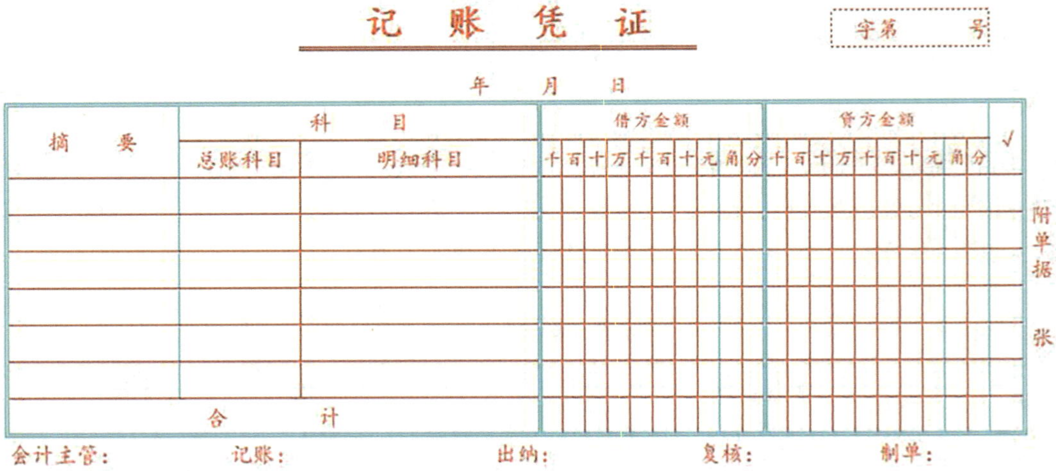
记　账　凭　证　　字第　号

年　月　日

摘　要 | 科　目：总账科目、明细科目 | 借方金额：千 百 十 万 千 百 十 元 角 分 | 贷方金额：千 百 十 万 千 百 十 元 角 分 | √

合　计

附单据　张

会计主管：　记账：　出纳：　复核：　制单：

图 14　记账凭证

测试题(二)答案

测试题(三)

一、判断题(请用“√”表示正确，“×”表示错误，在题后的括号内进行标记。每小题2分，共18分)

1. 产品成本的高低反映出企业经营管理水平。 (　　)
2. 只有基本生产车间生产产品，辅助生产车间不生产产品。 (　　)
3. 会计核算的原始凭证都是原始记录。 (　　)
4. 材料在生产开始时一次性投入是指某种材料一个月只领用一次。 (　　)
5. 废品的人工损失与生产工人工资的计发办法有关。 (　　)
6. 平行结转法是将产品各步骤生产成本在该步骤完工产品和在产品之间进行分配。 (　　)
7. 综合逐步结转法和分项逐步结转法核算出来的产品成本会存在差异。 (　　)
8. 产品入库业务应当在业务发生时进行账务处理。 (　　)
9. 成本报表是对外报表，必须按规定格式填报。 (　　)

二、选择题(以下各题只有一个选项是正确的，请把对应的字母填在相应的括号里。每小题3分，共27分)

1. 制造费用明细账应按(　　)设置。

A. 产品品种　　B. 生产费用

C. 管理部门　　D. 生产车间

2. 生产车间管理人员的工资应记入(　　)账户。

A. 生产成本　　B. 制造费用

C. 管理费用　　D. 主营业务成本

3. 发生不可修复废品损失会使得产品生产成本(　　)。

A. 增加　　B. 减少　　C. 不变　　D. 不确定

4. 使用(　　)分配制造费用时，制造费用可能会有余额。

A. 生产工时分配法　　B. 生产工人工资分配法

C. 直接成本分配法　　D. 计划分配率法

5. 有一种产品生产分为制作和油漆两个步骤，制作步骤先生产出零件，然后组装成产品，将组装完工的产品移交油漆步骤。使用逐步结转法结转产品步骤成本时，不属于制作步骤在产品的是(　　)。

A. 未完工的零件　　B. 已完工但未用于组装产品的零件

C. 未组装完工的产品　　D. 已组装完工的产品

6. 某车间生产一种产品，某月初有在产品 80 件，完工程度为 50%，当月投产 500 件，月末在产品 100 件，完工程度为 60%，其余产品全部完工，该车间当月作业量是(　　)件。

A. 580　　B. 480　　C. 540　　D. 500

7. 计算基本生产成本账户本月借方发生额时，账簿上的红字应当(　　)。

A. 全部减掉　　B. 当作蓝字处理

C. 分情况处理　　D. 不予理会

8. 下列业务事项中应当最先处理的(　　)。

A. 分配职工工资　　B. 分配制造费用

C. 结转产品步骤成本　　D. 产品入库

9. 进行成本费用构成分析的目的是(　　)。

A. 防止费用项目遗漏　　B. 判断成本核算结果是否可靠

C. 明确成本控制的重点　　D. 进行产品成本比较

三、简答题(每小题 10 分，共 20 分)

1. 成本核算应当划分清楚的费用界限有哪些?

2. 什么是成本核算的基础工作？它有哪些内容?

四、计算题(每小题 10 分，共 20 分)

1. 一种产品生产有 2 个生产步骤，第一步骤单件产品加工时间为 15 分钟，第二步骤单件产品加工时间为 10 分钟，第一步骤和第二步骤在产品数量分别为 300 件和 200 件，在产品步骤完工程度分别为 50%和 40%，请计算全部在产品(平均)最终完工程度和最终约当产量。

2. 请把产品单位成本对比分析表(表 16)填写完整，并给出分析说明。

表 16　　**产品单位成本对比分析表**

产品：A 产品

项　目	计划成本(元)	实际成本(元)	差异额(元)	差异率(%)
单位成本	302.50	313.80		
直接材料	100.00	98.00		
直接人工	150.00	165.00		
废品损失	2.50	2.80		
制造费用	50.00	48.00		

五、实务题(15 分)

图 15 是 A 产品制作步骤生产成本账簿记录。20×2 年 1 月 31 日，车间交来 1 张原始凭证，其上记录 A 产品产生可修复废品，修复废品领用甲材料 100 元、应支付修复工人工资 50 元，请据此编制记账凭证(图 16)并登记账簿(凭证号承接账簿最后记录)。

生产成本　明细分类账

成本类别：基本生产成本　　产品名称：A产品　　生产步骤：制作

20×2年 月	日	凭证 字	号	摘要	借方 合计（十万千百十元角分）	直接材料（十万千百十元角分）	直接人工（十万千百十元角分）	制造费用（十万千百十元角分）	（十万千百十元角分）
1	31	记	77	领用油漆	400000	400000			
	31	记	82	分配材料成本差异	20000	20000			
	31	记	83	分配职工工资	1000000		1000000		
	31	记	85	分配职工福利费	100000		100000		
	31	记	86	计提工会教育经费	40000		40000		
	31	记	87	计提五险一金	200000		200000		

图 15　A 产品制作步骤生产成本账簿记录

记　账　凭　证　　　字第　　号

年　　月　　日

摘　要	科目 总账科目	明细科目	借方金额（千百十万千百十元角分）	贷方金额（千百十万千百十元角分）	√
合　计					

附单据　张

会计主管：　　记账：　　出纳：　　复核：　　制单：

图 16　记账凭证

测试题(三)答案

后　　记

编写这样一本成本会计教材的想法已有十余年，写出教材初稿也有八年多，在教学中已试用很多次，每次都会发现一些新问题，产生一些新想法，于是不断地修改补充，最终形成这本教材，真可谓“十年磨一剑”。

尽管我们倾注了大量的心血，进行严肃认真的打磨，心中依然十分忐忑，毕竟这是一次前所未有的尝试。因此，我们热切希望使用本教材的各位老师和同学能指出错误，提出建议，不吝赐教，以便我们不断改进。如果有老师想要获取某种教学资源，也可与我们联系。请在邮箱 yshc2000@126.com 中留言，我们将及时回复。

编　者

2022 年 3 月